21世纪高等院校财经类规划教材

财务报告分析

CaiWu BaoGao FenXi

◎ 杨安富／主编

经济科学出版社
Economic Science Press

图书在版编目（CIP）数据

财务报告分析/杨安富主编．—北京：经济科学出版社，2012.12（2017.8 重印）
ISBN 978-7-5141-2771-3

Ⅰ.①财… Ⅱ.①杨… Ⅲ.①会计报表－会计分析 Ⅳ.①F231.5

中国版本图书馆 CIP 数据核字（2012）第 297978 号

责任编辑：刘明晖　李　军
责任校对：王苗苗
版式设计：代小卫
技术编辑：王世伟

财务报告分析
杨安富　主编

经济科学出版社出版、发行　新华书店经销
社址：北京市海淀区阜成路甲 28 号　邮编：100142
总编部电话：88191217　发行部电话：88191540
网址：www.esp.com.cn
电子邮件：esp@esp.com.cn
北京中科印刷有限公司印装
787×1092　16 开　14 印张　260000 字
2013 年 1 月第 1 版　2017 年 8 月第 3 次印刷
ISBN 978-7-5141-2771-3　定价：31.00 元
（图书出现印装问题，本社负责调换）
（版权所有　翻印必究）

前　言

　　《财务报告分析》是会计学专业、财务管理专业、金融学专业、投资学专业等财经类专业的必修课程之一，在财经类专业的专业课程中发挥着升华专业知识、提升专业技能的重要作用，为学生的专业分析能力的培养以及迅速适应毕业后的实际工作奠定了必要的基础。本教材主要阐述了财务报告分析的基本理论、基本方法、基本技能，具体内容包括三个部分：第一部分是财务报告分析的概述，具体包括财务报告体系，财务报告分析的目的、内容、程序、方法以及资料基础，财务报告分析的局限性；第二部分是财务报表的解读与分析，具体包括资产负债表分析、利润表及股东权益变动表分析和现金流量表分析；第三部分是财务能力分析，具体包括偿债能力分析、营运能力分析、盈利能力分析、发展能力分析和财务综合分析。本教材结构简洁、内容精炼、分析深入浅出，具有较好的实用性和操作性，作为教材既便于教师扩展也便于学生自学。

　　在本书的编写过程中，力求体现以下特色：

　　1. 体系简洁。本书在充分考虑财经类专业本专科《财务报告分析》课程教学特点的基础上，在综合目前本课程主流教材的体系安排的优缺点后，对教材体系做了一定的调整，将整个教材分为六章，既保证了内容在理论结构上的完整性，又避免了章节繁多、内容庞杂，易于教学。

　　2. 内容新颖。本书将财务报告分析的目标明确为"发现价值和发现错报"，因此本书中注重对报表项目的解读和分析，分析时充分考虑前期基础课程的内容，尽可能地在会计分析的基础上发现价值、发现错报。同时，本书在理论分析的基础上也引入了实务分析中的一些内容，以增强教材的实用性。

3. 案例丰富。本书选用了若干上市公司的实际财务报告为案例，在不同的报表项目解读和分析中，以及不同财务指标的计算分析中，大量采用实际数据来展开实务分析，数据采集时充分利用财务报告中的附注资料，力求数据翔实、案例真实、分析深入。

本书适用于财经类普通高等院校、高职高专、成人高等教育的《财务报告分析》课程，同时也可作为企事业单位的管理者、资本市场投资者等财务报告分析爱好者的自学教材。

本书由重庆工商大学会计学院杨安富副教授主编，由于时间仓促以及作者水平有限，不妥之处在所难免，欢迎广大读者批评指正。书中引用了已在参考文献中注明和未能及时注明的作者的成果，在此一并感谢！

编　者
2013 年 1 月

目 录

第一章 财务报告分析概述 ………………………………………………………… 1
 第一节 财务报告体系 …………………………………………………………… 1
 第二节 财务报告分析的基本原理 ……………………………………………… 5
 第三节 财务报告分析的方法 …………………………………………………… 13
 第四节 财务报告分析的信息资料基础 ………………………………………… 21
 第五节 财务报告分析的局限性 ………………………………………………… 40

第二章 资产负债表分析 ……………………………………………………………… 42
 第一节 资产负债表的会计分析 ………………………………………………… 42
 第二节 资产负债表的全面分析 ………………………………………………… 54
 第三节 资产负债表的重点项目分析 …………………………………………… 68

第三章 利润表分析 …………………………………………………………………… 89
 第一节 利润表的会计分析 ……………………………………………………… 89
 第二节 利润表的全面分析 ……………………………………………………… 98
 第三节 利润表的重点项目分析 ………………………………………………… 104
 第四节 所有者权益变动表分析 ………………………………………………… 120

第四章 现金流量表分析 ……………………………………………………………… 123
 第一节 现金流量表的会计分析 ………………………………………………… 123
 第二节 现金流量的全面分析 …………………………………………………… 136
 第三节 现金流量的重点项目分析 ……………………………………………… 144

第五章 财务能力分析 ………………………………………………………………… 152
 第一节 偿债能力分析 …………………………………………………………… 152

第二节　营运能力分析…………………………………………… 164
　　第三节　盈利能力分析…………………………………………… 172
　　第四节　发展能力分析…………………………………………… 187

第六章　财务综合分析 ………………………………………………… 195
　　第一节　财务综合分析概述……………………………………… 195
　　第二节　财务比率综合分析……………………………………… 197
　　第三节　财务预警分析…………………………………………… 208

参考文献 ………………………………………………………………… 216

第一章 财务报告分析概述

第一节 财务报告体系

财务报告分析首先应分清楚几个基本概念：年度报告、财务报告和财务报表，三者的内容、关系不清楚将导致分析内容以及依据的偏差。

一、年度报告

（一）年度报告的含义

年度报告是指公司整个会计年度的财务报告及其他相关文件。我国上市公司年度报告必须符合证监会等监管部门的严格要求，一般企业提供的年度报告视会计信息需要者的不同而有所差别。国务院发布的《股票发行与交易管理暂行条例》第 57 条规定："上市公司应当向证监会、证券交易场所提供经注册会计师审计的年度报告。"中国证监会颁发的公开发行股票公司信息披露的内容与格式准则第二号《年度报告的内容与格式》，对公司年度报告中应披露的信息作了详细的规定。

（二）年度报告的构成

我们以上市公司为基础探讨年度报告的构成，一份完整的年度报告通常包括以下内容：

（1）重要提示及目录；
（2）公司基本情况简介；
（3）会计数据和业务数据摘要；
（4）股本变动及股东情况；
（5）董事、监事、高级管理人员和员工情况；
（6）公司治理；

(7) 股东大会情况简介；
(8) 董事会报告；
(9) 监事会报告；
(10) 重要事项；
(11) 财务报告；
(12) 备查文件目录。

二、财务报告

(一) 财务报告与财务报表

在我国，财务报告即财务会计报告，但在不同的法律法规中有着不同的定义。《会计法》规定："财务会计报告由会计报表、会计报表附注和财务情况说明书组成。向不同的会计资料使用者提供的财务会计报告，其编制依据应当一致。"《企业财务会计报告条例》第二条规定："本条例所称财务会计报告，是指企业对外提供的反映企业某一特定日期财务状况和某一会计期间经营成果、现金流量的文件。"

我国《企业会计准则第 30 号——财务报表列报》中指出："财务报表是对企业财务状况、经营成果和现金流量的结构性表述"，至少应当包括：资产负债表、利润表、现金流量表、所有者权益（或股东权益）变动表、附注。该准则不再强调编制财务情况说明书，这与《会计法》的规定稍有差异，但是财务情况说明书中的相关内容也分散地存在于财务报表附注以及年度报告中的其他部分。

由此可见，财务报告不同于财务报表，但二者也有着密切的关系。财务报表是财务报告的核心内容。财务报告包括企业对外所提供的各项正式或非正式会计信息。也就是说，财务报告不但包括正式的财务报表，也涵盖企业对外所提供的各项非正式会计信息。因此，本书将财务报告的内容定义为企业财务报表及对财务报表审计之后形成的审计报告，即财务报告具体包括财务报表、财务报表附注、审计报告。

(二) 财务报告的分类

1. 按财务报告的编报时间，可分为中期财务报告和年度财务报告

(1) 中期财务报告。

广义的中期财务报告包括月份、季度、半年度财务报告，狭义的中期财务报告仅指半年度财务报告。月报在每月月末编制一次，用来反映企业在本月份内的经营成果和月末财务状况。月报一般只包括最基本的会计报表,如资产负债表和利润表。季报在每季度末编制,用来反映企业在季度内的经营成果和季度末的财务状况。季报至少包括资产负债表和利润表。半年报是在每个会计年度的前6个月结束后对外提供的财务报告,包括规定对外提供的财务报表、财务报表附注。

(2) 年度财务报告。

年度财务报告在每年年末编制,包括规定对外报送的全部财务报表、财务报表附注及审计报告,用以全面反映企业的财务状况、经营成果和现金流量等情况。

2. 按财务报告的详细程度,可分为分部报告和整体报告

(1) 分部报告。

分部报告是指在企业对外提供的财务报告中,按照确定的企业内部组成部分(业务分部或地区分部)提供的各组成部分的有关收入、资产和负债等信息的报告。分部报告是由跨行业、跨地区经营的企业按其确定的企业内部组成部分编制而成。分部报告有两种类型,一种是按经营业务不同性质编制的分部报告,称为业务分部报告,另一种是按经营业务的地域范围编制的分部报告,称为地区分部报告。

(2) 整体报告。

分部报告有确定的定义,与之相关的整体报告却鲜有定义。结合诸多观点,本书将其定义为:"企业对外提供的全面反映企业整体财务状况、经营成果和现金流量信息的财务报告。"应该说《会计法》和《企业财务会计报告条例》中所称的财务会计报告均属于整体报告的概念。

3. 按财务报告的服务对象,可分为对外财务报告和对内财务报告

(1) 对外财务报告。

对外财务报告,是企业向外部报出的、供各类会计信息需求者使用的财务报告。对外财务报告的内容、种类和格式均由企业会计准则(包括《企业会计准则》和《小企业会计准则》)规定,所有企业必须按照规定的时间及时编制并报送,不得随意变更财务报告的格式和内容。

(2) 对内财务报告。

对内财务报告,是企业向内部管理当局提供的、供管理当局进行财务预测和财务决策分析等使用的财务报告,该报告不对外公布,通常包括各种用于企业内部经营管理决策、财务预算、产品成本和业绩评价等的报表。内部财务报告一般是根据企业内部管理的需要编制,其种类、内容和格式可由企业管理当局根据需要自行确定。

三、财务报表

(一) 财务报表的含义

财务报表是对企业财务状况、经营成果和现金流量的结构性表述。财务报表是在日常会计核算资料的基础上，按照规定的格式、内容和方法定期编制的，综合反映企业某一特定日期财务状况和某一特定时期经营成果、现金流量状况的书面文件。财务报表至少应当包括资产负债表、利润表、现金流量表、所有者权益（或股东权益）变动表、附注。

(二) 财务报表的分类

1. 按报表服务的对象，可以分为对外财务报表和内部财务报表

（1）对外财务报表。

对外财务报表是企业不得不定期编制，定期向上级主管部门、投资者、财税部门等报送或按规定向社会公布的财务报表。这是一种主要的、定期规范化的财务报表。它要求有统一的报表格式、指标体系和编制时间等，资产负债表、利润表和现金流量表等均属于对外财务报表。

（2）内部财务报表。

内部财务报表是企业根据其内部经营治理的需要而编制的，供其内部治理人员使用的财务报表。它不要求统一格式，没有统一指标体系，如成本报表、预算报表均属于内部财务报表。

2. 按报表反映的内容，可分为静态财务报表和动态财务报表

（1）静态财务报表。

静态财务报表是指综合反映企业在某一特定时点资产、负债和所有者权益状况的财务报表，如资产负债表。

（2）动态财务报表。

动态财务报表是指综合反映企业在一定时期内经营成果、现金流量的财务报表，如利润表、现金流量表和股东权益变动表。

3. 按编报主体不同，分为个别财务报表和合并财务报表

（1）个别财务报表。

个别财务报表是指反映母公司或各子公司财务状况、经营成果和现金流量的财务报表。它是在以母公司和子公司组成的具有控股关系的企业集团中，由母公司和子公司各自为会计主体分别单独编制的报表，用以分别反映母公司和子公司本身各自的财务状况、经营成果和现金流量。

（2）合并财务报表。

合并财务报表是指反映母公司及其全部子公司形成的企业集团整体财务状况、经营成果和现金流量的财务报表。该报表以母公司及其全部子公司组成的企业集团为会计主体，以母公司及其全部子公司单独编制的个别财务报表为基础，由母公司编制，旨在综合反映企业集团整体经营成果、财务状况及其现金流量。

第二节 财务报告分析的基本原理

财务报告分析是指企业会计信息需求者利用科学的分析方法，根据财务报告提供的信息及相关的非财务信息，对公司财务状况、经营成果、现金流量信息的真实性及其形成过程和原因进行分析，以全面、客观地评价公司财务信息质量和公司价值，并为进行财务决策提供依据的活动。

一、财务报告分析的目标

（一）财务报告分析的一般目标

财务报告分析的一般目标是指所有的会计信息需求者在分析公司财务报告时的本质需求，该目标是无差别的。财务报告分析的一般目标可以具体表述为两个方面：发现错报和发现价值。所谓发现错报就是会计信息需求者在分析公司财务报告时首先必须通过分析去判断公司提交的财务信息是否真实；所谓发现价值就是指会计信息需求者在确定公司财务信息真实的前提下公司是否符合自己的价值取向，简单地说就是该公司好不好。不同的会计信息需求者的价值取向是不同的，因此他们也会对相同的公司作出不同的价值判断。

（二）财务报告分析的主体与具体目标

1. 财务报告分析的主体

财务报告分析的主体是财务报告的使用者，他主要包括投资者及潜在投资者、债权人、企业经营管理者、政府经济管理部门等。不同的分析主体其分析的目的不同，所分析的内容与重点也有差异。

2. 财务报告分析的具体目标

（1）投资者及潜在投资者的分析目的。

投资者是已经持有公司股权的人，潜在投资者是准备或将要持有公司股权的人。公司的投资者拥有对公司的所有权，同时也是最终的风险承担者。投资者的分析目标是是否对公司追加或处置公司股权，潜在投资者的分析目标是是否购买公司股权，因此他们都需要分析公司的价值。投资者的分析主要是为寻求获得更高投资收益和考核企业经营管理者的经营受托责任的履行情况。因此投资者一方面关心企业的投资回报率，另一方面他们也密切关注企业的经营业绩，具体表现为财务状况、经营成果和现金流量的好坏。因此，投资者分析的重点是企业的盈利能力、发展能力和业绩综合分析评价。

(2) 债权人的分析目的。

企业的债权人包括金融机构、非金融机构以及个人，金融机构包括银行、信托投资公司、财务公司、担保公司等，非金融机构包括公司的业务相关单位，如供货商、顾客、关联方等。他们进行财务分析的目的是一致的，即是否能够及时足额地收回本金及利息。所以债权人的分析主要是为债权按期收回现金而进行的信用分析，他们更多关注的是公司的偿债能力、盈利能力和产生现金能力，关注公司的资产结构、负债结构以及资本结构。在此基础上，短期债权人比较注重分析企业的流动比率、速动比率等财务指标，而长期债权人则会更多的注重分析企业的经营方针、发展方向、项目性质及潜在风险等综合盈利能力。

(3) 企业经营管理者的分析目的。

公司经营者包括公司管理当局和公司员工，经营者为了更好地对企业经营活动进行规划、管理与控制，必须对财务报告的各个方面进行分析，以了解公司的整体财务状况和经营成果，因此，公司管理当局进行的财务报告分析比其他主体的财务报告分析更加全面。管理当局的分析目的主要是作出正确的经营决策和财务决策，他们分析的重点主要包括盈利能力、偿债能力、经营效率、发展能力、社会存在价值等，并要综合分析企业的经营情况。公司员工的分析目的则是就业决策，他们通过财务报告分析，公司员工可以了解工资、奖金状况，公司的福利保障程度，员工持股计划的执行和分配状况等。员工的分析在工会组织健全的单位可能由工会组织代替，他们的分析重点是企业社会价值分配、盈利能力等。

(4) 政府管理部门的分析目的。

对企业有监管职能的政府部门主要包括工商、税务、财政、审计等，政府管理部门的分析目的主要是了解国民经济运行状况并制定有效的经济政策。他们主要通过定期了解企业的财务信息，了解企业的投资状况，判断企业是否依法经营、依法纳税，维护正常、公平的市场秩序，保证国家经济政策、法规和有关制度的有效执行。其分析的重点是企业发展、社会价值分配等。

第一章 财务报告分析概述

二、财务报告分析的内容

明确了财务报告分析的目标,就可以明确财务报告分析的内容,结合不同信息需求者的分析目的,可以将财务报告分析的内容概括如下。

(一)企业会计政策分析

企业会计政策分析包括企业采用的会计政策及其变动的分析,该分析主要是明确企业经营管理者选择不同的会计政策的理由,如果发生政策变更,那么变更的理由及其对财务报表项目与财务分析指标的影响,为保证对比分析时指标的有用性和可比性,必要时应该对分析资料进行适当的修正。

(二)财务报表项目及其结构分析

财务报表项目及其结构分析主要是对资产负债表、利润表、现金流量表、股东权益变动表及其附注的各个项目与结构进行对比分析,分析各种资产、负债、所有者权益、收入、成本、费用、利润、现金流量的变化、变化原因和其对企业经营的影响。每个财务报表项目都具有特定的经济含义,它的变化对财务能力、经营特性都可能产生影响,一般可编制多期比较财务报表和多期百分比财务报表进行分析。多期百分比财务报表是将财务报表项目用结构百分比表示,并将多个会计期间的财务报表合并,这样有利于对财务报表的结构变动进行分析。

(三)财务能力分析

财务能力分析主要是分析企业的盈利能力、营运能力、偿债能力、发展能力等。该部分主要通过定量的财务指标分析进行,它是财务报告分析的重要内容,本书在第五章会重点讲解。

(四)企业综合分析

企业综合分析与评价主要将上述分析情况用系统、科学的方法进行综合得出对企业的综合分析与评价。该综合分析与评价使用定量指标与定性指标相结合,并可使用杜邦体系分析法、综合评分法等方法进行综合分析与评价,并在此基础上进一步展开财务预警分析。该综合分析与评价和企业业绩评价有很强的联系,企业业绩评价可看成是企业综合分析与评价的一种形式,它是财务报告分析的重要内容。

当然,上述内容只能说是财务分析的主体,因为企业为了提供分析的准确性，在进行上述分析之前，还必须对企业的经营环境与经营特性进行分析。包括分析国家宏观经济形势，分析企业所处行业的发展趋势，分析企业的行业地位、经营战略、主要产品的市场情况，分析企业技术创新能力，分析企业高层管理人员与职工素质等人力资源情况与企业创造价值的社会分配结构等，这样才能把财务报告分析得更深入，分析结果才能更加准确。

三、财务报告分析的作用

财务报告分析的作用可以总括地表述为：评价过去的经营业绩、反映现在的财务状况、预测未来的发展趋势。结合上述财务报告分析内容，可以将财务报告分析的作用概括如下：

（一）评价企业的偿债能力

了解企业资产的流动性、负债水平以及偿还债务的能力，从而评价企业的财务状况和经营风险，为企业经营管理者、投资者和债权人提供财务信息。

（二）评价企业的资产管理水平

企业的生产经营过程就是利用资产取得收益的过程。资产是企业生产经营活动的经济资源，资产的管理水平直接影响到企业的收益，它体现了企业的整体素质。进行财务报告分析，可以了解企业资产的保值和增值情况，分析企业资产的管理水平、资金周转状况、现金流量的情况等，为评价企业的经营管理水平提供依据。

（三）评价企业的获利能力

获取利润是企业的主要经营目标之一，反映了企业的综合素质。企业要生存和发展必须争取获得较高的利润，这样才能在竞争中立于不败之地。投资者和债权人都十分关心企业的获利能力，获利能力强可以提高企业偿还债务的能力，提高企业信誉。

（四）评价企业的发展趋势

无论是企业的经营者还是投资者、债权人，都非常关注企业的发展趋势，因为这关系到他们的切身利益。通过进行财务报告分析，可以判断出企业的发展趋势，预测其经营前景，从而为企业经营管理者和投资者进行经营决策和投资决策提供重要的依据。

第一章　财务报告分析概述

四、财务报告分析的程序

财务报告分析的程序可以分为三个阶段：准备阶段、实施阶段和分析评价阶段，其中实施阶段是主体。

（一）财务报告分析的准备阶段

财务分析的准备阶段的主要任务是确定分析目的，制定分析计划，收集整理相关资料和信息，具体包括以下几个步骤：

1. 确定分析目的

不同的信息使用者，其分析的目的是不完全相同的，基于不同的财务分析目的，财务分析的内容和重点会产生较大差异，因此，在进行财务报告分析时，首先应确定财务分析的目的，进一步确定分析的内容与重点，并选择恰当的分析方法。

2. 制定分析工作方案

在明确分析目的之后，就要制定可行的财务报告分析方案，包括分析的具体目的和内容、分析人员的职责分工和具体要求、财务分析的进度安排、各个步骤的完成要求和具体时间、分析评价标准及适用的评价方法等。

3. 收集整理相关资料和信息

保证财务报告分析的客观性和准确性的前提条件之一就是要收集全面、真实、准确地分析基础资料。根据分析工作方案确定的职责，负责资料收集和整理的人员应根据分析目的将资料进行分类、分组，以保证分析的使用和提高分析效率。财务报告分析需要的资料主要包括：审计报告、财务报表、财务报表附注、发行上市公告、招股说明书、人力资源信息、企业预算报表、定员定额资料、各种收费和费用开支标准及范围、有关企业市场环境的信息、其他同类企业的相关信息、所属行业相关信息、有关分析比较标准的资料等。此外，为了保证财务报告分析的有效进行，在实施财务报告分析之前，对所收集的资料要加以整理，去伪存真，保证资料的真实性。

（二）财务报告分析的实施阶段

财务报告分析的实施阶段按照哈佛分析框架可以分为四个阶段：战略分析阶段、会计分析阶段、财务分析阶段和前景分析阶段，这四个阶段依次递进、相互支持，共同构成了财务报表分析的逻辑框架。下面分别对这四步进行进一步的解释。

财务报告分析

1. 战略分析

战略分析是财务报表分析的逻辑出发点和基本导向。所谓的战略分析就是通过对企业所处行业的定性分析，确定企业在行业中所处的地位和面临的竞争环境，进而掌握企业的经营风险和发展潜力，尤其是价值创造的能力。企业战略分析的关键在于企业如何根据行业分析的结果，正确选择企业的竞争策略，使企业保持持久的竞争优势和高水平的盈利能力。企业战略分析一般包括行业分析和企业竞争战略分析。

（1）行业分析。

为了了解企业的背景信息，就需要进行行业分析。行业分析的目的在于分析行业的盈利水平与盈利能力，因为不同行业的盈利能力和发展前景是不同的。行业分析主要包括行业特征分析、行业生命周期分析和行业获利能力分析。评价行业的特征，主要是评价行业的竞争特征、需求特征、技术特征、增长特征、盈利特征五个方面；行业生命周期分析主要是分析判断该行业处于哪个阶段，通常生命周期可以分为四个阶段：投入期、成长期、成熟期和衰退期；行业盈利能力分析就是评价该行业赚取利润的能力，并进一步分析所属企业获得正常收益的稳定性和成长性进行分析。不同行业的盈利能力存在差异，这是财务报表使用者在进行财务报表分析时不能忽视的客观事实。

（2）企业竞争战略分析。

企业的盈利能力不仅受所处行业的影响，还与企业所选的竞争战略有关。竞争战略分析的关键在于根据行业分析的结果判断企业选择竞争战略的合理性。只有选择了合理的竞争战略，才有可能使企业保持竞争能力和高盈利能力。一般而言，给企业带来竞争优势的战略有两种：成本优势战略和产品差异战略。对于价格弹性比较大的商品，采取成本优势战略效果将是很显著的。通过规模经济的投资、低成本模式的设计、管理费用等的降低使产品能维持低价格销售，这就是竞争中的优势。通过对市场的细分来实施产品差异战略也是一种有效的竞争战略。面对不同收入水平、不同年龄层次、不同性别的顾客，对产品的服务、外观、广告等进行差异化，以满足顾客的不同需求。

2. 会计分析

会计分析是财务报表分析的基础。会计分析的目的在于评价企业会计所反映的财务状况与经营成果的真实程度。财务报表是按照会计准则经过加工而成的信息，因此为了进行有效的报表分析，财务报表使用者首先了解会计政策、会计估计的专业知识是十分必要的。会计分析主要针对资产负债表、利润表和现金流量表进行。一般来说，会计分析可以分为以下四个步骤。

第一章 财务报告分析概述

（1）阅读财务报表。

财务报表作为分析的出发点，仔细阅读是必不可少的第一步。只有阅读财务报表后，才能对企业的会计政策、会计估计有所了解，对该公司的会计信息披露的完整性有初步认识，并应该着重注意企业的财务报表附注，了解企业会计政策和会计估计及其变更的情况，同时也要注意注册会计师的审计意见。

（2）评估会计策略。

在评估会计策略（包括会计政策和会计估计）中，首先需要了解企业的关键会计政策是什么，所采取的关键会计政策是刚性的还是弹性的。如果企业选择具有较大弹性的会计政策，财务报表使用者需要予以重点关注，并且对企业采用的目的进行深入分析。因为会计政策的选择及其变更可能会对财务报表产生重大影响，企业选择会计政策必然是考虑有利于自身的因素，也可能利用会计政策的弹性来隐瞒真实的财务状况和经营成果。对此，财务报表使用者需要分析企业所选择的会计政策是否合理，是否与行业惯例一致，是否有利用会计政策操纵利润的嫌疑。

（3）分析财务报表变动。

财务报表使用者需要了解企业提供的财务报表有哪些项目出现了变动，显著的变动往往意味着不正常的原因。因此，财务报表使用者应利用水平分析法、垂直分析法、趋势分析法等专门方法，对财务报表项目的变动额度、变动幅度和变动趋势等进行分析，寻找出显著的变动，并结合第一步，同时利用会计报表附注，判断企业对项目的显著变动是否具有充分的、合理的解释，从而排除正常变动，锁定异常变动。实践证明，不具有合理解释的异常变动项目往往存在财务舞弊的嫌疑。面对出现的潜在危险信号，财务报表使用者需要进一步搜集相关信息，寻找异常变动的真正原因，获取证实财务舞弊的直接证据。

（4）调整财务报表数据。

如果通过以上步骤和方法确实发现了公司的财务舞弊现象，财务报表使用者就需要利用财务报表及其他相关资料，对财务报表相关项目的数据进行调整，以恢复该项目的本来面目。调整财务报表存在水分的项目数据，有许多方法，如虚拟资产剔除法、异常利润剔除法、关联交易分析法等。虚拟资产剔除法是指将财务报表中那些故意隐藏费用的"虚拟资产"项目剔除出去，"虚拟资产"指的是已经发生的费用或损失，但由于企业缺乏承受能力而暂时挂账为资产的项目，如长期待摊费用等。异常利润剔除法是指将财务报表中那些导致利润虚增的非正常利润项目剔除出去，异常利润指的是企业通过债务重组、股权转让、出售长期资产、非货币性交易等异常事项产生的利润。由于这种利润具有偶然性或意外性，所以在判断公司盈利能力时应予以剔除。关联交易分析法是指对财务报表中那些具有操纵利润事实的关联交易相关项目进行调整，关联交易并非为法律所禁止，但有些企业违背关联交易原则,通过操纵关联交易定价,从而达到调节利润的目的。如果一个企业在某一个会计期间的收入或利润主要来自于关联企业的贡献,那么财务报表使用者需要注意分析关联交易的定价政策是否合理;如果存在不合理的证据,则应对这一关联交易相关的项目进行调整。

3. 财务分析

财务分析是财务报表分析的最主要部分,是"重头戏"。财务分析的主要内容是分析企业的盈利能力、偿债能力、营运能力和增长能力,这些内容将在本书的第五章详细论述。财务分析的基本方法是对比分析法、比率分析法、因素分析法,其中比率分析法又是其中最重要的方法,该问题将在本章第三节讲述。

4. 前景分析

财务报表使用者进行财务分析的目的不仅在于了解企业的过去和评估企业的现状,更重要的是要预测企业未来的发展前景,以此来进行自己的投资、信贷等各种决策。也就是说,在经过战略分析、会计分析和财务分析之后,还需要进行恰当的前景分析,以实现财务报表的"决策有用性"目标。综合分析、业绩评价、财务预测和价值评估是前景分析的主要内容,也是进行前景分析的重要工具。

(三) 财务综合分析和评价阶段

财务综合分析和评价阶段是财务报告分析实施阶段的延伸和深入,具体包括以下三个步骤:

1. 财务综合分析与评价

财务综合分析与评价是在报表分析的基础上,运用杜邦分析法等综合分析与评价方法对企业整体状况所作的评价和判断,并进行财务预警分析,这也是财务报告分析的最终环节。在进行综合分析与评价时,应当将定性分析与定量分析相结合,将财务报表信息分析与非财务报表信息分析相结合,得出客观、真实、合理的分析结论,并对企业的财务状况、经营成果和现金流量作出评价。

2. 价值评估与财务预测

在财务报表分析与财务综合分析的基础上,报告分析者结合自己分析目的判断公司价值并进行财务预测和决策。公司价值评估是一项系统而复杂的工作,包括定性判断和定量判断。应用历史或现实的财务报告分析结果预测未来财务状况是非常必要的。同时,在综合分析和评价的基础上,对企业价值作出合理的估计也是财务报告分析的应用之一。

3. 提出财务分析报告

财务分析报告是财务报告分析的最后步骤,也是财务报告分析的书面总结。

第一章 财务报告分析概述

它将财务报告分析的对象、目的、分析程序、分析评价及提出的改进建议以书面形式表现出来。它可以为财务报告的利益相关者提供决策依据，同时还可以作为历史信息，为以后的财务报告分析提供参考，保证财务报告分析的连续性。

第三节 财务报告分析的方法

财务报告分析的方法多种多样，在实际工作中应根据分析主体的具体目的和资料的实际特征进行选择确定。财务报告分析的主要方法有：比较分析法、比率分析法、因素分析法。

一、比较分析法

（一）比较分析法的定义

比较分析法是财务报告分析中最常用的一种方法。比较分析法是指将实际达到的数据同特定的各种标准相比较，从数量上确定其差异，并进行差异分析或趋势分析的一种方法。由于差异分析法和趋势分析法都是建立在比较的基础上，所以统称为比较分析法。

（二）比较分析法的类型

1. 差异分析法

（1）差异分析法的含义。

所谓差异分析是指通过差异揭示成绩或差距，作出评价，并找出产生差异的原因及其对差异的影响程度，为今后改进企业的经营管理指引方向的一种分析方法。

（2）差异分析法的比较方式。

所谓比较方式就是指将分析数据与什么标准比较，与不同的标准比较可以发现不同的差异并发现不同的问题。

在财务报告分析中经常使用的比较方式有以下几种：

① 企业本期实际与预定标准比较。本期实际与预定标准比较就是将本期实际与预定目标、计划或定额比较，这种比较可以揭示问题的原因，究竟是目标、计划或定额本身缺乏科学性，还是实际中存在问题。如果是前者，有助于今后改进目标、计划或定额的预测工作；如果是后者，则有利于改进企业的经营管理工作。

② 企业本期实际与以前实际比较。本期实际与以前实际比较包括将本期实际与上期实际、历史最好实际水平比较。这种比较的作用在于揭示差异，进行差异分析，查明产生差异的原因，为改进企业经营管理提供依据。

③ 企业本期实际与最优水平比较。本期实际与最优水平比较包括与国内外先进水平和行业先进水平比较，这种比较有利于找出本企业同国内先进水平、国外先进水平之间以及行业先进水平的差距，明确今后的努力方向。

④ 企业本期实际与行业标准值比较。行业标准值一般是指企业所在行业的评价标准值，它是权威机构（如国家统计局、行业协会、专业研究机构等）根据大量数据资料进行测算而得出的，具有客观、公正、科学的价值，是一个比较理想的评价标尺。本企业实际与行业评价标准值比较，比与一个或几个国内外先进企业的水平比较，更能得出准确、客观的评价结论。

⑤ 企业本期实际与竞争对手比较。即选择自己的竞争对手进行比较，分析自己的强项和不足之处。当一个企业因从事的行业太多而无法做出准确判断时，应寻找一个与其在规模和其他特征相似的竞争对手进行比较。

2. 趋势分析法

（1）趋势分析法的含义。

所谓趋势分析是指将实际达到的结果与不同时期财务报表中同类指标的历史数据进行比较，确定其增减变动的方向、数额和幅度，从而确定财务状况、经营状况和现金流量的变化趋势和变化规律的一种分析方法。采用这种方法，可以分析引起变化的主要原因、变动的性质，并预测企业未来的发展前景。

（2）趋势分析法的比较方式。

① 定比趋势分析。它是在连续数年的会计报表中，以第一年为基期，计算其余年度各个项目对基期同一项目的百分比，借以显示各个项目在分析期间的上升或下降趋势，这种分析的基期是固定的。通常可以通过计算定基动态比率来进行，所谓定基动态比率就是以某一时期的数额为固定的基期数额而计算出来的动态比率。

$$定基动态比率 = 分析期数额 \div 固定基期数额$$

② 环比趋势分析。它是在连续数年的会计报表中，计算后一年度各个项目对前一年度同一项目的百分比，随后类推，形成一系列比值，借以显示各个项目在分析期间内的总的趋势，这种分析的基期是变动的。通常可以通过计算环比动态比率来进行，所谓环比动态比率就是以每一分析期的前期数额为基期数额而计算出来的动态比率。

$$环比动态比率 = 分析期数额 \div 前期数额$$

第一章 财务报告分析概述

（三）比较分析法的形式

比较分析法有绝对数比较和相对数比较两种形式。

1. 绝对数比较

绝对数比较就是利用财务报表中两个或两个以上的绝对数进行比较，以揭示其数量差异。例如，企业上年的收入总额为1 000万元，今年的收入总额为1 500万元，则今年与上年的差异额为500万元。

2. 相对数比较

相对数比较就是利用财务报表中有相关关系的数据的相对数进行对比，如将绝对数换算成百分比、结构比重、比率等进行对比，以揭示相对数之间的差异。例如，企业上年的净资产收益率为10%，今年的净资产收益率为15%，则今年与上年相比，净资产收益率上升了5%，这就是利用百分比进行比较分析。

一般来说，绝对数比较通过差异数说明差异金额，但没有表明变动程度，而相对数比较则可以进一步说明变动程度，如上例中，用该企业的净资产收益率进行比较，就能求得今年比上年上升了5%的变动程度。在实际工作中，绝对数比较和相对数比较可以交互使用，以便通过比较作出更充分的判断和更准确的评价。

（四）比较分析法应注意的问题

在运用比较分析法时应注意相关指标的可比性。具体来说应注意以下几点：

1. 指标内容、范围和计算方法的一致性

例如在运用比较分析法时，必须大量运用资产负债表、利润表、现金流量表等财务报表中的数据，必须注意这些项目的内容、范围以及使用这些项目数据计算出来的经济指标的内容、范围和计算方法的一致性，只有一致才具有可比性。

2. 会计计量标准、会计政策和会计处理方法的一致性

财务报表中的数据来自账簿记录，而在会计核算中，会计计量标准、会计政策和会计处理方法都有变动的可能，若有变动，则必然要影响数据的可比性。因此，在运用比较分析法时，对由于会计计量标准、会计政策和会计处理方法的变动而不具可比性的会计数据，就必须进行调整，使之具有可比性才可以进行比较。

3. 时间单位和长度的一致性

在采用比较分析法时，不管是实际与实际的对比、实际与预定目标（或计划）的对比还是本企业与先进企业的对比，都必须注意使用数据的时间及其长度的一致，包括月、季、年度的对比，不同年度的同期对比，特别是本企业的数期对比或本企业与先进企业的对比，选择的时间长度和选择的年份都必须具有可比性，这样可以保证通过比较分析所作出的判断和评价具有可靠性和准确性。

4. 企业类型、经营规模和财务规模的一致性

这主要是指本企业与其他企业对比时应当注意之处，只有大体一致，企业之间的数据才具有可比性，比较的结果亦才具有实用性。

二、比率分析法

（一）比率分析法的定义

比率分析法，是把某些彼此存在关联的财务指标加以对比，计算出比率，据以确定经济活动变动程度的分析方法。比率是两个数值相比所得的值，要使比率具有意义，计算比率的两个数字必须具有内在联系。在财务报表中这种具有重要联系的相关数字比比皆是，可以计算出一系列有意义的比率，这种比率通常叫做财务比率。比率是相对数，采用这种方法，能够把某些条件下的不可比指标变为可比指标，以有利于进行分析。

比率分析法是财务报表分析中的一个重要方法，它之所以重要，主要体现在比率分析的作用之中。通过比率分析，往往利用一个或几个比率就可以独立地揭示和说明企业某一方面的财务状况和经营业绩，或者说明某一方面的能力，比率分析法在这方面的作用是较为明显的。当然，对比率分析法的作用也不能高估，与比较分析法一样，比率分析法也只适用于某些方面的分析，揭示信息的范围也有一定局限。因此，在财务报表分析中既要重视比率分析法的利用，又要和其他分析方法密切配合，合理运用，以提高财务报表分析的效果。

（二）比率分析法的类型

1. 相关比率分析

相关比率是以两个相互联系但又不同的财务指标相除求得的。以两个指标的相除求得的比率，也就是通常所说的相对指标。利用相关比率指标，可以考察有联系的相关业务安排得是否合理，以保障企业的业务活动能够顺畅进行。例如，流动资产除以流动负债可以得出流动比率，可以分析、考核企业偿还短期负债的能力。

2. 构成比率分析

构成比率又称结构比率，是以某项财务指标的某个组成部分的数据除以该项财务指标的总和数据求得的，也就是通常所说的结构百分比。所以，构成比率分

第一章 财务报告分析概述

析就是结构分析。使用构成比率,可以考察总体中某个部分的形成和安排是否合理,以便协调各项财务活动。例如,对企业资产总额构成进行动态分析,即分析计算出每年的流动资产、固定资产、无形资产等各项目占总资产的比重,通过分析比较可以揭示企业资产结构的变化趋势及其原因。

3. 效率比率分析

效率比率是某项经济指标所费与所得的比率,反映投入与产出的关系。利用效率比率分析,可以进行得失比较,考察经营成果,评价经济效益。如将某些企业投资项目与成本、利润、资本等加以对比,可计算出投资利润率、资本利润率、成本利润率等,可以从不同角度观察比较企业财务管理能力等。

(三) 财务报告分析常用的比率

1. 偿债能力分析比率

例如:流动比率、速动比率、现金流动负债比率、资产负债率、产权比率、权益乘数、利息保障倍数等。

2. 营运能力分析比率

例如:应收账款周转率、存货周转率、流动资产周转率、总资产周转率等。

3. 盈利能力分析比率

例如:营业毛利率、营业净利率、成本费用利润率、总资产报酬率、净资产收益率、总资产收益率、每股收益、经营活动现金对净利润比率。

4. 发展能力分析比率

例如:营业收增长率、资本保值增值率、资本积累率、总资产增长率、营业利润增长率、营业收入三年平均增长率、资本三年平均增长率等。

本书第五章将对以上指标全面深入讲解。

(四) 运用比率分析法应注意的问题

1. 正确计算比率

由于财务报表的期间不同,采用比率指标来对比资产负债表和利润表数据存在一些不可比因素。这是因为利润表是期间会计报表,反映整个会计年度的经营成果,而资产负债表只是反映某个时点的财务状况,反映不出各项目的全年平均数据。例如,用利润表中主营业务收入与资产负债表中应收账款相比较,来反映应收账款的周转速度,这需要一种合理的方法计算出主营业务收入所涉及的全年平均应收账款,对于企业外部的分析者来说,不容易甚至不可能获得该企业每月应收账款的余额数字。因此,在这种情况下,外部分析者只好用期初和期末的应收账款余额简单地平均。这种方法实际上是假定在会计年度内各月的应收账款余额相等，没有考虑营业的季节性和营业周期的变化，也没有解决在整个会计年度内不均衡变动的问题。如果实际上确实变化不大，其计算结果是较准确的；如果变化较大，计算结果会有一定的差距。分析者对此要慎重对待，需要结合其他有关比率指标分析才能得到有说服力的结论。

此外，在比率分析中，经常会遇到带负号的数据，分子或分母带负号所计算的比率是没有意义的。如果要计算，必须附有详细的说明资料。

2. 不同企业的会计政策和经营方针会影响不同企业间财务比率的可比性

因为在会计准则中有许多会计处理方法可供选择，不同的会计处理方法会产生不同的资产、负债、所有者权益以及当期损益，进而影响财务比率的数值及可比性。而且，同行业不同企业采用的经营方式不同，也会造成财务比率数值的不同，从而影响可比性。例如，企业固定资产折旧方法不同将导致不同的净利润，从而影响相关比率进而影响分析结果。

3. 衡量标准的科学性

运用比率分析，需要选用一定的标准与之对比，以便对企业的财务状况作出评价。通常而言，科学合理的对比标准有：①预定目标，如预算指标、计划指标、定额指标等；②历史标准，如上期实际、上年同期实际、历史先进水平等；③行业标准，如主管部门颁布的标准、企业同行业的平均水平等；④公认标准等。同时，财务比率分析还应注意分析比率之间说明问题的一致性，比如高的固定资产周转率可能说明企业固定资产使用效率高，也可能说明企业固定资产的不足或固定资产更新太慢；再比如，流动比率高有可能是资产流动性很强故偿债能力强，也可能是因为资产质量很差故偿债能力很差。

三、因素分析法

（一）因素分析法的定义

因素分析法又称因素替代法或连环替代法，是在许多因素中对某一项指标综合发生作用的情况下，分别确定各个因素的变动对该指标变动的影响。具体而言，连环替代法是指将多个因素所构成的指标分解成各个具体因素，然后，依次地把其中的一个因素作为变量，把其他因素看做不变量，依次逐项进行替换，以测算各因素对指标变动影响程度的方法。运用这一方法，可以分析某项指标的完成受哪些因素影响，预测各因素对该指标的影响程度。

（二）因素分析法的类型

因素分析法可以分为比率因素分解法和差异因素分解法两种。

第一章 财务报告分析概述

1. 比率因素分解法

比率因素分解法是指把一个财务比率分解为若干个影响因素的方法。例如，资产收益率可以分解为资产周转率和销售利润率两个比率的乘积。

在财务报表分析中，财务比率的分解有着特殊的意义。财务比率是财务报表分析的特有概念，财务比率分解是财务报表分析所特有的方法。企业的偿债能力、盈利能力、营运能力等是用财务比率评价的，对这些能力的分析必须通过财务比率的分解来完成。

2. 差异因素分解法

为了解释比较分析中形成差异的原因，需要使用差异因素分解法。这种方法是一种测定比较差异成因的定量分析方法，它往往按一定顺序，采用连环替代的方式分析差异因素。采用这种方法，需要依次用标准值替代实际值，测定各因素对财务指标的影响。

（三）因素分析法的程序

1. 列出各个因素的预算数和实际数，然后计算二者的差额并作为分析对象。
2. 依次以每个因素的实际数替换预算数，每次替换都要在上次替换的基础上进行，有几个因素就替换几次，直到所有因素都由预算数替换成实际数，并计算出替换后的。然后将各次替换与替换前的指标相比较，两者的差额，就是某一因素对预算完成结果的影响程度。
3. 将各个因素的影响值相加，即实际数与预算数之间的总差额。

比如，某指标由三个二级指标相乘得到，用 A、B、C 表示二级指标的上期数，a、b、c 表示二级指标的本期数，且计划指标 $= A \times B \times C$，实际指标 $= a \times b \times c$，则分析对象 $=$ 实际指标 $-$ 计划指标。

按照上述程序第二步的要求进行连环替换：

计划指标	$A \times B \times C$	①
第一次替换	$a \times B \times C$	②
第二次替换	$a \times b \times C$	③
第三次替换	$a \times b \times c$	④

②－①　A 因素变动对分析对象的影响
③－②　B 因素变动对分析对象的影响
④－③　C 因素变动对分析对象的影响

【例 1－1】某公司的本年材料成本与上年材料成本的比较数据如表 1－1 所示，该企业材料成本 ＝ 产量 × 单耗 × 单价，该企业材料成本本年与上年的差异为节约 274 450 元。

财务报告分析

表1-1　　　　　　　　　　　材料成本比较

项目	上年	本年
产量（件）	1 500	1 510
单耗（公斤/件）	100	95
单价（元/公斤）	20	19
材料成本（元）	3 000 000	2 725 550

上年实际　　　$1\,500 \times 100 \times 20 = 3\,000\,000$　　　①
第一次替换　　$1\,510 \times 100 \times 20 = 3\,020\,000$　　　②
第二次替换　　$1\,510 \times 95 \times 20 = 2\,869\,000$　　　③
第三次替换　　$1\,510 \times 95 \times 19 = 2\,725\,550$　　　④
②－①　产量变动对分析对象的影响　　　20 000
③－②　单耗变动对分析对象的影响　　－151 000
④－③　单价变动对分析对象的影响　　－143 450

分析发现，由于产量增加导致今年材料成本比上年增加20 000元，由于单耗下降导致今年材料成本比上年减少151 000元，由于单价下降导致今年材料成本比上年减少143 450元，合计降低274 450元。

（四）运用因素分析法应注意的问题

1. 因素分析的关联性

要按影响因素同综合性经济指标之间的因果关系，确定影响因素。只有按照因果关系确定影响因素，才能说明综合性经济指标的变动是由于哪些因素变化所导致的结果。因此，运用因素分析法进行分析时，必须首先依据因果关系合理确定影响因素，并依据各个影响因素的依存关系确定计算公式，这是运用因素分析法的基础。

2. 计算过程的假设性

在分步计算各个因素的影响数时，要假设影响数是在某一因素变化而其他因素不变情况下得出的。这是一个假设，但它是分别计算各个因素影响数的前提条件。

3. 因素替代的顺序性

在运用差异因素分解法时，要按照影响因素和综合性经济指标的因果关系，确定合理的替代顺序，并且每次分析时，都要按照相同的替代顺序进行测算，才能保证因素影响数的可比性。合理的替代顺序要按照因素之间的依存关系，分清基本因素和从属因素、主要因素和次要因素来加以确定。

在财务报表分析中，有时还要使用回归分析、模拟模型等技术方法。除了普遍大量地使用上述定量分析的方法之外，同时也常常采用演绎推理等定性分析的

第一章 财务报告分析概述

方法。例如，对于财务报表质量分析，就要以资产、利润、现金流量等概念为研究起点，逐渐推理并展开研究，形成较为完整的分析体系。

在实际分析中，上述比较分析法、比率分析法、因素分析法，以及定量分析法与定性分析法往往是结合使用的。例如，比较之后需要分解，以深入了解差异的原因，分解之后还需要比较，以进一步认识其特征，通过不断地比较和分解，构成了财务报表分析的主要过程。

第四节 财务报告分析的信息资料基础

一、审计报告

（一）审计报告的定义

审计报告，是指注册会计师对企业财务报表所出具的就企业财务报表的编制是否恰当地反映了企业的财务状况和经营成果所出具的意见。从我国目前的情况看，所有大中型企业年度财务报表一般均应经注册会计师审计并出具审计报告，上市公司对此要求尤其严格。从财务监督的发展趋势看，将会有越来越多的企业的年度报表需要注册会计师审计。因此，了解审计报告的种类、出具条件以及具体含义，对理解企业的财务报表具有重要意义。

（二）审计报告的作用

一般认为，注册会计师签发的对企业年度财务报表出具的审计报告，具有鉴证作用和证明作用。

1. 鉴证作用

注册会计师签发的审计报告，是以超然独立的第三者身份，对被审计单位会计报表中所反映的财务状况、经营成果和现金流量等情况是否恰当表明自己的意见。这种客观意见具有鉴证作用。这种鉴证作用得到各国政府及政府各部门和社会各界的普遍认可。政府有关部门（如财政部门、税务部门等）了解、掌握企业的财务状况和经营成果的主要依据是企业提供的会计报表，会计报表是否恰当，主要依据注册会计师的审计报告作出判断；股份制企业的股东，主要依据注册会计师的审计报告来判断被投资企业的财务状况和经营成果是否真实以进行投资决策等。

2. 证明作用

审计报告是对注册会计师审计任务完成情况及其结果所作的总结，它可以表明审计工作的质量并明确注册会计师的审计责任。因此,审计报告可以对审计工作质量和注册会计师的审计责任起证明作用。审计报告在一定程度上可以证明注册会计师在审计过程中是否完成了预定的审计程序,是否以审计工作底稿为依据表示审计意见,表示的审计意见是否与被审计单位的实际情况相一致,审计工作的质量是否符合要求。审计报告还可以证明注册会计师审计责任的履行情况。注册会计师的审计责任,是指注册会计师应对其出具的审计报告的质量负责。审计报告必须反映注册会计师的审计范围、审计依据、实施的审计程序和应表示的审计意见。

(三)审计报告类型

《中国注册会计师审计准则》要求注册会计师在接受上市公司委托后,对公司财务报表实施必要的审计程序,对会计报表实施总体性复核,并按照《中国注册会计师审计准则第1501号——审计报告》的要求,在完成其报表审计任务后,可以视实际情况形成不同的审计意见,出具四种基本类型审计意见的审计报告,即无保留意见的审计报告、保留意见的审计报告、反对意见的审计报告和无法发表意见的审计报告。

1. 无保留意见审计报告

无保留意见的审计报告。无保留意见是指注册会计师对被审计单位的会计报表,依照独立审计准则的要求进行审查后,确认被审计单位采用的会计处理方法遵循了会计准则及有关规定,会计报表反映的内容符合被审计单位的实际情况,会计报表内容完整,表达清楚,无重要遗漏,报表项目的分类和编制方法符合规定要求,因而对审计单位的会计报表无保留地表示满意。无保留意见意味着注册会计师认为会计报表的反映是恰当的,能满足非特定多数的利害关系人的共同需要,并对表示的该意见负责。

注册会计师经过审计后,认为被审计单位会计报表的编制符合下列情况时,应出具无保留意见的审计报告:

(1)会计报表的编制符合《企业会计准则》和国家其他财务会计法规的规定;

(2)会计报表在所有重要方面恰当地反映了被审计单位的财务状况、经营成果和资金变动情况;

(3)会计处理方法遵循了一致性原则;

(4)注册会计师已按照独立审计准则的要求,完成了预定的审计程序,在审计过程中未受阻碍和限制;

(5)不存在影响会计报表的重要的未确定事项;

(6)不存在应调整而被审计单位未予调整的重要事项。

第一章 财务报告分析概述

【例1-2】 WHYT 20××年审计报告

审 计 报 告

WHYT 聚氨酯股份有限公司全体股东：

我们审计了后附的 WHYT 聚氨酯股份有限公司（以下简称"WHYT 公司"）的财务报表，包括20××年12月31日的公司及合并资产负债表，20××年度的公司及合并利润表、公司及合并股东权益变动表和公司及合并现金流量表以及财务报表附注。

一、管理层对财务报表的责任

编制和公允列报财务报表是 WHYT 公司管理层的责任，这种责任包括：（1）按照企业会计准则的规定编制财务报表，并使其实现公允反映；（2）设计、执行和维护必要的内部控制，以使财务报表不存在由于舞弊或错误而导致的重大错报。

二、注册会计师的责任

我们的责任是在执行审计工作的基础上对财务报表发表审计意见。我们按照中国注册会计师审计准则的规定执行了审计工作。中国注册会计师审计准则要求我们遵守中国注册会计师职业道德守则，计划和执行审计工作以对财务报表是否不存在重大错报获取合理保证。审计工作涉及实施审计程序，以获取有关财务报表金额和披露的审计证据。选择的审计程序取决于注册会计师的判断，包括对由于舞弊或错误导致的财务报表重大错报风险的评估。在进行风险评估时，注册会计师考虑与财务报表编制和公允列报相关的内部控制，以设计恰当的审计程序，但目的并非对内部控制的有效性发表意见。审计工作还包括评价管理层选用会计政策的恰当性和作出会计估计的合理性，以及评价财务报表的总体列报。

我们相信，我们获取的审计证据是充分、适当的，为发表审计意见提供了基础。

三、审计意见

我们认为，WHYT 公司财务报表在所有重大方面按照企业会计准则的规定编制，公允反映了 WHYT 公司20××年12月31日的公司及合并财务状况以及20××年度的公司及合并经营成果和公司及合并现金流量。

HYDQ 会计师事务所有限公司　　　　　　　　中国注册会计师：×××　×××

　　　　　　　　　　　　　　　　　　　　　　　　20××年×月×日

2. 保留意见审计报告

注册会计师通过审计，对被审计单位的会计报表有异议，或存在某些疑问，就不应签发无保留意见的审计报告。注册会计师应视被审计单位的实际情况及所掌握的审计证据，签发保留意见、反对意见或拒绝表示意见的审计报告。保留意见是指注册会计师对会计报表的反映有所保留的审计意见。一般是由于某些事项的存在，使无保留意见的条件不完全具备，影响了被审计单位会计报表的表达，因而注册会计师对无保留意见加以修正，对影响事项提出保留意见，并表示对该意见负责。

注册会计师经过审计后，认为被审计单位会计报表的反映就其整体而言是恰当的，但还存在着下列情况之一时，应出具表示保留意见的审计报告：

（1）个别重要财务会计事项的处理或个别重要会计报表项目的编制不符合《企业会计准则》和国家其他有关财务会计法规的规定，被审计单位未予调整；

（2）因审计范围受到局部限制，无法按照独立审计准则的要求取得应有的审计证据；

（3）个别会计处理方法不符合一致性原则的要求；

（4）存在对会计报表反映有重要影响的个别未确定事项。

财务报告分析

上述条件要求注册会计师在遇到可能对被审计单位会计报表产生较大影响的重要事项时,应在审计意见中加以保留。上述保留事项可主要归纳为以下四类:

注册会计师出具保留意见的审计报告时,应于"意见段"之前另设"说明段",以说明所持保留意见的理由,并在"意见段"中使用"除存在上述问题以外"、"除上述问题造成的影响以外"或"除上述情况待定以外"等术语,除使用保留意见的特定术语之外,其余应该使用无保留意见的审计报告的术语,表示其他事项已做了恰当的反映。

【例1-3】 GFNF 20××年审计报告

审 计 报 告

GFNF全体股东:

我们审计了后附的 GFNF(以下简称贵公司)财务报表,包括20××年12月31日的资产负债表和合并资产负债表,20××年度的利润表和合并利润表、现金流量表和合并现金流量表、所有者权益变动表和合并所有者权益变动表以及财务报表附注。

一、管理层对财务报表的责任

编制和公允列报财务报表是贵公司管理层的责任。这种责任包括:(1)按照企业会计准则的规定编制财务报表,并使其实现公允反映;(2)设计、执行和维护必要的内部控制,以使财务报表不存在由于舞弊或错误导致的重大错报。

二、注册会计师的责任

我们的责任是在执行审计工作的基础上对财务报表发表审计意见。我们按照中国注册会计师审计准则的规定执行了审计工作。中国注册会计师审计准则要求我们遵守中国注册会计师职业道德守则,计划和执行审计工作以对财务报表是否不存在重大错报获取合理保证。审计工作涉及实施审计程序,以获取有关财务报表金额和披露的审计证据。选择的审计程序取决于注册会计师的判断,包括对由于舞弊或错误导致的财务报表重大错报风险的评估。在进行风险评估时,注册会计师考虑与财务报表编制和公允列报相关的内部控制,以设计恰当的审计程序,但目的并非对内部控制的有效性发表意见。审计工作还包括评价管理层选用会计政策的恰当性和作出会计估计的合理性,以及评价财务报表的总体列报。

我们相信,我们获取的审计证据是充分、适当的,为发表审计意见提供了基础。

三、导致保留意见的事项

正如财务报告附注二、24所述,20××年7月贵公司原董事长、总经理单晓钟,原董事、副总经理、财务总监丁杰及原副总经理刘盛宁接受相关部门调查。20××年3月贵公司接受中国证监会立案调查。贵公司开展了全面自查自纠等整改工作,就2010年及以前年度因会计核算等原因导致的以前年度部分损益项目及与之相关的资产、负债科目进行了追溯调整。我们未能进一步获取更充分的证据确认贵公司追溯调整事项的准确及完整。

四、审计意见

我们认为,除"三、导致保留意见的事项"段所述事项产生的影响外,贵公司财务报表在所有重大方面按照企业会计准则的规定编制,公允反映了贵公司20××年12月31日的财务状况以及20××年度的经营成果和现金流量。

XL会计师事务所   中国注册会计师:×××
中国·上海   中国注册会计师:×××
              二○××年四月二十六日

---

3. 否定意见的审计报告

表示否定意见是指与无保留意见相反,提出否定会计报表恰当地反映被审计

第一章 财务报告分析概述

单位财务状况、经营成果和资金变动情况的审计意见。

当未调整事项、未确定事项、违反一致性原则的事项等对会计报表的影响程度在一定范围内时,注册会计师可以表示保留意见。但是如果其影响程度超出一定范围,以致会计报表无法被接受,被审计单位的会计报表已失去其价值,注册会计师就不能表示保留意见,又不应不表示意见,而只能表示否定意见。

注册会计师经过审计后,认为被审计单位的会计报表存在下列情况之一时,应当出具表示否定意见的审计报告。

（1）会计处理方法严重违反《企业会计准则》和国家其他有关财务会计法规的规定,被审计单位拒绝进行调整；

（2）会计报表严重歪曲了被审计单位的财务状况、经营成果和资金变动情况,被审计单位拒绝进行调整。

注册会计师在出具表示否定意见的审计报告时,应于"意见段"之前另设"说明段",说明所持否定意见的理由,在"意见段"中使用"由于上述问题造成的重大影响"、"由于受到前段所述事项的影响"等专业术语,并指出会计报表"不能恰当地反映"、"不符合……规定"等问题。否定意见的审计报告,在实践中并不多见,中国上市公司第一份否定意见审计报告出自1998年,目前仍在上市的公司几乎没有出现过否定意见审计报告。

【例1-4】 BTY 1997年审计报告

审 计 报 告

重庆 BTY 股份有限公司全体股东:

我们接受委托,审计了贵公司1997年12月31日资产负债表和1997年度利润及利润分配表、财务状况变动表。这些会计报表由贵公司负责,我们的责任是对这些会计报表发表审计意见。我们的审计是依据中国注册会计师独立审计准则进行的。在审计过程中,我们结合贵公司的实际情况,实施了包括抽查会计记录等我们认为必要的审计程序。

1997 年度应计入财务费用的借款及应付债券利息8 064 万元,贵公司将其资本化计入了钛白粉工程成本；欠付中国银行重庆市分行的美元借权利息89.8万美元（折人民币743万元）,贵公司未计提入账。两项共影响利润8 807万元。

我们认为,由于本报告第二段所述事项的重大影响,贵公司1997年12月31日资产负债表1997年度利润及利润分配表、财务状况变动表未能公允地反映贵公司1997年12月31日财务状况和1997年度经营成果及资金变动情况。

此外,我们在审计过程中注意到:贵公司目前正面临沉重的债务负担和巨额的固定资产折旧压力,除非贵公司能尽快达到正常生产经营状态并能与有关债权人就债务重整达成协议,且市场形势在短期内发生有利于贵公司的重大变化,否则贵公司的财务状况和生产经营将陷入极为严峻的困境。

如果贵公司出现不能持续经营的情形,则应对其资产和负债重新加以评价、分类,并据以重新编制1997年度会计报表。

QC 会计师事务所　　　　　　　　　　　　　　　中国注册会计师：×××
中国·重庆　　　　　　　　　　　　　　　　　　中国注册会计师：×××
　　　　　　　　　　　　　　　　　　　　　　　一九九八年三月八日

财务报告分析

4. 无法表示意见的审计报告

无法表示意见是指注册会计师说明其对被审计单位的会计报表不能表示意见，也即对会计报表不发表包括肯定、否定或保留的审计意见。

注册会计师在审计过程中，由于受到委托人、被审计单位或客观环境的严重限制，不能获取必要的审计证据，以致无法对会计报表整体表示审计意见时，应当出具无法发表意见的审计报告。

注册会计师在出具无法发表意见的审计报告时，应于"意见段"之前另设"说明段"，以说明所持无法发表意见的理由，在"意见段"中使用"由于审计范围受到严重限制"、"由于无法实施必要的审计程序"、"由于无法获取必要的审计证据"等术语，并指出"我们无法对上述会计报表整体表示审计意见"。

否定意见的审计报告和无法发表意见的审计报告，在实践中均不多见。

必须强调的是，审计意见是注册会计师判断的结果。而这种判断受多种因素制约，既有注册会计师主观业务水准方面的因素，也有企业客观对注册会计师意见形成的影响因素。

【例1-5】 ZYSX 20××年审计报告

审 计 报 告

ZYSX 股份有限公司全体股东：

我们审计了后附的 ZYSX 股份有限公司（以下简称 ZYSX 公司）财务报表，包括20××年12月31日的资产负债表和合并资产负债表、20××年度的利润表和合并利润表、20××年度的现金流量表和合并现金流量表、20××年度的股东权益变动表和合并股东权益变动表以及财务报表附注。

一、管理层对财务报表的责任

编制和公允列报财务报表是 ZYSX 公司管理层的责任。这种责任包括：（1）按照企业会计准则的规定编制财务报表，并使其实现公允反映；（2）设计、执行和维护必要的内部控制，以使财务报表不存在由于舞弊或错误导致的重大错报。

二、导致无法表示意见的事项

如"附注七"、"附注十"所述。

1. 截至20××年12月31日，公司累计未弥补亏损 −1 495 468 929.83 元，流动负债高于流动资产 1 306 691 445.45 元，逾期银行借款 194 720 000.00 元；20××年年末归属于母公司股东权益合计 −827 738 957.09 元，20××年度归属母公司所有者的净利润 −760 228 234.81 元；因不能偿还到期债务，经债权人鸡西市 NBX 煤炭销售有限公司申请，由吉林省延边朝鲜族自治州中级人民法院依据（20××）延中民三破字第1号《民事裁定书》，于20××年12月30日裁定 ZYSX 公司进行重整。截至审计报告日，重整计划尚未拟订完毕，部分生产设备处于停用状态，我们无法判断 ZYSX 公司继续按持续经营假设编制的财务报表是否适当。

2. ZYSX 公司处于重整进程中，往来款项及或有事项处在申报核查过程中，截至审计报告日，我们无法判断 ZYSX 公司往来款项及或有事项的账面金额与重整最终审查确认的金额是否存在重大差异。

三、审计意见

由于上述事项可能产生的影响非常重大和广泛，我们无法对 ZYSX 公司财务报表发表意见。

ZZ 会计师事务所有限公司	中国注册会计师：×××
中国·北京	中国注册会计师：×××
	二〇××年四月二十五日

第一章 财务报告分析概述

二、会计报表

会计报表是根据统一规范编制的反映企业经营成果、财务状况及现金流量的报表。根据《企业会计准则第30号——财务报表列报》的规定,企业财务报表至少应当包括资产负债表、利润表、现金流量表、所有者权益(或股东权益)变动表和附注。会计报表包括其中的资产负债表、利润表、现金流量表、所有者权益(或股东权益)变动表。

(一)资产负债表

1. 基本结构及内容

资产负债表是反映企业在某一特定日期财务状况的报表,是根据"资产 = 负债 + 所有者权益"的会计等式,依照一定的分类标准和一定的次序,把企业一定日期的资产、负债和所有者权益项目予以适当安排,按一定的要求编制而成的。我国会计准则规定的企业资产负债表的基本格式见表1-2。

表1-2   资产负债表

编制单位:　　　　　　　　　年　月　日　　　　　　　　单位:元

资产	期末余额	年初余额	负债和所有者权益	期末余额	年初余额
流动资产:			流动负债:		
货币资金			短期借款		
交易性金融资产			交易性金融负债		
应收票据			应付票据		
应收账款			应付账款		
预付款项			预收款项		
应收利息			应付职工薪酬		
应收股利			应交税费		
其他应收款			应付利息		
存货			应付股利		
一年内到期的非流动资产			其他应付款		
其他流动资产			一年内到期的非流动负债		

财务报告分析

续表

资 产	期末余额	年初余额	负债和所有者权益	期末余额	年初余额
流动资产合计			其他流动负债		
非流动资产			流动负债合计		
可供出售金融资产			非流动负债		
持有至到期投资			长期借款		
长期应收款			应付债券		
长期股权投资			长期应付款		
投资性房地产			专项应付款		
固定资产			预计负债		
在建工程			递延所得税负债		
工程物资			其他非流动负债		
固定资产清理			非流动负债合计		
生产性生物资产			负债合计		
油气资产			所有者权益		
无形资产			实收资本（或股本）		
开发支出			资本公积		
商誉			减：库存股		
长期待摊费用			盈余公积		
递延所得税资产			未分配利润		
其他非流动资产			所有者权益合计		
非流动资产合计					
资产总计			负债及所有者权益总计		

2. 资产负债表提供的信息

从表1-2中可以看出，资产负债表的结构是左右平衡式的，左方反映企业的各类资产，右方反映负债和所有者权益，左右双方总额相等。其中，资产和负债的排列顺序都是遵循一定规律的。信息使用者可从资产负债表中了解以下信息：

（1）资产项目：提供企业变现能力、资产结构及企业资产管理水平的信息。资产负债表中的资产项目是按其流动性即其变现能力排列的，流动性越强、变现能力越强的资产排列越靠前，如流动资产。在流动资产中，速动资产的信息也是非常重要的。资产结构可反映企业的经营状况和资源配置与使用的合理性程度，而通过对资产结构的分析可反映企业资产的管理水平。

（2）负债项目：提供反映企业总体债务水平（包括长、短期）、债务结构的

第一章 财务报告分析概述

信息。资产负债表中的负债项目是按到期日的远近顺序排列的，即流动负债在前，长期负债在后。负债各项目金额的大小可反映企业总体的债务水平，而各项目的比例问题则反映了负债结构的合理性问题。同时，通过对负债各项目的分析还可判断企业的偿债能力。

（3）所有者权益项目：提供反映企业所有者权益的内部结构及企业收益分配情况的信息。资产负债表中的所有者权益是按权益的永久程度高低排列的，永久程度高的在前，低的在后。通过各所有者权益项目金额可反映自有资金的来源及其合理性，通过其内部的增减变动则可反映出利润分配的状况。

（二）利润表

1. 基本结构及内容

利润表是反映企业在一定期间经营活动成果的报表。它利用企业一定时期的收入、利得、费用、损失数据，计算得到企业的利润。

利润表有两种格式，一是单步式利润表，二是多步式利润表。我国企业大多采用多步式利润表，其基本格式见表1-3。

表1-3　　　　　　　　　　　利　润　表

编制单位：　　　　　　　　　　20××年　　　　　　　　　　单位：元

项　目	附注	本期金额	上期金额
一、营业收入			
减：营业成本			
营业税金及附加			
销售费用			
管理费用			
财务费用			
资产减值损失			
加：公允价值变动收益（损失以"-"号填列）			
投资收益（损失以"-"号填列）			
其中：对联营企业和合营企业的投资收益			
二、营业利润（亏损以"-"号填列）			
加：营业外收入			
减：营业外支出			
其中：非流动资产处置损失			

财务报告分析

续表

项　　目	附注	本期金额	上期金额
三、利润总额（亏损总额以"－"号填列）			
减：所得税费用			
四、净利润（净亏损以"－"号填列）			
五、每股收益：			
（一）基本每股收益			
（二）稀释每股收益			
六、其他综合收益			
七、综合收益总额			

2. 利润表提供的信息

利润表尤其是多步式利润表是按利润形成的几个环节，分步骤地将有关收入与成本费用相减，从而得出各步骤的利润额。因此，利润表的编制过程实际也是企业净利润的形成过程。利润表提供的信息主要有：

（1）提供反映企业财务成果的信息。企业的财务成果，即企业的实现利润，是企业经营的根本目标所在，是企业经营者、投资者、长期债权人都十分关心的信息。利润表系统明确地提供了相关财务成果的信息，有利于各方面经营业绩的考评。

（2）提供反映企业盈利能力的信息。盈利能力通常体现了财务成果与其相关的一些指标之间的比率关系，如财务成果与收入的比率关系、财务成果与成本费用的比率关系等。利润表不仅提供了财务成果的信息，也提供了盈利能力分析所需的收入、成本费用等信息。

（3）提供反映企业经营绩效的信息。企业的经营绩效往往通过收入、成本费用及其具体构成来反映，而利润表恰恰提供了这一信息。通过对企业利润构成的分析，可以发现生产经营过程中存在的问题和不足，对评价企业管理人员的经营业绩以及规划未来决策都有积极的意义。

（三）现金流量表

1. 基本结构及内容

现金流量表是反映企业一定会计期间内有关现金和现金等价物的流入和流出信息的报表。该表的项目，按经营活动、投资活动和筹资活动三项基本活动分别列示。我国企业会计制度中规定企业编报的现金流量表的一般格式见表1-4。

第一章 财务报告分析概述

表1-4　　　　　　　　　　　现金流量表

编制单位：　　　　　　　　　　年　月　　　　　　　　　　　　　　单位：元

项　　目	本期金额	上期金额
一、经营活动产生的现金流量：		
销售商品、提供劳务收到的现金		
收到的税费返还		
收到其他与经营活动有关的现金		
经营活动现金流入小计		
购买商品、接受劳务支付的现金		
支付给职工以及为职工支付的现金		
支付的各项税费		
支付其他与经营活动有关的现金		
经营活动现金流出小计		
经营活动产生的现金流量净额		
二、投资活动产生的现金流量：		
收回投资收到的现金		
取得投资收益收到的现金		
处置固定资产、无形资产和其他长期资产收回的现金净额		
处置子公司及其他营业单位收到的现金净额		
收到其他与投资活动有关的现金		
投资活动现金流入小计		
购建固定资产、无形资产和其他长期资产支付的现金		
投资支付的现金		
取得子公司及其他营业单位支付的现金净额		
支付其他与投资活动有关的现金		
投资活动现金流出小计		
投资活动产生的现金流量净额		
三、筹资活动产生的现金流量：		
吸收投资收到的现金		
取得借款收到的现金		
发行债券收到的现金		
收到其他与筹资活动有关的现金		
筹资活动现金流入小计		

财务报告分析

续表

项　目	本期金额	上期金额
偿还债务支付的现金		
分配股利、利润或偿付利息支付的现金		
支付其他与筹资活动有关的现金		
筹资活动现金流出小计		
筹资活动产生的现金流量净额		
四、汇率变动对现金及现金等价物的影响		
五、现金及现金等价物净增加额		
加：期初现金及现金等价物余额		
六、期末现金及现金等价物余额		

2. 现金流量表提供的信息

（1）提供企业资金（特别是现金，下同）来源与运用的信息。这对于分析企业资金来源与运用的合理性，判断企业的营运状况和效果，评价企业的经营业绩都是非常有益的。

（2）提供企业现金增减变动原因的信息。现金流量表分别从经营活动、投资活动和筹资活动现金流量三大部分反映了企业资金的具体增减变化及其原因。不仅可以明确企业当期现金增减的合理性，而且可以为改善企业资金管理指明方向。

（3）提供企业净利润与经营活动现金流量之间的配比信息。现金流量表附注中的补充资料显示了从净利润到经营活动现金流量之间的转换过程，提供了净利润与现金流量之间差异的信息，为报表使用人科学判断企业利润提供了有效的数据资料。

（4）提供资产负债表和利润表分析所需要的信息。资产负债表和利润表所反映的财务信息由于自身的限制有很大的缺陷。资产、负债、所有者权益、收入、成本、利润都是互相联系的，将它们分别在两个表中反映，割裂了它们之间的联系。现金流量表则能有效地将以上要素联系起来，为综合分析企业经营状况和财务状况提供有益的帮助。

（四）股东权益变动表

1. 股东权益变动表的内容与结构

股东权益变动表是指反映构成所有者权益的各组成部分当期的增减变动情况的报表，股东权益变动表应当全面反映一定时期所有者权益变动的情况。所

第一章 财务报告分析概述

有者权益变动表解释在某一特定时间内,股东权益如何因企业经营的盈亏及现金股利的发放而发生的变化。它是说明管理阶层是否公平对待股东的最重要的信息。

表1-5　　　　　　　　　　　股东权益变动表

项　目	上年同期									
	归属于母公司所有者权益							少数股东权益	所有者权益合计
	实收资本（或股本）	资本公积	减：库存股	专项储备	盈余公积	一般风险准备	未分配利润	其他		
一、上年年末余额										
加：会计政策变更										
前期差错更正										
其他										
二、本年年初余额										
三、本期增减变动金额（减少以"-"号填列）										
（一）净利润										
（二）其他综合收益										
上述（一）和（二）小计										
（三）所有者投入和减少资本										
1. 所有者投入资本										
2. 股份支付计入所有者权益的金额										
3. 其他										
（四）利润分配										
1. 提取盈余公积										
2. 提取一般风险准备										
3. 对所有者（或股东）的分配										
4. 其他										
（五）所有者权益内部结转										
1. 资本公积转增资本（或股本）										
2. 盈余公积转增资本（或股本）										
3. 盈余公积弥补亏损										

财务报告分析

续表

项 目	上年同期									
	实收资本（或股本）	资本公积	减：库存股	归属于母公司所有者权益					少数股东权益	所有者权益合计
				专项储备	盈余公积	一般风险准备	未分配利润	其他		
4. 其他										
（六）专项储备										
1. 本期提取										
2. 本期使用										
（七）其他										
四、本期期末余额										

项 目	本期金额									
	实收资本（或股本）	资本公积	减：库存股	归属于母公司所有者权益					少数股东权益	所有者权益合计
				专项储备	盈余公积	一般风险准备	未分配利润	其他		
一、上年年末余额										
加：会计政策变更										
前期差错更正										
其他										
二、本年年初余额										
三、本期增减变动金额（减少以"－"号填列）										
（一）净利润										
（二）其他综合收益										
上述（一）和（二）小计										
（三）所有者投入和减少资本										
1. 所有者投入资本										
2. 股份支付计入所有者权益的金额										
3. 其他										
（四）利润分配										
1. 提取盈余公积										

第一章 财务报告分析概述

续表

项 目	本期金额									
	实收资本（或股本）	资本公积	减：库存股	归属于母公司所有者权益					少数股东权益	所有者权益合计
				专项储备	盈余公积	一般风险准备	未分配利润	其他		
2. 提取一般风险准备										
3. 对所有者（或股东）的分配										
4. 其他										
（五）所有者权益内部结转										
1. 资本公积转增资本（或股本）										
2. 盈余公积转增资本（或股本）										
3. 盈余公积弥补亏损										
4. 其他										
（六）专项储备										
1. 本期提取										
2. 本期使用										
（七）其他										
四、本期期末余额										

2. 股东权益变动表提供的信息

（1）为报表使用者提供企业盈利能力方面的信息。

所有者权益是企业的自有资本，也是企业生产经营、承担债务责任、抵御财务风险的物质基础。所有者权益的增减变动直接决定着企业经济实力的强弱变化，即：企业承担债务责任，抵御财务风险的实力变化。而所有者权益的增减主要源于企业利润的增长，所以该表也间接地反映出企业的盈利能力，从而为报表使用者提供企业盈利能力方面的信息。

（2）为报表使用者正确地评价企业的经营管理工作提供信息。

所有者权益的增减变动有多种原因，该表全面记录了影响所有者权益变动的各个因素的年初余额和年末余额。通过每个项目年末和年初余额的对比，以及各项目构成比例的变化，揭示所有者权益变动的原因及过程，从而为报表使用者判断企业自有资本的质量，正确评价企业的经营管理工作提供信息。

(3) 为投资者的投资决策提供全面信息。

该表既有资产负债表中的项目内容（所有者权益），又有利润表中的项目内容（净利润），还包括利润分配的内容。同时，向股东支付多少股利又取决于公司的股利分配政策和现金支付能力。而现金支付能力的信息又源于现金流量表。因此，该表通过反映利润分析情况，不仅向投资人或潜在投资人提供了有关股利分配政策和现金支付能力方面的信息，而且通过这一过程将新企业会计准则"四大"主要报表有机地联系在一起，为报表使用者全面的评价财务状况、经营成果和企业发展能力提供了全面信息。

三、附 注

会计报表附注是为便于会计报表使用者理解会计报表的内容而对会计报表的编制基础、编制依据、编制原则和方法及主要项目等所作的解释。

（一）会计报表附注的作用

1. 会计报表附注有助于报表使用者全面了解企业的财务状况和经营成果

作为表外信息披露的重要组成部分，报表附注是对报表本身内容以及未包括的项目所作的补充说明和详细解释。许多很重要且可以公开的重要信息，由于受会计报表形式的制约无法得以反映，附注弥补了这一缺陷，使报表使用者能够获得更多的有用信息。

2. 会计报表附注有助于报表使用者更好地理解会计报表

会计报表的内容具有一定的专业性，不具备会计专业知识的人无法准确地理解会计报表信息。会计报表附注不同于会计报表以数字为主的形式，而是以文字资料为主。通过会计报表附注的解释和说明，不但可以使专业人士能够深刻理解会计报表信息，也使非专业人士能够看懂会计报表。

3. 会计报表附注有助于报表使用者正确分析和评价企业

相对于会计报表的固定格式和披露要求，会计报表附注的信息披露与表达要灵活得多，内容上除了包括详细的财务信息，还包括一些非财务的信息，而这些非财务信息对正确分析和评价企业的财务状况及经营成果可能是至关重要的。另外，由于会计政策及处理方法等的变化所导致的报表项目的不可比，可以通过附注的相关说明进行调整，使之具有可比性，从而做出正确的分析和评价。

（二）企业报表附注的内容

根据《企业会计准则第30号——财务报表列报》及其应用指南的规定，企

第一章 财务报告分析概述

业应披露的附注信息包括下列内容:

1. 企业的基本情况

企业基本情况具体包括:(1)企业注册地、组织形式和总部地址;(2)企业的业务性质和主要经营活动;(3)母公司以及集团最终母公司的名称;(4)财务报告的批准报出者和财务报告批准报出日。

2. 公司主要会计政策、会计估计和前期差错

该部分内容具体包括:(1)财务报表的编制基础;(2)遵循企业会计准则的声明;(3)会计期间;(4)记账本位币;(5)同一控制下和非同一控制下企业合并的会计处理方法;(6)合并财务报表的编制方法;(7)现金及现金等价物的确定标准;(8)外币业务和外币报表折算;(9)金融工具的分类与确认;(10)应收款项坏账准备的估计;(11)存货的分类、计价方法等;(12)长期股权投资的后续计量方法;(13)固定资产分类、折旧政策;(14)在建工程的确认;(15)借款费用的确认预计量政策;(16)无形资产的确认预计量政策;(17)长期待摊费用的内容;(18)收入确认预计量政策;(19)政府补助的确认预计量政策;(20)递延所得税资产/递延所得税负债的内容;(21)经营租赁、融资租赁;(22)主要会计政策、会计估计的变更;(23)前期会计差错更正;(24)其他主要会计政策、会计估计和财务报表编制方法。

3. 税项

具体包括:主要税种及税率以及税收优惠及批文。

4. 企业合并及合并财务报表

具体包括:子公司情况;本期新纳入合并范围的主体和本期不再纳入合并范围的主体;境外经营实体主要报表项目的折算汇率等。

5. 资产负债表具体项目附注

6. 利润表具体项目附注

7. 股东权益变动表具体项目附注

8. 现金流量表具体项目附注

后三项附注内容丰富,对报告分析的质量起着至关重要的作用,分别在随后的第三、第四、第五章中深入讲解,在此不再赘述。

四、非财务资料

前述三部分资料都属于财务报告提供的信息,但是在上市公司年度报告中除了财务报告外,还包括很多非财务信息,而且这些信息对于财务报告的分析会发生非常重要的影响,具体包括以下内容:

财务报告分析

1. 重要提示

上市公司的重要提示通常表述如下：本公司董事会、监事会及董事、监事、高级管理人员保证本报告所载资料不存在任何虚假记载、误导性陈述或者重大遗漏，并对其内容的真实性、准确性和完整性承担个别及连带责任；没有董事、监事、高级管理人员对年度报告内容的真实性、准确性、完整性无法保证或存在异议；会计师事务所为本公司出具了标准无保留意见（或者其他类型）的审计报告；公司董事长、总裁、主管会计工作负责人和会计机构负责人声明并保证年度报告中财务报告的真实、完整。

2. 公司基本情况简介

（1）公司法定中文名称；

（2）公司法定代表人；

（3）公司董事会秘书及其联系地址、联系电话、传真、电子信箱等；

（4）公司基本信息。包括公司注册地址及邮政编码、公司办公地址及邮政编码、公司国际互联网网址、公司电子信箱等；

（5）公司信息披露信息。具体包括信息披露报刊、公司信息披露网址、公司年度报告备置地点；

（6）公司股票信息。具体包括公司股票上市地点、股票简称、股票代码；

（7）公司其他有关资料：公司最新注册登记日期、注册地址、企业法人营业执照注册号、税务登记号码、组织机构代码、公司聘请的会计师事务所名称等。

3. 会计数据和业务数据摘要

具体包括：主要会计数据、非经常性损益项目和金额、报告期末公司前三年主要会计数据和财务指标、采用公允价值计量的项目。

4. 股本变动及股东情况

具体包括：股份变动情况表、限售股份变动情况表、截至报告期末前三年公司发行股票情况、报告期内公司股份总数发生变动情况、前十名股东持股情况、前十名无限售条件股东持股情况、控股股东情况、公司实际控制人情况、公司与实际控制人之间的产权及控制关系。

5. 董事、监事、高级管理人员和员工情况

具体包括：现任及报告期内离任董事、监事和高级管理人员情况；现任董事、监事在股东单位的任职情况；现任董事、监事、高级管理人员的主要工作经历和在其他单位的任职或兼职情况；现任董事、监事、高级管理人员的年度报酬情况；报告期内公司董事、监事、高级管理人员变动情况；公司员工情况等。

第一章 财务报告分析概述

6. 公司治理

具体包括：公司治理的情况；董事履行职责情况；公司相对于控股股东在业务、人员、资产、机构、财务等方面的独立完整情况；公司内部控制制度的建立健全情况；高级管理人员的考评及激励情况；公司披露内部控制的相关报告；公司建立年报信息披露重大差错责任追究制度的情况；公司是否存在因部分改制、行业特性、国家政策或收购兼并等原因导致的同业竞争和关联交易问题。

7. 股东大会情况简介

具体包括：年度股东大会情况；临时股东大会情况。

8. 董事会报告

（1）管理层讨论与分析；

管理层讨论与分析主要包括：报告期内公司经营情况的回顾和对公司未来发展的展望。报告期内公司经营情况的回顾通常包括生产经营情况回顾；公司发展情况回顾；管理创新情况回顾；问题与不足；公司主要会计报表项目的异常情况及原因说明；主要子公司、参股公司的经营情况及业绩分析等。公司未来发展的展望包括：发展战略；经营环境分析；经营计划；来年年度重点工作等。

（2）公司投资情况单位；

（3）陈述董事会对公司会计政策、会计估计变更的原因及影响的讨论结果；

（4）董事会日常工作情况具体包括：董事会会议情况及决议内容；董事会对股东大会决议的执行情况；董事会下设的审计委员会相关工作制度的建立健全情况、主要内容以及履职情况汇总报告；董事会下设的薪酬委员会的履职情况汇总报告；公司对外部信息使用人管理制度的建立健全情况；董事会对于内部控制责任的声明；内幕信息知情人登记管理制度的建立和执行情况。

（5）现金分红政策的制定及执行情况；

（6）利润分配或资本公积金转增股本预案；

（7）公司前三年股利分配情况或资本公积转增股本和分红情况。

9. 监事会报告

具体包括：监事会的工作情况；监事会对公司依法运作情况的独立意见；监事会对检查公司财务情况的独立意见；监事会对公司最近一次募集资金实际投入情况的独立意见；监事会对公司收购、出售资产情况的独立意见；监事会对公司关联交易情况的独立意见；监事会对内部控制自我评价报告的审阅情况及意见。

10. 重要事项

具体包括：重大诉讼仲裁事项；破产重整相关事项及暂停上市或终止上市情况本年度公司无破产重整相关事项；公司持有其他上市公司股权、参股金融企业股权情况；资产交易事项；报告期内公司重大关联交易事项；重大合同及其履行情况；承诺事项履行情况；聘任、解聘会计师事务所情况；上市公司及其董事、监事、高级管理人员、公司股东、实际控制人处罚及整改情况；其他重大事项的说明。

11. 备查文件目录

（1）载有法定代表人、主管会计工作负责人、会计机构负责人签名并盖章的会计报表。

（2）载有会计师事务所盖章、注册会计师签名并盖章的审计报告原件。

（3）报告期内所有在《中国证券报》、《上海证券报》、《证券时报》披露过的所有公司文件的正本及公告原稿。

有的公司视具体情况不同还可能包括其他一些内容，比如内部控制等。

第五节　财务报告分析的局限性

财务报表分析对于了解企业的财务状况和经营业绩，评价企业的偿债能力和盈利能力，制定经济决策都有着显著的作用。但由于种种因素的影响，财务报表分析及其分析方法，也存在着一定的局限性。我们在分析中，应注意这些局限性的影响，以保证分析结果的正确性。

一、财务报告自身的局限性

1. 会计政策和会计处理方法对财务报告分析的影响

根据《企业会计准则》规定，企业可以自由选择会计政策与会计处理方法。企业存货发出计价方法、固定资产折旧方法、坏账的计提方法、对外投资的核算方法、所得税会计的核算方法等，都可以有不同的选择。从而造成即使是两个同样的企业，也会得出不同的财务分析结果。

2. 会计估计的存在对财务报告分析的影响

由于会计核算过程中存在会计估计，因此，会计报表中的某些数据并不是十分精确的，如固定资产的折旧年限、折旧率、净残值率，这些都含有人为主观估计因素。由于会计程序方法的使用具有很大的选择性，则企业财务报表之间的可比性较差。

3. 历史成本计量对财务报告分析的影响

由于我国的财务报表是按照历史成本原则编制的，在通货膨胀时期，有关数

第一章 财务报告分析概述

据会受到物价变动的影响,使其不能真实地反映企业的财务状况和经营成果,引起报表使用者的误解。其一,通货膨胀影响资产负债表的可靠性。由于通货膨胀,对货币性资产而言,当物价上涨,其实际购买力下降;实物资产的情况则相反。从负债方面来看,货币性负债在物价上升时可为企业带来利润;而非货币性负债由于需要在将来以商品或劳务偿还,物价上涨时会使企业造成损失。其二,通货膨胀同样影响着损益表的可靠性。损益的确定是按照权责发生制原则,而不是收付实现制,这样损益也不可避免地会受到通货膨胀的影响。

4. 财务指标计算对财务报告分析的影响

某些指标计算方法不同也会给不同企业之间的比较带来不同程度的影响。例如应收账款周转率、存货周转率等,其平均余额的计算,报表使用者由于数据的限制,往往用年初数与年末数进行平均,这样平均计算应收账款余额与存货余额,在经营业务一年内各月各季较均衡的企业尚可,但在季节性经营的企业或各月变动情况较大的情况下,如期初与期末正好是经营旺季,其平均余额就会过大,如是淡季,则又会过小,从而影响到指标的准确性。

5. 信息的时效性问题

财务报表中的数据,均是企业过去经济活动的结果。用这些数据来预测企业未来的动态,只有参考价值,并非绝对合理可靠。而且等报表使用者取得各种报表时,可能离报表编制日已过去多日。

二、人为的局限性

1. 财务人员的从业素质对财务报告分析的影响

会计报表的结果来源于基层生产部门和其他部门基础数据的采集、统计和计算,由于会计人员的会计水平,使会计报表的质量大打折扣。对企业财务报表进行分析与评价通常是由报表分析者来完成的。然而,不同的财务分析人员对财务报表的认识度、解读力与判断力,以及掌握财务分析理论和方法的深度和广度等各方面都存在着差异,理解财务分析计算指标的结果就有所不同。如果缺乏实践经验,就很可能出现理解偏差,这样必定会影响财务指标的分析结果。

2. 人为造假降低了财务报告的可靠性和有效性

众所周知,企业就是为了盈利。然而,盈利的方法和途径却是多种多样的。一方面,有的人通过正当的经营来谋取利润,也有人通过其他的操作来牟取利益;另一方面,财务报表中一些应该反映的内容没有得到有效的反映,从而影响了对企业的分析评价。财务报表数据的信息质量受制于企业管理当局的职业道德。

第二章 资产负债表分析

第一节 资产负债表的会计分析

资产负债表分析首先应对资产负债表的格式、内容、作用以及各项目的具体内涵有一个充分的理解,否则分析就无从下手。资产负债表是指反映企业在某一特定日期的财务状况的会计报表。资产负债表反映的是企业资产、负债、所有者权益的总体规模和结构,即资产有多少,流动资产、固定资产各有多少;负债有多少,流动负债和非流动负债各有多少;所有者权益有多少,其中实收资本(或股本,下同)有多少,资本公积、盈余公积和未分配利润各有多少等。资产负债表列报的作用是向财务报表使用者提供反映企业在资产负债表日所拥有的资源、承担的义务以及由企业所有者所享有的权益的情况。

一、资产负债表的格式

资产负债表一般有表首、正表两部分,其中表首概括地说明报表名称、编制单位、编制日期、报表编号、货币名称、计量单位等。

资产负债表的格式一般有两种:报告式资产负债表和账户式资产负债表。报告式资产负债表是上下结构,上半部列示资产,下半部列示负债和所有者权益。具体排列形式又有两种:一是按"资产=负债+所有者权益"的原理排列;二是按"资产-负债=所有者权益"的原理排列。账户式资产负债表是左右结构,左边列示资产,右边列示负债和所有者权益。不管采取什么格式,资产各项目的合计等于负债和所有者权益各项目的合计这一等式不变。

在我国,资产负债表采用账户式,左边列示资产,右边列示负债和所有者权益,从整体上体现了"资产=负债+所有者权益"的会计等式。资产和负债项下各项目均按其流动性顺序依次排列。所有者权益项下各栏目按实收资本(或股本)、资本公积、库存股、盈余公积、未分配利润的顺序排列,并采用对比式

第二章 资产负债表分析

填列，即各项目对比填列"年初余额"和"期末余额"两栏。这种排列方式，有利于进行纵向的对比分析，有利于考察各项目在本期增减变动的情况，便于编制现金流量表时获得必要的数据。

本书为了排版方便，以后均采用报告式资产负债表。我国一般企业资产负债表的内容和格式见表2-1。

表2-1　　　　　　　　　　　资产负债表
编制单位：WHYT　　　　　20××年12月31日　　　　　　　　　　单位：元

项　目	期末余额	年初余额
流动资产：		
货币资金	984 813 621	462 041 831
交易性金融资产		
应收票据	2 375 323 254	1 285 980 514
应收账款	326 906 135	292 084 721
预付款项	598 862 903	672 016 808
应收利息		
应收股利	1 213 336 800	
其他应收款	208 486 070	232 168 157
存货	354 970 391	335 944 351
一年内到期的非流动资产		
其他流动资产		
流动资产合计	6 062 699 174	3 280 236 381
非流动资产：		
可供出售金融资产		
持有至到期投资		
长期应收款	1 536 000	
长期股权投资	1 447 735 766	1 422 641 349
投资性房地产		
固定资产	701 332 656	683 034 511
在建工程	697 341 281	111 049 220
工程物资	8 511 501	11 490 821
固定资产清理		
生产性生物资产		
油气资产		

财务报告分析

续表

项　目	期末余额	年初余额
无形资产	611 710 003	29 224 296
开发支出		
商誉		
长期待摊费用	755 147	1 321 507
递延所得税资产	33 333 434	16 739 910
其他非流动资产		
非流动资产合计	3 502 255 788	2 275 501 615
资产总计	9 564 954 961	5 555 737 997
流动负债：		
短期借款	1 075 373 539	172 190 200
交易性金融负债		
应付票据	357 657 084	300 000 000
应付账款	94 240 111	93 300 804
预收款项	405 108 392	239 488 745
应付职工薪酬	21 410 717	31 094 595
应交税费	(15 683 018)	(64 745 331)
应付利息	40 450 129	704 720
应付股利		
其他应付款	38 252 445	18 283 834
一年内到期的非流动负债	184 988 123	132 454 000
其他流动负债	850 000 000	
流动负债合计	3 051 797 522	922 771 567
非流动负债：		
长期借款	361 927 340	
应付债券		
长期应付款	9 469 090	10 821 818
专项应付款		
预计负债		
递延所得税负债		
其他非流动负债		
非流动负债合计	371 396 430	10 821 818
负债合计	3 423 193 952	933 593 385

第二章 资产负债表分析

续表

项　目	期末余额	年初余额
所有者权益（或股东权益）：		
实收资本（或股本）	2 162 334 720	1 663 334 400
资本公积	101 425 730	101 425 730
减：库存股		
专项储备		
盈余公积	1 477 991 746	1 150 249 223
一般风险准备		
未分配利润	2 400 008 813	1 707 135 259
所有者权益（或股东权益）合计	6 141 761 009	4 622 144 611
负债和所有者权益（或股东权益）总计	9 564 954 961	5 555 737 997

本书以后有关资产负债表的说明中，仅以一般企业为例进行说明，对其他企业的情况不再具体说明。

二、资产负债表的内容

财务报表列报准则要求将资产负债表项目按流动性进行分类，资产负债表项目应当划分为资产、负债和所有者权益三类。所有者权益可以分为投入资本和留存收益。流动性通常是按资产的变现或耗用时间的长短以及负债的偿还时间来确定的。

（一）资产

按照流动性分类，资产可以划分为流动资产和非流动资产两大类。

1. 流动资产

流动资产就是主要为交易目的而持有、预计在一个正常营业周期中变现、出售或耗用的资产。企业持有该类资产的目的是用于交易，而不是为了自己使用，企业持有的流动资产，通常可以在一年内变为现金或现金等价物。在资产负债表中流动资产可以进一步划分为不同的明细项目，主要包括：货币资金、交易性金融资产、应收票据、应收账款、预付账款、应收股利、应收利息、其他应收款、存货、一年内到期的非流动资产和其他流动资产。

2. 非流动资产

非流动资产是与流动资产相对立的概念，一般情况下，除流动资产以外的资产应当归类为非流动资产。也可以说，如果资产预计不能在一个正常营业周期中变现、出售或耗用，或者持有资产的主要目的不是为了交易，或者预计在资产负债表日起一年内（含一年）不能变现，或者在资产负债表日起一年内，交换其他资产或清偿负债的能力受到限制的现金或现金等价物，这些资产都应当归类为非流动资产。在资产负债表中，非流动资产应按其性质分类列示。企业的非流动资产通常包括：可供出售金融资产、持有至到期投资、长期应收款、长期股权投资、投资性房地产、固定资产、在建工程、工程物资、固定资产清理、生产性生物资产、油气资产、无形资产、开发支出、商誉、长期待摊费用、递延所得税资产和其他非流动资产。

（二）负债

按照流动性分类，负债可以分为流动负债和非流动负债两大类。

1. 流动负债

流动负债是指为交易目的而持有、预计在一个正常营业周期中清偿的负债。企业持有的流动负债，通常应当在一年内清偿，如果企业可以自主地将清偿义务推迟至资产负债表日后一年以上，则该项负债应该属于非流动负债。在资产负债表中，流动负债可以进一步划分为不同的明细项目，流动负债包括短期借款、交易性金融负债、应付票据、应付账款、预收账款、应付职工薪酬、应交税费、应付利息、应付股利、其他应付款、一年内到期的非流动负债和其他流动负债。

2. 非流动负债

非流动负债是与流动负债相对立的概念，流动负债以外的负债应当归类为非流动负债，即当企业承担的某一项负债，预计不能在一个正常营业周期中清偿，或者主要不是为交易目的而持有，或者不能在资产负债表日起一年内到期并应予以清偿，或者企业有权自主地将清偿推迟至资产负债表日后一年以上，这样的负债应当被划分为非流动负债。在资产负债表中，非流动负债应按其性质分类列示。非流动负债主要包括：长期借款、应付债券、长期应付款、专项应付款、预计负债、递延所得税负债和其他非流动负债。

（三）所有者权益

所有者权益是指企业资产扣除负债后由所有者享有的剩余权益。公司的所有者权益也称为股东权益。从金额来看，所有者权益为企业资产总额减去负债总额后

第二章 资产负债表分析

的净额。所有者权益按其来源划分，可分为所有者投入的资本、直接计入所有者权益的利得和损失、留存收益。在资产负债表中，所有者权益也要划分为不同的明细项目，包括实收资本（或股本）、资本公积、库存股、盈余公积和未分配利润。

三、资产负债表的作用

资产负债表表明企业某一时点静态的财务状况，即企业所拥有或控制的经济资源的数额及其构成情况，企业所负担的债务数额及构成情况，企业的所有者在企业享有的经济利益数额及构成情况。资产负债表必须定期对外公布和报送给外部与企业有经济利害关系的各个主体。编制资产负债表对于不同的会计信息使用者具有不同的意义。

（一）对于企业管理者的作用

企业管理者通过资产负债表了解企业拥有或控制的经济资源和承担的责任、义务，了解企业资产、负债各项目的构成比例是否合理，并以此分析企业的生产经营能力、营运能力和偿债能力，预测企业未来经营前景。资产负债表右方提供某一日期资金来源总额及其结构，企业资金来源包括负债和所有者权益。负债表明企业未来需要用资产或劳务清偿的债务，是企业的借入资本；所有者权益表明企业所有者所拥有的权益，是企业的永久性资本。负债和所有者权益之比表示企业的资本结构，资本结构反映企业所有者权益对负债的保障程度，反映企业财务的安全程度。

（二）对企业投资者的作用

企业的投资者通过资产负债表了解所有者权益构成情况，考核企业管理人员是否有效利用现有资源，是否使资产得到增值，以此分析企业财务实力和未来发展能力，并作出是否继续投资的决策。资产负债表分别列示期初数、期末数，通过将两期数据或不同年份数据进行比较，分析资产、负债、所有者权益的变动情况，掌握变动规律，预测企业发展趋势。

（三）对企业债权人和客户的作用

企业债权人和供应商通过资产负债表了解企业的偿债能力、支付能力及现有财务状况，以便分析财务风险，预测未来现金流动情况，作出贷款及营销决策。资产是偿还负债的物资保证，通过资产负债表提供的资产的信息，可反映企业的财务实力。将资产与负债进行比较，计算出流动比率、速动比率等相关指标，可以反映企业的偿债能力和支付能力。一般而言，企业的所有者权益占负债与所有者权益的比重越大，企业清偿长期债务的能力越强，企业进一步举债的能力也越强。

（四）对政府有关管理部门的作用

政府机构和部门通过资产负债表，可以了解企业是否认真贯彻执行有关方针、政策，以便加强宏观管理和调控。

另外，通过对资产负债表与利润表有关项目的比较，可以对企业各种资源的利用情况作出评价。如可以考察资产报酬率、运用资本报酬率、存货周转率、债权周转率等。通过将资产负债表与利润表、现金流量表联系起来分析，可以对企业的财务状况和经营成果作出整体评价。

四、资产负债表项目的填列

资产负债表"年初余额"栏内各项数字，应根据上年年末资产负债表"期末余额"栏内所列数字填列。如果上年度资产负债表规定的各个项目的名称和内容同本年度不一致，应对上年年末资产负债表各项目的名称和数字按照本年度的规定进行调整，填入本期资产负债表"年初余额"栏内。

（一）资产项目的内涵

(1)"货币资金"项目反映企业期末持有的现金、银行存款和其他货币资金等总额，应当根据库存现金、银行存款和其他货币资金各科目期末借方余额合计填列。

(2)"交易性金融资产"项目反映企业持有的交易性金融资产的期末价值，即以公允价值计量且其变动计入当期损益的金融资产，包括为交易目的所持有的债券投资、股票投资、基金投资、权证投资等和直接指定为以公允价值计量且其变动计入当期损益的金融资产。本项目应当根据交易性金融资产科目期末借方余额填列。

(3)"应收票据"项目反映企业期末持有的因销售商品、产品，提供劳务等而收到的、未到期收款也未向银行贴现的应收票据的期末价值，包括商业承兑汇票和银行承兑汇票。本项目应当根据应收票据科目期末借方余额填列。

(4)"应收账款"项目反映企业期末持有的因销售商品、产品，提供劳务等经营活动应收取的款项的实际价值，应当以扣减提取的坏账准备后的净额填列。

(5)"预付账款"项目反映企业期末持有的按照购货合同规定预付给供应单位的款项。如"预付账款"科目所属有关明细科目期末有贷方余额的，应在本表"应付账款"项目内反映；如"应付账款"科目所属明细科目有借方余额的，也应

第二章 资产负债表分析

包括在本项目内。

(6)"应收利息"项目反映企业持有的发放贷款、持有至到期投资、可供出售金融资产、存放中央银行款项等应收取的利息。企业购入到期一次还本付息的持有至到期投资应收的利息，在"持有至到期投资"项目反映，不在本项目反映。

(7)"应收股利"项目反映企业持有的应收取的现金股利的期末价值。应收取的其他单位分配的利润的期末价值，也在本项目反映。

(8)"其他应收款"项目反映企业期末持有的其他应收款的实际价值，应当以扣减提取的坏账准备后的净额填列。

(9)"存货"项目反映企业期末持有的在库、在途和在加工中的各项存货的实际价值，包括各种材料、库存商品、在产品、半成品、周转材料（或者包装物及低值易耗品）、发出商品、委托加工物资等。该项目应当按照存货项目下各科目的期末余额，扣减提取的存货跌价准备后的净额填列。

材料采用计划成本核算以及库存商品采用计划成本或售价核算的企业，"存货"项目还应按加上或减去"材料成本差异"、"商品进销差价"科目期末余额后的金额填列。

"代理业务资产"减去"代理业务负债"后的余额在"存货"项目反映。其中，代理业务资产反映企业代理业务形成的除以企业自身名义存放的货币资金以外的其他资产，如受托理财业务进行的证券投资、受托贷款等；代理业务负债反映企业的代理业务收到的各类款项，如受托投资资金、受托贷款资金等。

建造承包商的"工程施工"科目期末余额大于"工程结算"科目期末余额的差额，也应在"存货"项目反映。

(10)"其他流动资产"项目反映企业持有的除上述流动资产以外的其他流动资产的期末价值。企业期末"衍生工具"、"套期工具"、"被套期项目"科目的期末借方余额，应在本项目反映。

(11)"可供出售金融资产"项目反映企业持有的可供出售金融资产的期末价值，包括划分为可供出售的股票投资、债券投资、基金投资等金融资产。本项目应按可供出售金融资产的期末价值分析填列。

(12)"持有至到期投资"项目反映企业期末持有至到期投资的实际价值。企业委托银行或其他金融机构向其他单位贷出的款项，也包括在本项目内。本项目应根据"持有至到期投资"科目的期末余额，扣减"持有至到期投资减值准备"科目的期末余额后填列。

(13)"长期应收款"项目反映企业融资租赁产生的应收款项和采用递延方式具有融资性质的销售商品和提供劳务等产生的应收款项。如果长期应收款计提了坏账准备，本项目则应当以扣减提取的坏账准备后的净额填列。本项目按减去相应的"未实现融资收益"期末余额后的金额填列。长期应收款中将于一年内到期的部分,在"一年内到期的非流动资产"项目反映。

(14)"长期股权投资"项目反映企业期末持有的采用成本法和权益法核算的长期股权投资的实际价值。本项目应根据"长期股权投资"科目的期末余额,扣减"长期股权投资减值准备"科目的期末余额后填列。

(15)"投资性房地产"项目反映企业期末持有的投资性房地产的实际价值,包括采用成本模式计量的投资性房地产和采用公允价值模式计量的投资性房地产。本项目应根据"投资性房地产"科目的期末余额,扣减"投资性房地产减值准备"科目期末余额后填列。

(16)"固定资产"项目反映企业期末持有的固定资产的实际价值。本项目应根据"固定资产"科目的期末余额,扣减"固定资产减值准备"科目和"累计折旧"科目的余额后填列。

(17)"在建工程"项目反映期末企业基建、更新改造等在建工程发生的价值。企业与固定资产有关的后续支出,包括固定资产发生的日常修理费、大修理费用、更新改造支出、房屋的装修费用等,满足固定资产确认条件的,也在本项目反映;没有满足固定资产确认条件的,不在本项目反映。本项目应根据"在建工程"科目的期末余额填列。在建工程计提了减值准备的,还应当扣减计提的减值准备金额。

(18)"工程物资"项目反映企业为在建工程准备的各种物资的价值,包括工程用材料、尚未安装的设备以及为生产准备的工器具等的期末价值。本项目应根据"工程物资"科目的期末余额填列。工程物资计提了减值准备的,还应当扣减计提的减值准备金额。

(19)"固定资产清理"项目反映企业因出售、报废、毁损、对外投资、非货币性资产交换、债务重组等原因转入清理的固定资产价值以及在清理过程中所发生的费用等。本项目应根据"固定资产清理"科目的期末余额填列,其中固定资产清理发生的净损失,以"-"号填列。

(20)"生产性生物资产"项目反映企业(农业)持有的生产性生物资产的期末实际价值。本项目应根据"生产性生物资产"科目的期末余额,扣减"生产性生物资产累计折旧"后的余额填列。生产性生物资产计提了减值准备的,还应当扣减计提的减值准备金额。

(21)"油气资产"项目反映企业(石油天然气开采)持有的矿区权益和油气、井及相关设施的实际价值。企业(石油天然气开采)与油气开采活动相关的辅助设备及设施在"固定资产"项目反映,不在本项目反映。本项目应根据"油气资产"科目的期末余额,扣减"累计折耗"科目的余额填列。油气资产计

第二章 资产负债表分析

提了减值准备的,还应当扣减计提的减值准备金额。

(22)"无形资产"项目反映企业期末持有的无形资产成本,包括专利权、非专利技术、商标权、著作权、土地使用权等。采用成本模式计量的已出租的土地使用权和持有并准备增值后转让的土地使用权,在"投资性房地产"项目反映,不在本项目反映。本项目应根据"无形资产"科目的期末余额,扣减"累计摊销"和"无形资产减值准备"科目的余额后填列。

(23)"开发支出"项目反映企业进行研究与开发无形资产过程中发生的满足资本化条件的各项支出。本项目应根据"研发支出"科目的期末余额填列。

(24)"商誉"项目反映企业合并中形成的商誉的期末价值。本项目可以根据"商誉"科目的期末余额填列。如果企业单独设置"商誉减值准备"科目核算商誉发生的减值,则本项目应当根据"商誉"科目的期末余额扣减"商誉减值准备"科目的余额后填列。

(25)"长期待摊费用"项目反映企业已经发生但应由本期和以后各期负担的分摊期限在一年以上的各项费用,如以经营租赁方式租入固定资产发生的改良支出。"长期待摊费用"科目中将于一年内摊销的部分,应在"一年内到期的非流动资产"项目中反映。

(26)"递延所得税资产"项目反映企业根据所得税准则确认的可抵扣暂时性差异产生的所得税资产的期末价值。根据税法规定可用以后年度税前利润弥补的亏损产生的所得税资产,也在本项目反映。本项目应根据"递延所得税资产"科目的期末余额填列。

(27)"其他非流动资产"项目反映企业除以上资产以外的其他非流动资产。如企业期末持有的公益性生物资产,应在本项目反映。

新颁布的《小企业会计准则》一般不存在或原则上不要求核算交易性金融资产、可供出售金融资产、持有至到期投资、长期应收款、投资性房地产、生产性生物资产、油气资产、商誉、递延所得税资产,但相应会增加短期投资和长期债券投资项目。

(二)负债项目的内涵

(1)"短期借款"项目反映企业向银行或其他金融机构等借入的期限在一年以下(含一年)的各种借款。本项目应根据"短期借款"科目的期末余额填列。

(2)"交易性金融负债"项目反映企业承担的交易性金融负债的公允价值和企业持有的直接指定为以公允价值计量且其变动计入当期损益的金融负债的公允价值。本项目应根据"交易性金融负债"科目的期末余额填列。

(3)"应付票据"项目反映企业购买材料、商品和接受劳务供应等而开出、承兑的商业汇票，包括银行承兑汇票和商业承兑汇票。本项目应根据"应付票据"科目的期末余额填列。

（4）"应付账款"项目反映企业因购买材料、商品和接受劳务供应等经营活动而应支付的款项。本项目应根据"应付账款"所属各明细科目的期末贷方余额填列。如"应付账款"科目所属各明细科目有借方余额的，应在本表"预付账款"项目反映；如"预付账款"科目所属各明细科目有贷方余额的，也应包括在本项目内。建造承包商的"工程施工"科目期末余额小于"工程结算"科目期末余额的差额，也在本项目反映。

（5）"预收账款"项目反映企业按照合同规定向购货单位预收的款项。本项目应根据"预收账款"科目所属各明细科目的期末贷方余额合计填列。例如"预收账款"科目所属各明细科目有借方余额的，应在本表"应收账款"项目内填列；例如"应收账款"科目所属各明细科目有贷方余额的，也应包括在本项目内。

（6）"应付职工薪酬"项目反映企业根据有关规定应付给职工的各种薪酬。外商投资企业按规定从净利润中提取的职工奖励及福利基金，也在本项目反映。本项目应根据"应付职工薪酬"科目的期末余额填列。"应付职工薪酬"期末转为债权的，以"-"号填列。

（7）"应交税费"项目反映企业按照税法规定计算应缴纳的各种税费，包括增值税、消费税、营业税、所得税、资源税、土地增值税、城市维护建设税、房产税、土地使用税、车船税、教育费附加、矿产资源补偿费等。企业代扣代缴的个人所得税，也通过本项目反映。企业不需要预计应交数所缴纳的税金，如印花税、耕地占用税等，不在本项目反映。本项目应根据"应交税费"科目的期末余额填列。"应交税费"期末转为债权的，以"-"号填列。

（8）"应付利息"项目反映企业按照合同约定应支付的利息，包括吸收存款、分期付息到期还本的长期借款、企业债券等应支付的利息。本项目应根据"应付利息"科目的期末余额填列。

（9）"应付股利"项目反映企业分配的现金股利或利润。企业分配的股票股利，不通过本项目反映。本项目应根据"应付股利"科目的期末余额填列。

（10）"其他应付款"项目反映企业除应付票据、应付账款、预收账款、应付职工薪酬、应付股利、应付利息、应交税费、长期应付款等以外的其他各项应付、暂收的款项。本项目应根据"其他应付款"科目的期末余额填列。

（11）"其他流动负债"项目反映企业承担的除上述流动负债以外的其他负债。企业期末"衍生工具"、"套期工具"、"被套期项目"科目的贷方余额，可在本项目反映。

（12）"长期借款"项目反映企业向银行或其他金融机构借入的期限在一年

第二章 资产负债表分析

以上（不含一年）的各项借款。本项目应根据"长期借款"科目的期末余额扣减将于一年内到期的部分后的金额填列。

（13）"应付债券"项目反映企业为筹集长期资金而发行的债券本金和利息。发行一年期及一年期以内的短期债券，在"交易性金融负债"项目反映，不在本项目反映。本项目应根据"应付债券"科目的期末余额扣减将于一年内到期的部分后的金额填列。

（14）"长期应付款"项目反映企业除长期借款和企业债券以外的其他各种长期应付款项，包括应付租入固定资产的融资租赁费、以分期付款方式购入固定资产等发生的应付款项等。本项目根据"长期应付款"科目期末余额减去"未确认融资费用"科目期末余额填列。长期应付款中将于一年内到期的部分，在"一年内到期的非流动负债"项目反映。

（15）"专项应付款"项目反映企业取得国家作为所有者投入的具有专项或特定用途的款项，如属于工程项目的资本性拨款等。本项目应根据"专项应付款"科目的期末余额填列。

（16）"预计负债"项目反映企业根据或有事项等相关准则确认的各项预计负债，包括对外提供担保、未决诉讼、产品质量保证、重组义务、亏损性合同等预计负债。本项目应根据"预计负债"科目的期末余额填列。

（17）"递延所得税负债"项目反映企业根据所得税准则确认的应纳税暂时性差异产生的所得税负债。本项目应根据"递延所得税负债"科目的期末余额填列。

（18）"其他非流动负债"项目反映企业除上述非流动负债以外的负债，如企业"递延收益"科目的期末余额，应在本项目反映。

新颁布的《小企业会计准则》不存在交易性金融负债、应付债券、专项应付款、预计负债、递延所得税负债等负债项目。

（三）所有者权益项目的内涵

（1）"实收资本（或股本）"项目反映企业接受投资者投入的实收资本。本项目应根据"实收资本（或股本）"科目的期末余额填列。

（2）"资本公积"项目反映企业收到投资者出资超出其在注册资本或股本中所占的份额以及直接计入所有者权益的利得和损失等的期末余额。本项目应根据"资本公积"科目的期末余额填列。期末资本公积为借方余额的，以"－"号填列。

（3）"库存股"项目反映企业收购、转让或注销的本公司股份金额。本项目应根据"库存股"科目的期末余额填列。

（4）"盈余公积"项目反映企业从净利润中提取的盈余公积的期末余额。本项目应根据"盈余公积"科目的期末余额填列。

(5)"未分配利润"项目反映企业尚未分配的利润。本项目应根据"利润分配——未分配利润"明细科目的期末余额填列。期末累计未分配利润为负数的,以"-"号填列。

新颁布的《小企业会计准则》一般不存在库存股项目。

第二节 资产负债表的全面分析

资产负债表是反映企业一定时点的财务状况的报表,它所提供的信息是静态信息。在进行资产负债表分析时,首先应该进行资产负债表的总体分析,以便对企业的财务状况有一个总括的了解,为进一步分析奠定基础。资产负债表的全面分析一般包括资产负债表各项目的增减变动分析、资产负债表各项目的结构变动分析等内容。

一、资产负债表的增减变动分析

资产负债表各项目的增减变动分析是对企业财务状况及其变化趋势所进行的全面性分析,一般采用比较分析法,通过编制比较资产负债表来进行横向分析,该分析也叫做资产负债表的水平分析。资产负债表水平分析是通过编制资产负债表的水平分析表,将企业资产负债表各项目的本期数与上期数进行比较,说明企业各资产项目、负债项目以及所有者权益项目增减变动的情况。水平分析表的编制可以采用增减变动绝对额和增减变动相对数相结合的方式。

表2-2　　　　　　　WHYT公司资产负债表增减变动分析　　　　　　单位:元

项 目	期末余额	年初余额	增加额	增加率(%)
流动资产:				
货币资金	984 813 621	462 041 831	522 771 790	113.14
应收票据	2 375 323 254	1 285 980 514	1 089 342 740	84.71
应收账款	326 906 135	292 084 721	34 821 414	11.92
预付款项	598 862 903	672 016 808	-73 153 905	-10.89
应收股利	1 213 336 800		1 213 336 800	
其他应收款	208 486 070	232 168 157	-23 682 087	-10.20
存货	354 970 391	335 944 351	19 026 040	5.66
流动资产合计	6 062 699 174	3 280 236 381	2 782 462 793	84.83
长期应收款	1 536 000		1 536 000	

第二章 资产负债表分析

续表

项　目	期末余额	年初余额	增加额	增加率（％）
长期股权投资	1 447 735 766	1 422 641 349	25 094 417	1.76
固定资产	701 332 656	683 034 511	18 298 145	2.68
在建工程	697 341 281	111 049 220	586 292 061	527.96
工程物资	8 511 501	11 490 821	-2 979 320	-25.93
无形资产	611 710 003	29 224 296	582 485 707	1 993.16
长期待摊费用	755 147	1 321 507	-566 360	-42.86
递延所得税资产	33 333 434	16 739 910	16 593 524	99.13
非流动资产合计	3 502 255 788	2 275 501 615	1 226 754 173	53.91
资产总计	9 564 954 961	5 555 737 997	4 009 216 964	72.16
流动负债：				
短期借款	1 075 373 539	172 190 200	903 183 339	524.53
应付票据	357 657 084	300 000 000	57 657 084	19.22
应付账款	94 240 111	93 300 804	939 307	1.01
预收款项	405 108 392	239 488 745	165 619 647	69.16
应付职工薪酬	21 410 717	31 094 595	-9 683 878	-31.14
应交税费	-15 683 018	-64 745 331	49 062 313	-75.78
应付利息	40 450 129	704 720	39 745 409	5 639.89
其他应付款	38 252 445	18 283 834	19 968 611	109.21
一年内到期的非流动负债	184 988 123	132 454 000	52 534 123	39.66
其他流动负债	850 000 000		850 000 000	
流动负债合计	3 051 797 522	922 771 567	2 129 025 955	230.72
非流动负债：				
长期借款	361 927 340		361 927 340	
长期应付款	9 469 090	10 821 818	-1 352 728	-12.50
非流动负债合计	371 396 430	10 821 818	360 574 612	3 331.92
负债合计	3 423 193 952	933 593 385	2 489 600 567	266.67
所有者权益（或股东权益）：				
实收资本（或股本）	2 162 334 720	1 663 334 400	499 000 320	30.00
资本公积	101 425 730	101 425 730	0	0.00
盈余公积	1 477 991 746	1 150 249 223	327 742 523	28.49
未分配利润	2 400 008 813	1 707 135 259	692 873 554	40.59
所有者权益（或股东权益）合计	6 141 761 009	4 622 144 611	1 519 616 398	32.88
负债和所有者权益（或股东权益）总计	9 564 954 961	5 555 737 997	4 009 216 964	72.16

财务报告分析

通过 WHYT 公司 20××资产负债表的水平分析表，可以看出该公司财务状况的变化主要表现在以下几个方面：

（1）公司本期货币资金较上期增长了约 5.2 亿元，增长率为 113.14%，说明公司产生现金流量的能力也大大增强了，资产流动性也得到提高，现金偿债能力得以增强。

（2）公司本期应收票据较上期增长了约 10.89 亿元，增长率为 84.71%，说明公司由于收入增长也导致了应收票据的大幅增长，通常情况下，这属于正常现象。当然，应收票据的构成也非常重要，如果该票据主要以银行承兑汇票为主的话，公司面临的风险也不会很大。

（3）公司本期应收股利较上期增长了约 12.13 亿元，而上期末该项目金额为零，说明公司的长期股权投资得到了巨大的现金红利，长期股权投资的质量处于较好的状况。

（4）公司本期在建工程较上期增长约为 5.86 亿元，增长率为 527.96%，说明公司在新建固定资产投入较多，这为公司的未来发展必将打下坚实的基础，当然，同时也可能增加公司的财务负担。

（5）公司本期无形资产较上期增长了约 5.82 亿元，增长率为 1 193.16%，说明在研发投入和土地购置方面投入了较大的资金。研发投入多可以增强公司未来的发展能力，土地投资多，一方面可以带来较高的增值，另一方面也保证了公司未来扩张的需要。

（6）公司本期短期借款较上期增长了约 9 亿元，增长率为 524.53%，说明公司在流动资产增加的同时也产生了较多的流动负债，这会为公司带来较高的财务费用，对公司的当期盈利会带来一定的负面影响。

（7）公司本期预收账款较上期增长了约 1.66 亿元，增长率为 69.16%，说明产品销售处于良好的供求关系中，也可以因此判断公司在未来利润可能出现相应的增长。

（8）公司本期借款较上期增长了约 3.6 亿元，而上期末该项目金额为零，说明公司在扩张的同时也产生了一定的长期负债，不过该负债占总负债的比率较低，不会给公司带来多大的负面影响。

（9）本期净资产较上期增长约为 15.2 亿元，增长率为 32.88%，说明公司为股东实现了保值增值。

二、共同比资产负债表

编制共同比资产负债表是进行资产负债表结构分析的一项基础工作。所谓共

第二章 资产负债表分析

同比资产负债表就是采用共同比分析法，将所有资产项目除以资产合计，将所有负债项目和所有者权益项目除以负债和所有者权益合计，然后以计算得到的构成百分比指标来编制的资产负债表。共同比分析属于对比分析法的一种扩展，也可以叫结构分析或垂直分析。以本章第一节提供的WHYT的资产负债表为基础编制得到表2-3所示的共同比报表。

表2-3　　　　　　　　　　共同比资产负债表

编制单位：WHYT　　　　　20××年12月31日　　　　　　　　　单位：元

项　目	期末余额	年初余额	期末比重（%）	年初比重（%）
流动资产：				
货币资金	984 813 621	462 041 831	10.30	8.32
应收票据	2 375 323 254	1 285 980 514	24.83	23.15
应收账款	326 906 135	292 084 721	3.42	5.26
预付款项	598 862 903	672 016 808	6.26	12.10
应收股利	1 213 336 800		12.69	0.00
其他应收款	208 486 070	232 168 157	2.18	4.18
存货	354 970 391	335 944 351	3.71	6.05
流动资产合计	6 062 699 174	3 280 236 381	63.38	59.04
长期应收款	1 536 000		0.02	0.00
长期股权投资	1 447 735 766	1 422 641 349	15.14	25.61
固定资产	701 332 656	683 034 511	7.33	12.29
在建工程	697 341 281	111 049 220	7.29	2.00
工程物资	8 511 501	11 490 821	0.09	0.21
无形资产	611 710 003	29 224 296	6.40	0.53
长期待摊费用	755 147	1 321 507	0.01	0.02
递延所得税资产	33 333 434	16 739 910	0.35	0.30
非流动资产合计	3 502 255 788	2 275 501 615	36.62	40.96
资产总计	9 564 954 961	5 555 737 997	100.00	100.00
流动负债：				
短期借款	1 075 373 539	172 190 200	11.24	3.10
应付票据	357 657 084	300 000 000	3.74	5.40
应付账款	94 240 111	93 300 804	0.99	1.68
预收款项	405 108 392	239 488 745	4.24	4.31
应付职工薪酬	21 410 717	31 094 595	0.22	0.56
应交税费	(15 683 018)	(64 745 331)	-0.16	-1.17
应付利息	40 450 129	704 720	0.42	0.01

续表

项　目	期末余额	年初余额	期末比重（%）	年初比重（%）
其他应付款	38 252 445	18 283 834	0.40	0.33
一年内到期的非流动负债	184 988 123	132 454 000	1.93	2.38
其他流动负债	850 000 000		8.89	
流动负债合计	3 051 797 522	922 771 567	31.91	16.61
非流动负债：				
长期借款	361 927 340		3.78	
长期应付款	9 469 090	10 821 818	0.10	0.19
非流动负债合计	371 396 430	10 821 818	3.88	0.19
负债合计	3 423 193 952	933 593 385	35.79	16.80
所有者权益（或股东权益）：				
实收资本（或股本）	2 162 334 720	1 663 334 400	22.61	29.94
资本公积	101 425 730	101 425 730	1.06	1.83
盈余公积	1 477 991 746	1 150 249 223	15.45	20.70
未分配利润	2 400 008 813	1 707 135 259	25.09	30.73
所有者权益（或股东权益）合计	6 141 761 009	4 622 144 611	64.21	83.20
负债和所有者权益（或股东权益）总计	9 564 954 961	5 555 737 997	100.00	100.00

三、资产结构分析

资产结构是指企业中各项资产与总资产及各主要资产项目间的比例关系，每一类资产在企业价值创造过程中发挥着不同的作用，因此，划分资产结构的目的在于优化资产配置，改善财务状况，加速资金周转，减少经营风险。

（一）资产结构对企业经营的影响

1. 资产结构对企业风险的影响

企业面临的风险包括经营风险和财务风险。经营风险与资产结构相关，财务风险与资本结构相关。一般而言，流动资产因能在一年内完成周转，实现其价值，而且短期内市场变动较小，因此，这类资产的经营风险相对较小。固定资产等长期资产则需要在较长时期内完成周转并实现其价值。在这一较长时期内，市场与实际可能产生较大程度背离，所以，这类资产的经营风险相对较大。在不同经营风险下，企业会产生不同的销售收入、利润以及现金流，从而会影响企业的偿债能力。偿债能力是衡量财务风险的重要指标。可见，资产结构决定着企业风险。

第二章 资产负债表分析

2. 资产结构对企业收益的影响

不同的资产结构的收益能力是不一样的,经营型资产带给企业的收益属于经营活动收益,金融资产带给企业的收益属于金融活动收益,这两类收益对于企业来说质量是不一样的,通常前者比较稳定、风险相对较小,而后者通常不稳定、风险相对较大。同样是经营资产,对企业收益的影响也是不同的,比如无形资产给企业带来的收益会更大,正如业界说的"一流企业搞研发,二流企业搞生产",这正是在说无形资产的获利能力最强。

3. 资产结构对流动性的影响

资产的流动性是指资产的变现速度,一般情况下流动资产比非流动资产的流动性强,货币资产比非货币资产的流动性强,金融资产比实物资产的流动性强。因此,不同的资产结构对资产的流动性有不同的影响。当然资产的流动性还取决于资产的质量,如存货的质量、应收账款的账龄。

(二) 资产结构分析

1. 资产类别结构分析

资产类别结构是指对构成资产的各大类别资产与总资产的比例,以及各大类别资产之间的比例关系的分析。将各项资产结构数值与历史数据、同行业数据进行比较,分析其变动的合理性及其原因,进一步判断企业资产变动趋势。通过资产类别结构分析,可以看出企业的行业特点、经营特点和技术装备特点。

(1) 流动资产与非流动资产结构分析。

流动资产与非流动资产的含义及内容在第一节已经进行了清楚的讲解,在此不再赘述。

$$流动资产比率 = \frac{流动资产总额}{资产总额} \times 100\%$$

WHYT 20××年的流动资产比率为63.38%。流动资产比率越高,企业流动资产在总资产中所占比重越大,企业承担风险的能力就越强。同时,在销售收入不变的情况下,流动资产占用越多,流动资产周转速度就越慢,降低了资产的收益能力。确定适宜的流动资产比率实质上是对企业资产流动性与获利能力的权衡。合理的流动资产比率,应结合企业的经营性质、同行业平均水平或行业先进水平,结合销售的变动状况进行趋势分析。

$$非流动资产比率 = \frac{非流动资产总额}{资产总额} \times 100\%$$

WHYT 20××年的流动资产比率为36.62%。非流动资产代表企业长期可使用的资产，非流动资产比例高，会降低资产周转速度，增加固定费用。因此，非流动资产比例不宜过高。

（2）经营资产与金融资产的结构分析。

经营资产是指用于生产经营活动资产，与总资产相比，它不包括没有被用于生产经营活动的金融资产。严格来说，保持一定数额的现金是生产经营活动所必需的，但是外部分析人员无法区分哪些金融资产是必需的，哪些是投资的剩余，为了简化都将其列入金融资产，视为未投入运营的资产。应收项目大部分是无息的，将其列入经营资产。区分经营资产和金融资产的主要标志是有无利息，如果能够取得利息则列为金融资产。例如，短期应收票据如果以市场利率计息就属于金融资产；否则应归入经营资产，它们只是促进销售的手段。只有短期权益性投资是个例外，它是暂时利用多余现金的一种手段，所以是金融资产，应以市价计价，至于长期权益性投资，则属于经营资产。

$$经营资产比率 = \frac{经营资产总额}{资产总额} \times 100\%$$

$$金融资产比率 = \frac{金融资产总额}{资产总额} \times 100\%$$

以 WHYT 20××年的资产负债表为例，按照常规判断，该公司的资产中除了 984 813 621 元货币资金可以划分为金融资产外，其余均为经营活动资产。也就是说该公司经营资产比率不超过 10.3%（因为货币资金也不一定全部就是金融资产），经营资产比率近 90%。对于绝大多数企业来说，经营资产比率高说明企业经营活动占用资产多，主业比较突出，对企业来说是有利的；相反，金融资产比率高说明企业主业不突出，除非公司以金融投资活动为主业。

2. 主要资产项目结构分析

在各类资产中，包含着各个不同的资产项目，各项资产在企业经营中具有不同的作用，企业生产经营活动对各项资产的依赖程度不同。因此，有必要进一步对主要资产项目构成进行分析。通常，主要资产指单项资产超过总资产 5% 以上即可确认为主要资产，且大类资产占总资产的比重应在 80% 以上该分析才有意义，但特殊情况例外。主要资产项目结构分析具体可通过计算主要项目占总资产的比重进行分析，根据其数值大小及其变化趋势，结合资产各主要项目的分析要点，分析资产变动的原因。

$$某大类资产比率 = \frac{该大类资产}{资产总额} \times 100\%$$

例如，$固定资产比率 = \frac{固定资产}{资产总额} \times 100\%$，其他比率类似。

第二章 资产负债表分析

以 WHYT 20××年的资产负债表为例，该公司的大类资产及其比率如表 2-4 所示。

表 2-4　　　　　　　　　　　**WHYT 大类资产及其比率**　　　　　　　　　　　单位：元

项　目	期末余额	年初余额	期末比重（%）	年初比重（%）
货币资金	984 813 621	462 041 831	10.30	8.32
应收票据	2 375 323 254	1 285 980 514	24.83	23.15
预付款项	598 862 903	672 016 808	6.26	12.10
应收股利	1 213 336 800		12.69	
长期股权投资	1 447 735 766	1 422 641 349	15.14	25.61
固定资产	701 332 656	683 034 511	7.33	12.29
在建工程	697 341 281	111 049 220	7.29	2.00
无形资产	611 710 003	29 224 296	6.40	0.53
大类资产合计	8 630 456 283	4 665 988 530	90.23	83.99
资产总计	9 564 954 961	5 555 737 997	100.00	100.00
大类资产占总资产比重（%）	90.23	83.99	—	—

通过对 WHYT 20××年的大类资产分析可以发现，该公司的应收票据比率连续两年比重最高，分别达到 24.83% 和 23.15%，且还在进一步小幅增长，这就需要进一步分析该公司的应收票据主要是商业承兑汇票还是银行承兑汇票，如果主要是商业承兑汇票则该公司的风险较大，相反，如果主要是银行承兑汇票则风险较低。其次，长期股权投资比率本年为 15.15%，虽然与上期相比出现大幅下降，实际上绝对金额几乎没有变化，而且结合今年应收股利绝对额大幅增加月 12 亿元、应收股利比率达 12.69% 的情况，可以得出这样的结论：该公司的长期股权投资还是很优质的，给企业带来了较高的现金回报。同时，公司的固定资产比率为 7.53%，处于相对较低的水平，固定资产的规模代表公司的生产能力，提高固定资产比率，有利于提高产量、降低成本，但由于固定资产具有投资额大、回收期长、变现能力弱的特点，过高的固定资产比率会影响公司的偿债能力，加大公司经营风险与财务风险。固定资产的比例应与销售规模相适应。公司无形资产比重虽然只有 6.4%，但是增长额和增长率都还是很明显的，企业持有较多无形资产，表明开发创新能力强，判断无形资产构成比重是否合理，也应结合行业情况进行分析。

3. 全部资产项目结构分析

全部资产项目结构分析是以共同比资产负债表的形式，通过计算各资产明细项目占总资产的比重,反映企业资源配置与财务稳定性的情况,帮助企业及时发现资产占用是否合理,以减少资金的沉淀,保持企业资产的流动性。将WHYT 20××年的共同比资产负债表中的资产部分独立出来即可得到全部资产项目结构百分比,具体见表2-5。

表2-5　　　　　　　　WHYT全部资产项目结构分析　　　　　　　　单位:元

项　目	期末余额	年初余额	期末比重(%)	年初比重(%)
流动资产:				
货币资金	984 813 621	462 041 831	10.30	8.32
应收票据	2 375 323 254	1 285 980 514	24.83	23.15
应收账款	326 906 135	292 084 721	3.42	5.26
预付款项	598 862 903	672 016 808	6.26	12.10
应收股利	1 213 336 800		12.69	0
其他应收款	208 486 070	232 168 157	2.18	4.18
存货	354 970 391	335 944 351	3.71	6.05
流动资产合计	6 062 699 174	3 280 236 381	63.38	59.04
长期应收款	1 536 000		0.02	0
长期股权投资	1 447 735 766	1 422 641 349	15.14	25.61
固定资产	701 332 656	683 034 511	7.33	12.29
在建工程	697 341 281	111 049 220	7.29	2.00
工程物资	8 511 501	11 490 821	0.09	0.21
无形资产	611 710 003	29 224 296	6.40	0.53
长期待摊费用	755 147	1 321 507	0.01	0.02
递延所得税资产	33 333 434	16 739 910	0.35	0.30
非流动资产合计	3 502 255 788	2 275 501 615	36.62	40.96
资产总计	9 564 954 961	5 555 737 997	100.00	100.00

在大类资产占总资产比重很高的情况下,全部资产项目结构分析显得意义不大,因为二者的分析数据和分析结论比较趋于一致。只有在大类资产占总资产比重很低的情况下,通过全部资产项目结构才能发现更多的问题。

四、负债结构分析

负债是指企业所承担的能以货币计量、需以资产或劳务偿付的债务。对于负

第二章 资产负债表分析

债结构分析而言，有意义的划分主要包括两个大类：一类是流动负债与非流动负债；另一类是经营负债与金融负债。

（一）负债类别结构分析

1. 流动负债与非流动负债结构分析

划分流动负债与非流动负债的标准是偿还时间，一般两者的划分以一年为标志。在一年内偿还的负债为流动负债，在一年以上偿还的负债为非流动负债。但在营业周期超过一年的企业，为科学地反映企业的财务状况，流动负债与非流动负债的划分以"一年或超过一年的一个营业周期"为标志。关于流动负债与非流动负债的概念及内容，在本章第一节中已经阐述，不再赘述。

$$流动负债比率 = \frac{流动负债}{负债总额} \times 100\%$$

WHYT 20××年的流动负债比率约为89%。流动负债规模反映企业对短期债权人的依赖程度。流动负债比重越高，说明企业对短期资金的依赖性越强，企业偿债的压力就越大；流动负债比重越低，说明企业对短期资金的依赖性越弱，企业偿债的压力就越小。流动资产是偿还债务的物资保证，因此，在企业的流动资产周转速度快、短期负债的资金成本较低的情况下，企业可有较多的流动负债；否则，应减少流动负债。

$$非流动负债比率 = \frac{非流动负债}{负债总额} \times 100\%$$

WHYT 20××年的非流动负债比率为11%。非流动负债比例反映企业对长期债权人的依赖程度。长期负债比重越高，表明企业经营对长期债务资金的依赖性越强；反之，非流动负债比重越低，则表明企业经营对长期债务资金的依赖性越弱。

2. 经营负债与金融负债的结构分析

区分经营负债和金融负债的标准是负债是否产生利息，经营负债是指在生产经营中形成的短期和长期无息负债。这些负债不要求利息回报，是伴随经营活动出现的，而非金融活动的结果。金融负债是公司筹资活动形成的有息负债。划分经营负债与金融负债的一般标准是有无利息要求。应付项目的大部分是无息的，故将其列入经营负债；如果是有息的，则属于金融活动，应列为金融负债。

$$经营负债比率 = \frac{经营负债}{负债总额} \times 100\%$$

财务报告分析

$$\text{金融负债比率} = \frac{\text{金融负债}}{\text{负债总额}} \times 100\%$$

以WHYT 20××年的资产负债表为例，按照常规判断，该公司的负债中属于金融负债的有短期借款、长期借款和长期应付款，据此计算的金融负债比率为42.26%，相应的经营负债率就为57.74%。分析可以发现，该公司的金融负债比率在本期看来偏高，这会给公司带来一定的财务压力，并产生较多的利息支出，一旦费用化就会给公司盈利带来一定的负面影响。

（二）负债项目结构分析

与资产结构分析类似，负债项目结构分析也可以分为主要负债项目结构分析和全部负债项目结构分析。但由于二者分析原理并没有多大差别，所以在此就只讲述全部负债项目的结构分析，主要负债项目结构分析可以参照主要资产项目结构分析进行计算，同时参照全部负债项目的结构分析进行分析。

负债项目结构分析是通过计算各项负债项目比率来进行的，如：

$$\text{短期借款比率} = \frac{\text{短期借款}}{\text{负债总额}} \times 100\%$$

其他负债项目的比率计算与此类似。将WHYT 20××年的共同比资产负债表中的负债部分独立出来，用每项负债金额除以总负债即可得到全部负债项目的比率，具体见表2-6。

表2-6　　　　　　　　WHYT负债项目结构分析　　　　　　　　单位：元

项目	期末余额	年初余额	期末比重（%）	年初比重（%）
流动负债：				
短期借款	1 075 373 539	172 190 200	31.41	18.44
应付票据	357 657 084	300 000 000	10.45	32.13
应付账款	94 240 111	93 300 804	2.75	9.99
预收款项	405 108 392	239 488 745	11.83	25.65
应付职工薪酬	21 410 717	31 094 595	0.63	3.33
应交税费	(15 683 018)	(64 745 331)	-0.46	-6.94
应付利息	40 450 129	704 720	1.18	0.08
其他应付款	38 252 445	18 283 834	1.12	1.96
一年内到期的非流动负债	184 988 123	132 454 000	5.40	14.19

第二章 资产负债表分析

续表

项　目	期末余额	年初余额	期末比重（％）	年初比重（％）
其他流动负债	850 000 000		24.83	0
流动负债合计	3 051 797 522	922 771 567	89.15	98.84
非流动负债：			0	0
长期借款	361 927 340		10.57	0
长期应付款	9 469 090	10 821 818	0.28	1.16
非流动负债合计	371 396 430	10 821 818	10.85	1.16
负债合计	3 423 193 952	933 593 385	100.00	100.00

从表2-6中可以发现，公司本期负债比率从高到低的前五位依次是：短期借款比率、其他流动负债比率、预收账款比率、长期借款比率、应付票据比率，分别为31.41%、24.83%、11.83%、10.57%和10.45%，合计达89.1%。其中，预收账款比率属于越高越好，但是短期借款比率和长期借款比率则应在不影响投资活动和经营活动时尽可能控制，而其他流动负债比率高达24.83%，则要看其具体构成而论。

五、所有者权益结构分析

（一）所有者权益的构成

所有者权益是指企业所有者对企业净资产的要求权。所有者权益在数量上等于企业全部资产减去全部负债后的余额，包括实收资本、资本公积、盈余公积和未分配利润四部分内容，具体概念参阅本章第一节资产负债表项目分析的相关内容。

（二）所有者权益项目结构分析

所有者权益结构分析，主要是分析实收资本、资本公积、盈余公积和未分配利润在所有者权益中的比重及其变动，其目的是揭示所有者权益变动的原因，并向投资者、债权人提供有关资本来源、净资产的增减变动等信息。

所有者权益的四个部分又可以分成两个大类：股东投入资本和留存收益，股东投入资本包括实收资本和资本公积，留存收益包括盈余公积和未分配利润。一个优秀的企业通常是"低投入资本、高留存收益"，因为这样的企业通常意味着股东都是以较少的投入获得了较高的回报。当然分析时还得考虑企业以前年度的分配情况，比如盈余公积转增资本和送股都会导致留存收益减少同时投资资本增加，派现会导致留存收益减少。表2-7是WHYT 20××年年末的资本结构，股东投入资本合计约22.6亿元，留存收益合计38.84元，因此可以判断该企业是一个不错的企业。

表2-7　　　　　　　　　所有者权益项目结构分析　　　　　　　　单位：元

项　目	期末余额	年初余额
实收资本（或股本）	2 162 334 720	1 663 334 400
资本公积	101 425 730	101 425 730
盈余公积	1 477 991 746	1 150 249 223
未分配利润	2 400 008 813	1 707 135 259
所有者权益（或股东权益）合计	6 141 761 009	4 622 144 611
负债和所有者权益（或股东权益）总计	9 564 954 961	5 555 737 997

六、资本结构分析

（一）资本结构的含义

企业筹集资本的来源一般有两个渠道：一是向债权人筹资，即负债融资；二是向投资人筹资，即权益资本融资。广义的资本结构是指各主要资本来源构成的比例关系；狭义的资本结构是指债务资本与权益资本的比例关系。根据资本结构理论，最优资本结构的标准是：企业价值最大，加权平均成本最低。企业价值最大的同时也是加权平均成本最低的时候。企业价值是指企业未来现金流入的现值，上市公司通常可以表述为股价；加权平均成本即各种资金的成本乘以该种资金的比重后相加得到的结果。

（二）资本结构分析

在财务报告分析中，资本结构分析主要考核以下指标：

1. 资产负债率

资产负债率是企业全部负债总额与全部资产总额的比率，表示在企业全部资金来源中，从债权人方面取得资金的比重。该指标用于衡量企业利用负债融资进行财务活动的能力，也是衡量企业财务风险的重要标志，其计算公式为：

$$资产负债率 = \frac{负债总额}{资产总额} \times 100\%$$

WHYT 20××年年末的资产负债率为35.79%，处于相对较低的水平，说明该企业的财务风险比较低。

第二章 资产负债表分析

通常资产负债率越高意味着公司的财务风险越大,反之则小,但不能说资产负债率高则资本结构不合理。高负债,不一定表明资本结构不合理;低负债,也不一定表明资本结构是合理的。企业应将资产负债率与负债结构、企业的盈利能力等因素相结合,以便综合分析企业资本结构的合理性。适度的资产负债率水平分析还应该重点考虑以下两个方面因素:经济周期、行业性质。从经济发展的不同阶段来看,资产负债率与景气呈正相关关系,经济景气时,企业面临的经济环境与市场比较有利,产品销路好,举债可以增加企业的发展能力和盈利;反之,经济不景气时,产品销路下降,银根紧缩,举债增加风险和债务危机。从行业方面来看,属于发展速度快的新兴行业,资产负债率一般较高,而成熟或衰退期的行业,资产负债率则一般较低,还有一些特殊行业比如银行业资产负债率在正常情况下也都较高。

2. 产权比率

产权比率是负债总额与所有者权益总额之比,也叫资本负债率,其计算公式为:

$$产权比率 = \frac{负债总额}{所有者权益总额} \times 100\%$$

WHYT 20××年年末的产权比率为55.74%,同样处于一个较低的水平,说明企业的净资产对于偿还债务的保障程度较高。

产权比率较高时,一般表示企业资本结构稳定性和资金来源独立性降低,债权人所得到的偿债保障下降,企业借款能力下降。产权比率降低或较低时,一般表示企业偿债能力强,但产权比率过低则表明企业没有充分发挥自有资本的作用。

资产负债率与产权比率之间的关系可表示为:

$$产权比率 = \frac{资产负债率}{1 - 资产负债率}$$

产权比率实际上是资产负债比率的另一种表示形式,从变动关系看这是一致的:资产负债率高的企业产权比率必然也高。资产负债率越大,产权比率也越大,企业偿债能力越弱;资产负债率越小,产权比率也越小,企业偿债能力就越强。但产权比率更侧重于揭示企业财务结构的稳健程度,以及所有者权益对企业偿债风险的承受能力。

七、财务结构类型分析

为了准确合理地判断企业经营风险和财务风险,还应对公司财务结构类型进行判断。企业财务结构类型分为稳健型、中庸型、风险型三种。为了准确地判断财务结构类型,需要进一步将流动资产划分为临时性流动资产和永久性流动资产，将流动负债划分临时性流动负债和自发性流动负债。临时性流动资产属于短期资产，永久性流动资产和非流动资产均属于长期资产；临时性流动负债属于短期资金，自发性流动负债和非流动负债均属于长期资金。

（一）稳健型财务结构

稳健型财务结构指短期资产大于短期资金，即短期资产除来源于短期资金外，还来源于长期资金，这种资产结构表明企业偿还流动负债，有足够的流动资产作为物资保证，以降低企业的财务风险。其不利之处在于：流动资产占用大量资金，如果资金周转不畅，会降低资金的利用效率；同时，一部分长期资金用于短期资产，会加大企业的资金成本。这种结构成本最高、风险最小。

（二）中庸型财务结构

中庸型财务结构是指短期资产基本等于短期负债，即短期资产只来源于短期资金，这种资产结构表明短期资产只源于短期资金，有利于降低企业的财务风险。但由于短期资产不占用长期资金，一旦周转受阻，如存货不能售出、应收账款不能收回等，企业财务风险就会加大。因此中庸型财务结构风险大于稳定型财务结构。中庸型财务结构相对减少长期资金的占用，有利于降低企业的资金成本，其成本低于稳健型财务结构。

（三）风险型财务结构

风险型财务结构是指短期资产小于短期资金，即短期资金不仅作为全部流动资产的来源，而且还将一部分短期资金用于长期资产。

在风险型财务结构中，长期资产的部分来源是短期资金，即增加了短期资金来源。这种结构使资金成本最低，但将短期资金作为长期资产的来源，加大了企业的偿债压力。这种结构成本最低、风险最大。

以上三种结构的区别关键在于短期资金相对于短期资产的额度。一般来讲，多数企业可选择中庸型财务结构；规模小或新建尚未稳定的企业可选择稳定型对称性结构；规模大，具有良好、稳定盈利基础的企业可选择风险型财务结构，以保证最大限度地降低风险，获取收益。

第三节　资产负债表的重点项目分析

资产负债表的重点项目分析就是对公司的财务状况好坏及其变动的重要项目

第二章 资产负债表分析

进行的深入分析，该部分主要包括资产项目分析、负债项目分析以及所有者权益项目分析。在本部分分析中，WHYT 公司的财务数据采用的是 WHYT 公司合并报表的数据，因此会与本章第一节中的报表数据有所不同。

一、资产项目分析

资产是企业控制的能给企业带来经济利益的经济资源。资产项目分析分两个大类进行：即流动资产项目分析和非流动资产项目分析。

（一）流动资产项目分析

1. 货币资金

货币资金是企业在生产经营过程中停留在货币形态的那部分资产，包括库存现金、银行存款和其他货币资金。货币资金是企业流动性最强的资产，但也是企业获利能力最差的资产。企业货币资金越多，说明企业的支付能力和财务适应能力越强；反之，货币资金越少，企业的支付能力和财务适应能力就越差。当然，货币资金过多，会导致企业资金的闲置，影响企业资金的利用效果。因此，企业应根据自身的实际情况确定一个合理的货币资金持有量。

货币资金占用合理性分析应结合以下几方面：

（1）企业的资产规模和业务收支规模的大小与货币资金持有量之间的关系。一般来说，企业资产规模越大，货币资金的持有量越高。业务收支越频繁的企业，处于货币形态的资金越多。

（2）行业的特点。不同行业的企业，货币资金的合理结构是有差异的。即便是在相同的总资产规模条件下，其货币资金规模也不可能相同。

【例 2-1】DQSN 公司 20××年的货币资金。

表 2-8　　　　　DQSN 公司的货币资金（20××年）　　　　单位：亿元

项　目	上期金额	本期金额
货币资金	219.6	194
流动资产	301.9	345
总资产	358.4	439

该公司本期的货币资金可以达到公司流动资产的 56%，总资产的 44%，上一年的比重还高于本年，这是由公司商业零售的行业特点决定的，其他行业一般不可能达到这一水平。

(3) 企业筹资能力。如果企业筹资能力强，在资本市场上比较容易筹集到资金，在此情况下，企业可以保持较低规模的货币资金数额。

(4) 货币资金的构成。从货币资金的构成可以分析出公司的货币资金状态，进而关注其资金适用的合理性；同时通过对不同币种结构进行分析也能看出汇率变动对公司的影响程度，在公司的附注中通常要提供以下资料，表 2-9 是 WHYT 20××年的货币资金附注。

表 2-9　　　　　　　　WHYT 货币资金附注（20××年）　　　　　　单位：元

项目	期末数			期初数		
	外币金额	折算率	人民币金额	外币金额	折算率	人民币金额
现金：	—	—	534 852.37	—	—	511 399.95
人民币	—	—	534 852.37	—	—	511 399.95
银行存款：	—	—	1 788 247 082.98	—	—	897 335 377.82
人民币	—	—	1 190 422 678.09	—	—	514 946 825.77
美元	91 571 437.53	6.3009	576 982 470.74	55 341 433.87	6.6227	366 509 714.14
日元	209 626 637.00	0.081103	17 001 349.14	21 360 571.00	0.08126	1 735 760.00
欧元	462 540.56	8.1625	3 775 487.32	1 605 431.22	8.8065	14 138 230.05
英镑	4.57	9.7116	44.38	4.57	10.2182	46.70
印度卢比	547 909.64	0.11873	65 053.31	32 596.72	0.14729	4 801.16
其他货币资金：	—	—	76 574.72	—	—	72 175.78
人民币	—	—	76 574.72	—	—	72 175.78
合计	—	—	1 788 858 510.07	—	—	897 918 953.55

2. 交易性金融资产

交易性金融资产是指企业准备在近期内出售而持有的金融资产，包括股票、债券和基金。企业拥有交易性金融资产的目的主要是利用闲置的货币资金，购入随时能够变现的有价证券，以获得高于银行存款利息率的收益。

交易性金融资产分析要点如下：

(1) 分析有价证券的构成。交易性金融资产的具体内容包括很多，比如股票、债券均可能是将作为交易性金融资产，但是它们的风险是不一样的，表 2-10 是 WHYT 20××年的交易性金融资产附注。分析时要注意不属于交易性金融资产范围的有价证券是否列入了交易性金融资产，如果有则应将其予以剔除。

第二章 资产负债表分析

表2-10　　　　　WHYT交易性金融资产附注（20××年）　　　　　单位：元

项　目	期末公允价值	期初公允价值
1. 交易性债券投资		
2. 交易性权益工具投资	25 236 889.89	39 611 586.60
3. 指定为以公允价值计量且其变动计入当期损益的金融资产		
4. 衍生金融资产		
5. 套期工具		
6. 其他		
合　计	25 236 889.89	39 611 586.60

（2）交易性金融资产的规模分析。交易性金融资产是利用企业闲置的资金进行运作，如果企业交易性金融资产的规模过大，势必会影响企业的正常经营活动。有时企业可能为了提高短期偿债能力而将长期投资作为交易性金融资产进行核算。分析时，应考虑企业交易性金融资产的规模，有无长期投资短期化现象。如果有，在分析时应该剔除。

（3）结合利润表中的公允价值进行分析。由于企业的交易性金融资产价值波动较大，因此，企业在持有以公允价值入账，且其变动计入当期损益的金融资产期间取得的利息或现金股利，应当确认为投资收益，如果利润表中的公允价值变动损益中由于交易性金融资产增值带来的收益高说明公司的交易性金融资产质量较高，反之则低。

3. 应收票据

应收票据是企业因销售商品、产品或提供劳务等所收到的商业汇票，包括银行承兑汇票和商业承兑汇票。商业汇票作为一种结算手段和信用工具，在企业之间被使用得越来越频繁。

应收票据分析要点如下：

（1）应收票据的种类分析。显然，如果应收票据中银行承兑汇票比重高，则公司的应收票据质量较高，表2-11是WHYT 20××年的应收票据的附注。

表2-11　　　　　WHYT应收票据附注（20××年）　　　　　单位：元

种　类	期末数	期初数
银行承兑汇票	2 401 351 145.49	1 441 970 767.32
商业承兑汇票	177 689 415.98	81 891 310.42
合　计	2 579 040 561.47	1 523 862 077.74

(2) 应收票据的对象分析。一方面要关注商业承兑汇票的承兑人的信誉和支付能力，对方信誉好、实力强则该票据的质量较高；另一方面还要关联企业之间，有无互相开具商业承兑汇票的现象。

(3) 应收票据的贴现分析。分析时首先要注意票据贴现的合规性，看是否存在让债权企业用商业承兑汇票向银行贴现，然后再将从银行取得的贴现款转划给原票据债务企业，从而达到原票据债务企业间接从银行融资目的的行为。其次要关注商业承兑汇票贴现的数量，该类贴现将会给企业带来连带支付责任，形成公司的或有事项。

(4) 应收票据划转应收账款的分析。分析时要注意企业有无在会计期末，通过将部分应收账款转化为应收票据，而少提坏账准备的行为。

4. 应收账款

应收账款是指企业因赊销商品、材料、提供劳务等业务，应向购货单位收取的款项。应收账款是企业为扩大销售规模而采用的一种赊销方式，应收账款是企业的一项债权，是企业的一项重要资产。

应收账款分析要点如下：

(1) 应收账款规模的分析。判断应收账款规模的合理性，首先应结合企业所处行业进行分析，通常零售的应收账款较少，而工业企业应收账款数额较大。其次，企业应收账款规模还与生产经营规模和信用政策有直接联系，生产经营规模大，相应应收账款的规模也较大；而生产规模较小的企业，则其应收账款的规模一般来说也较小。从企业采用信用政策来看，若采用相对宽松的信用政策，销售量增加，应收账款的数额也增大；反之，则会减少应收账款。最后，巨额的应收账款也有可能是因为应收账款质量不高，存在长期挂账且难于收回的账款，或因客户发生财务困难，暂时难以偿还所欠货款。

(2) 坏账损失的分析。基于应收账款信用风险较大，按照谨慎性原则的要求，对应收账款应该计提坏账准备金，以防范由于货款长期拖欠甚至无法收回给企业带来的损失。因此，应收账款分析，应分析坏账准备的计提范围、计提方法、提取比例的合理性，以防企业随意计提而虚增或虚减应收账款净额或利润。

(3) 应收账款账龄分析。应收账款账龄分析是对现有债权按欠账期的长短进行分类，进而对不同账龄的债权进行质量分析。一般而言，未过信用期或已过信用期但拖欠期较短的债权发生坏账的可能性较小，而拖欠时间越久的债权发生坏账的可能性越大。

(4) 应收账款的对象分析。应收账款的对象分析是从债务人的信息来判断公司应收账款的可回收性。一般来说，与企业业务关系稳定、经营效益好、信誉度高的债务人，其偿还应收账款的可能性较高；反之，则应收账款回收的可能性

第二章 资产负债表分析

较低。对象分析具体包括以下几项：债务人的区域性分析；债务人的财务实力分析；债务人的集中度分析；债务人的关联性分析。

【例 2-2】WHYT 的应收账款附注。

（1）账龄分析法计提坏账准备的应收账款。

表 2-12　　　　账龄分析法计提坏账准备的应收账款　　　　单位：元

账龄	期末数			期初数		
	账面余额		坏账准备	账面余额		坏账准备
	金额	比例（%）		金额	比例（%）	
1 年以内	162 814 785.27	96.7	8 140 739.26	78 110 230.42	97.22	3 851 058.16
1~2 年	3 542 954.37	2.1	354 295.44	265 680.31	0.33	25 120.03
2~3 年	33 183.33	0.02	9 955.00	16 385.27	0.02	451.94
3~4 年	16 385.27	0.01	8 192.64	11 175.00	0.01	5 587.50
4~5 年	11 175.00	0.01	11 175.00	1 946 799.73	2.42	1 926 024.05
5 年以上	1 946 799.73	1.16	1 946 799.73			
合计	168 365 282.97	100	10 471 157.07	80 350 270.73	100	5 808 241.68

（2）本期转回或收回情况。

表 2-13　　　　本期转回或收回情况　　　　单位：元

应收账款内容	转回或收回原因	确定原坏账准备的依据	转回或收回前累计已计提坏账准备金额	收回金额	转回坏账准备金额
货款	已收回	账龄及余额百分比	4 942 440.86	53 851 874.73	

（3）本报告期实际核销的应收账款情况。

表 2-14　　　　本报告期实际核销的应收账款情况　　　　单位：元

单位名称	应收账款性质	核销金额	核销原因	是否因关联交易产生
其他	货款	324 150.30	预计无法收回	否
合计	—	324 150.30	—	—

（4）本报告期应收账款中持有公司 5%（含 5%）以上表决权股份的股东单位情况，本报告期应收账款中无持有公司 5%（含 5%）以上表决权股份的股东单位的欠款。

(5) 应收账款金额前五名单位情况。

表2-15　　　　　　　　应收账款金额前五名单位情况　　　　　　　单位：元

单位名称	与本公司关系	金额	年限	占应收账款总额的比例（%）
G公司	第三方	32 795 005.06	一年以内	4.80
H公司	第三方	23 658 672.75	一年以内	3.46
I公司	第三方	15 906 267.02	一年以内	2.33
B公司	第三方	15 756 766.28	一年以内	2.31
J公司	第三方	12 736 518.50	一年以内	1.86
合计	—	100 853 229.61	—	14.76

5. 预付账款

预付账款是指企业为了购买商品、材料等而向供货单位预先支付的款项，是企业的一项特殊的流动资产。预付账款的存在对企业来说通常是不利的：一方面，这项资金被对方无偿占用，因此，预付账款越少越好；另一方面，预付账款多通常说明企业购买的材料或产品处于供不应求的状态，可能会面临提价，导致企业存在较大的成本压力。

预付账款分析要点：

（1）预付账款的真实性。如果企业处于买方市场的状态下，而预付账款的数额过大，说明企业预付账款可能存在虚假。

（2）预付账款的存在时间。通常，预付账款的账龄是在一年以内，如果企业预付账款长期没有发生采购且又没有退回，则说明企业的债权管理做得不好或者存在其他违规资金交易。

（3）预付账款退回频率。如果一个企业经常性地出现预付账款后没有实现交易而退回，通常是不正常的，有可能企业通过预付账款来隐瞒借款，进而隐瞒利息收入等。

6. 其他应收款

其他应收款是指企业发生的除应收票据、应收账款和预付账款外的其他应收、暂付的款项，包括企业应收的各种赔款、存出保证金、备用金以及应向职工收取的各种垫付款项等。一般地，如果企业生产经营活动正常，其他应收款数额不应过大。

其他应收款主要的分析要点：

（1）利润调节分析。一些公司常常把其他应收款作为企业调整成本费用和

第二章 资产负债表分析

利润的手段,把一些应该计入当期费用的支出或本应计入其他项目的内容放在其他应收款中,从而高估利润或隐藏亏损。

(2) 关联方占用分析。一些公司的"其他应收款"期末余额巨大,也有可能是资金被关联方占用或被管理层挪用而形成的,如拆借给母公司的资金等。另外,相当多的托管收益、资产置换收益等没有现金到账,以及上市公司的大额资金被关联公司无偿占用,即使有偿相关收益也是挂账。大量的关联方其他应收款不能收回,一方面形成了企业的不良资产,另一方面还虚拟了企业的其他业务收入。

【例2-3】GFJF 20××年其他应收款。

表2-16　　　　　　　　GFJF 资产列示(20××年)　　　　　　　　单位:元

项　目	金　额
流动资产:	
其他应收款	988 924 030
流动资产合计	1 360 353 150
非流动资产合计	736 236 480
资产总计	2 096 589 570

该公司的其他应收款占了公司总资产的47%,显然属于极端异常,后来经监管部门查明,这些其他应收款主要是公司的大股东从该公司借款后没有及时归还导致的,这是上市公司严格禁止的行为。

(3) 其他违规行为分析。有可能隐藏企业的违规行为,如非法拆借资金、给个人的销售回扣、抽逃注册资金等。

7. 存货

存货是指企业在生产经营活动中为销售或耗用而储存的各种资产,包括商品、产成品、半成品、在产品以及各类材料、燃料、包装物、低值易耗品。企业保持适当的存货有利于保证原材料的供应以及满足销售;但是,如果存货过多则会增加成本,影响流动资金的周转。

存货分析的要点如下:

(1) 存货真实性分析。

存货的真实性分析应结合企业的内部控制制度分析来进行。企业存货的质量,不仅取决于存货的账面数字,还与企业存货的管理制度密切相关。由于存货种类多、数量大,如果没有完善的管理制度控制,极易流失。

(2) 存货的结构分析。

存货主要由材料存货、在产品存货和产成品存货构成，存货结构是指各类存货在存货总额中的比重。一个企业在正常情况下，存货结构应保持相对稳定性，分析时应特别注意对变动较大的项目进行重点分析，如果存货比重出现剧烈变动，表明企业生产经营过程中有异常情况发生，因此应深入分析其原因，以便最终能够判断存货结构的合理性。存货结构还与公司价值有较强的关系，在正常情况下，生产周期长的生产型企业材料存货和产成品存货的比重低、在产品存货高是一件好事，说明企业产销两旺，相反则说明材料积压、产品积压、开工不足。但是生产周期短的企业材料存货和产成品存货的比重高、在产品存货比重低也是正常的。

【例 2-4】 WHYT 20××年的存货附注。

表 2-17　　　　　　　　WHYT 的存货附注（20××年）　　　　　　　　单位：元

项目	期末数			期初数		
	账面余额	跌价准备	账面价值	账面余额	跌价准备	账面价值
原材料	732 127 939.55		732 127 939.55	450 235 051.29		450 235 051.29
在产品	130 158 865.18		130 158 865.18	286 815 805.44		286 815 805.44
库存商品	475 591 909.86		475 591 909.86	431 278 117.91		431 278 117.91
合计	1 337 878 714.59		1 337 878 714.59	1 168 328 974.64		1 168 328 974.64

（3）存货的计价。

资产负债表中，各种存货是以实际成本反映的，但在日常会计核算中，由于同类存货的进价成本不一定相同，在计算耗用成本或销售成本时，就要采用一定的计价方法进行核算。存货发出采用不同的计价方法，对企业的财务状况、盈亏情况会产生不同的影响。

（4）存货跌价准备分析。

在一般情况下，企业应当按照每个存货项目的成本与可变现净值逐一进行比较，取其低者计量存货，并且将成本高于可变现净值的差额作为计提的存货跌价准备。财务报表分析者要特别注意存货的期末计价及存货跌价损失准备的提取情况，分析其对企业的财务影响。会计准则要求期末存货按照成本与可变现净值孰低法计价是一柄"双刃剑"：一方面，它有利于促使企业按照稳健的要求提供更为可靠的财务报表，避免虚增资产、利润和所有者权益；另一方面，也给企业调节利润提供了一种较为便利的工具，尤其是当企业有特殊动机的时候，如上市公司需要扭亏为盈，或者需要"脱帽"，或者公司有融资需求的时候，更容易利用计提准备进行利润操纵。

第二章 资产负债表分析

（二）非流动资产项目分析

1. 可供出售金融资产分析

可供出售金融资产，是指初始确认时即被认定为可供出售的非衍生金融资产，以及除下列各类资产以外的金融资产，包括：①贷款和应收款项；②持有至到期投资；③以公允价值计量且其变动计入当期损益的金融资产。

可供出售金融资产的会计处理与以公允价值变动且其变动计入当期损益的金融资产的会计处理有类似之处，但也有不同。具体而言：初始确认时，都应按公允价值计量，但对于可供出售的金融资产，相关交易费用应计入初始入账金额；资产负债表日，都应按公允价值计量，但对可供出售金融资产，公允价值变动不是计入当期损益，而是计入所有者权益。

对可供出售金融资产的会计分析，应关注其会计处理的正确性，以及其变动规模的大小及合理性。

2. 长期股权投资

长期股权投资是指企业持有的不能或不准备在一年内变现的股权投资。企业进行长期股权投资的目的在于保持被投资企业的控制权；通过多元化经营来降低经营风险，稳定经营收益；或是为将来某些特定目的积累资金。

长期股权投资一般占用的资金时间长、数额大，对企业资金结构和经济效益影响较大。因此，对长期股权投资的分析重点在于长期股权投资的合理性和效益性。

长期股权投资的分析要点如下：

（1）长期股权投资数量和规模的分析。从企业所拥有的长期股权投资的数量和规模看，可分析企业对被投资企业的实际控制权。同时，可以分析企业的扩张能力和未来的发展前景。

（2）长期股权投资方案合理性分析。长期股权投资方案合理与否，关键看是否有较高的收益，是否可以分散风险，安全性如何。长期股权投资对象应选择盈利能力较强并有发展前景的投资项目。因此，分析长期股权投资时，要注意项目的获利能力。

3. 投资性房地产分析

新企业会计准则规定，投资性房地产是指为赚取租金或资本增值，或两者兼有或持有的房地产。投资性房地产的范围包括：已出租的土地使用权、持有并准备增值后转让的土地使用权和已出租的建筑物。

投资性房地产的分析要点：

（1）投资性房地产的计量模式。投资性房地应按照成本进行初始计量，投资性房地产后续计量通常采用成本模式，只有在满足特定情况下才能采用公允价值模式进行计量，即企业有确凿证据表明其投资性房地产的公允价值能够持续可靠取得。但是，同一企业通常只能采用一种模式对所有的投资性房地产进行后续计量，不能同时采用两种模式。

（2）投资性房地产后续计量的变更。企业采用成本模式对投资性房地产进行后续计量的，若客观证据表明投资性房地产的公允价值可持续可靠地获得，则可以由成本模式改为公允价值模式；但采用公允价值模式进行后续计量的，不能改为成本模式。分析中要注意是否利用变更人为操纵利润。

4. 固定资产

固定资产是指企业使用期限长、单位价值高、在使用中不改变其实物形态的资产。由于固定资产周转期较长，因此企业所拥有的固定资产越多，在总资产中的比重越大，企业资产的流动性和变现能力就越差。一般来说，固定资产的规模和结构与企业所处的行业性质直接相关。

固定资产分析的要点如下：

（1）固定资产的规模分析。

解读固定资产。首先应对其总额进行数量判断，即将固定资产与资产总额进行比较。这种分析应当结合行业、企业生产经营规模及企业生命周期来进行。

（2）固定资产的结构分析。

固定资产按经济用途使用情况，可分为生产用固定资产、非生产用固定资产、未使用和不需用固定资产等。在各类固定资产中，生产用固定资产，特别是其中的生产设备，同企业生产经营直接相关，在全部资产中占较大比重。非生产用固定资产是指职工宿舍、食堂、俱乐部等非生产单位使用的房屋和设备。一般而言，生产用固定资产所占比重越大，说明企业固定资产的质量越高。

（3）固定资产折旧的计提分析。

采用合理的固定资产折旧方法计提固定资产折旧额，对于加强企业经济核算，正确计算产品成本和企业盈利，对于足额补偿固定资产损耗，保证固定资产再生的顺利进行均有重要意义。同时，采用不同的折旧方法，对企业的利润及纳税会产生不同的影响。

（4）固定资产减值分析。

首先，企业固定资产减值准备计提得多说明该资产企业资产质量不好；其次，应注意分析减值计提的合理性，新企业会计准则规定固定资产的资产减值损失不得转回，这在一定程度上避免了上市公司利用资产减值操纵利润。

【例2-5】WHYT 20××年的固定资产附注。

第二章 资产负债表分析

表 2-18　　　　　　　　**WHYT 的固定资产附注（20××年）**　　　　　　　　单位：元

项目	期初账面余额	本期增加	本期减少	期末账面余额
一、账面原值合计：	8 455 789 261.97	658 405 638.77	41 052 585.46	9 073 142 315.28
其中：房屋及建筑物	1 350 234 613.77	160 743 349.81		1 510 977 963.58
机器设备	6 994 055 508.38	473 777 639.45	35 648 988.63	7 432 184 159.20
运输工具	41 492 284.53	5 904 002.71	4 268 963.93	43 127 323.31
电子设备、器具及家具	70 006 855.29	17 980 646.80	1 134 632.90	86 852 869.19
		本期新增	本期计提	
二、累计折旧合计：	1 525 315 836.28	662 261 277.63	19 361 187.13	2 168 215 926.78
其中：房屋及建筑物	233 962 083.72	53 524 463.32		287 486 547.04
机器设备	1 229 033 207.34	593 662 541.56	14 594 747.88	1 808 101 001.02
运输工具	23 295 443.89	4 943 207.52	3 784 681.53	24 453 969.88
电子设备、器具及家具	39 025 101.33	10 131 065.23	981 757.72	48 174 408.84
三、固定资产账面净值合计	6 930 473 425.69	—	—	6 904 926 388.50
其中：房屋及建筑物	1 116 272 530.05	—	—	1 223 491 416.54
机器设备	5 765 022 301.04	—	—	5 624 083 158.18
运输工具	18 196 840.64	—	—	18 673 353.43
电子设备、器具及家具	30 981 753.96	—	—	38 678 460.35
四、减值准备合计			—	
其中：房屋及建筑物				
机器设备				
运输工具				
电子设备、器具及家具				
五、固定资产账面价值合计	6 930 473 425.69		—	6 904 926 388.50
其中：房屋及建筑物	1 116 272 530.05	—	—	1 223 747 880.09
机器设备	5 765 022 301.04	—	—	5 623 826 694.63
运输工具	18 196 840.64	—	—	18 673 353.43
电子设备、器具及家具	30 981 753.96	—	—	38 678 460.35

5. 无形资产

无形资产是指不具备实物形态的、能在较长时间内为企业提供经济效益的长期资产，如工业产权（专利权、商标权等）、非专利技术、著作权、土地使用权、商誉等。这类资产具有以下的特征：不具有实物形态、属于非货币性长期资产、创造经济利益具有高度的不确定性。

无形资产分析的要点如下：

（1）无形资产规模分析。无形资产尽管没有实物形态，但随着科技进步特别是知识经济时代的到来，无形资产对企业生产经营活动的影响越来越大。无形资产越多，表明企业可持续发展能力和竞争能力就越强。因此，企业应从技术变革、销售增长、利润增长与无形资产的相互关系上分析无形资产规模。

（2）无形资产的类别比重分析。无形资产分为可辨认无形资产和不可辨认无形资产。可辨认无形资产包括专利权、非专利技术、商标权、著作权、土地使用权、特许权、电子计算机软件、网址和域名等；不可辨认的无形资产是指商誉。一般而言，专利权、商标权、著作权、土地使用权、特许权等无形资产价值质量较高，且易于鉴定。如果企业的无形资产以非专利技术、商誉为主，则容易产生资产的"泡沫"。

（3）表外无形资产分析。研究和开发支出的会计处理，并不能影响自创无形资产的成功与否。长期以来，企业已经自主研发成功的无形资产难以在资产负债表上出现，只能"游离"在资产负债表外。因此，历史较为悠久且重视研究和开发的企业，有可能存在多项已经成功、并且能为企业未来的发展作出积极贡献的无形资产。此外，作为无形资产重要组成部分的人力资源和品牌资源，也不在资产负债表上体现。

（4）无形资产会计政策分析。无形资产会计政策分析主要指无形资产摊销分析。无形资产摊销金额的计算正确与否，会影响无形资产价值的真实性。分析无形资产时应仔细审核无形资产摊销是否符合会计制度的有关规定，如无形资产摊销年限是否合理。

（5）无形资产的减值准备。企业会计准则规定，企业应定期对无形资产的账面价值进行检查，尤其是使用寿命不确定的无形资产及商誉，至少每年年末检查一次。企业计提较多的无形资产的减值准备说明该项资产的质量差，同时企业还可能视自己的需要来确定是否计提该准备，从而达到操作利润的目的。

第二章 资产负债表分析

表 2-19　　　　　　　　　　　无形资产附注　　　　　　　　　　单位：元

项　目	期初账面余额	本期增加	本期减少	期末账面余额
一、账面原值合计	251 184 830.70	597 572 233.28		848 757 063.98
土地使用权	207 535 549.05	585 362 924.61		792 898 473.66
非专利技术	9 000 000.00	345 452.84		9 345 452.84
财务软件	34 649 281.65	11 863 855.83		46 513 137.48
二、累计摊销合计	21 836 115.75	19 867 582.20		41 703 697.95
土地使用权	12 622 414.73	14 999 074.76		27 621 489.49
非专利技术	3 224 999.87	929 425.44		4 154 425.31
财务软件	5 988 701.15	3 939 082.00		9 927 783.15
三、无形资产账面净值合计	229 348 714.95	577 704 651.08		807 053 366.03
土地使用权	194 913 134.32			765 276 984.17
非专利技术	5 775 000.13			5 191 027.53
财务软件	28 660 580.50			36 585 354.33
四、减值准备合计				
土地使用权				
非专利技术				
财务软件				
五、无形资产账面价值合计	229 348 714.95	577 704 651.08		807 053 366.03
土地使用权	194 913 134.32			765 276 984.17
非专利技术	5 775 000.13			5 191 027.53
财务软件	28 660 580.50			36 585 354.33

6. 在建工程

在建工程是指企业进行基建工程、安装工程、技术改造工程、大修理工程等所发生的实际支出，包括需要安装设备的价值。在建工程占用的资金属于长期资金，工程管理出现问题，会使大量资金沉淀，甚至造成企业资金周转困难。因此，该项目分析应结合工程的工期分析其占用的合理性。此外，对在建工程进行分析时，还应关注借款费用资本化问题，分析企业有无通过借款费用资本化来操纵利润的现象。

7. 长期待摊费用

长期待摊费用是指企业已经支出，摊销期限在一年以上（不含一年）的各项费用，主要指租入固定资产的装修费、提前一次性支付的租金、固定资产的大修理费、已经提足折旧的固定资产的改扩建支出等。长期待摊费用本质上是一种费用，其数额越大，表明企业的资产质量越差。因此，这类资产数额应当越少越好，占资产总额比重越低越好。在分析长期待摊费用时，应注意企业是否存在用长期待摊费用调节利润的现象。还应注意长期待摊费用与利润总额增长趋势是否相适应。一般情况下，长期待摊费规模应当呈减少的趋势。如果企业长期待摊费用规模增加幅度较大，则应关注会计报表附注中关于长期待摊费用确认标准和摊销的会计政策。重点检查会计报表附注中关于长期待摊费用项目的明细表，核查每个项目产生以及摊销的合理性。同时，应特别注意本年度增加较大和未予正常摊销的项目。

二、负债项目分析

负债是指企业所承担的能以货币计量、需以资产或劳务偿付的债务，按照偿还期的长短，负债分为流动负债和非流动负债。因此，负债项目分析包括流动负债项目分析和非流动负债项目分析。

（一）流动负债项目分析

1. 短期借款

短期借款是指企业向银行或非银行等金融机构借入的期限在一年之内的款项。短期借款往往解决企业短期资金的需要，其数量取决于企业生产经营活动和业务活动对流动资金的需求、现有流动资金的沉淀和资金短缺的情况。

（1）短期借款的规模分析。企业在经营过程中，保持一定数量的短期借款是必需的，但是如果企业短期借款的数量过大，超出企业偿债能力，就会对企业的生存和发展产生不利的影响。适度的短期借款规模，要与企业对短期资金的需求、流动资产尤其是存货规模相适应，要由流动负债的总量、企业现金流量状况和未来企业短期偿债能力的大小来确定。

（2）短期借款的变动分析。短期借款数量的多少往往取决于企业生产经营和业务活动对流动资金的需要量、现有流动资金的沉淀和短缺情况等。短期借款发生变化，其原因一般包括两大方面：生产经营的需要和企业负债筹资政策的变动，否则就要深入分析其变动的合理性。

2. 应付账款

应付账款是指企业因赊购材料、商品或接受劳务供应等而应付给供应单位的款项，在市场经济条件下，由于赊销业务的存在，存在应付账款是正常的现象。应付账款是一种自然融资行为，企业在合理的信用期内可以无偿使用，但是，超过信用期的应付账款，则说明企业的信用较差。在企业产销较为平稳的条件下，企业的应付账款规模还应该与企业的营业收入保持一定的对应关系，并且企业的应付账款

第二章 资产负债表分析

平均付账期应保持稳定。如果企业的购货和销售状况没有发生很大的变化，企业的供货商也没有主动放宽赊销的信用政策，则企业应付账款规模的不正常增加、应付账款平均付账期的不正常延长，就是企业支付能力恶化、资产质量恶化、利润质量恶化的表现。分析企业的信用通常应编制应付账款账龄分析表，该标准在很多公司的附注里面会加以披露，表2-20是DQDF 20××年的应付账款附注。

表2-20　　　　　　　DQDF应付账款附注（20××年）　　　　　单位：元

项　目	年末金额	年初金额
1~2年	2 262 461 944.04	1 171 601 272.40
2~3年	600 913 896.71	426 695 971.93
3年以上	412 712 079.94	69 584 365.51
合计	14 460 216 174.87	11 108 250 924.51

3. 预收账款

预收账款是指企业商品销售尚未发生或劳务尚未提供，而向购货方收取的货款或定金。通常，预付账款越多的企业盈利能力也越强。

分析预收账款项目应关注的要点如下：

（1）预收账款的内容。判断企业预收账款的质量主要用企业经营的生命周期进行衡量。在实际工作中，一些企业违反会计准则，往往利用预收账款项目调整企业的当期损益，逃避税收。例如，企业在完成销售或收到货款后，为逃税而不作收入处理，将其挂入"预收账款"之中。对此，应严加关注和防范。

（2）预收账款是一种"良性"债务。一般而言，预收货款是一种"主动"的债务，它表明收款企业的产品结构和销路较好，生产的产品供不应求，也意味着该企业具有较好的未来盈利能力和偿债能力。

【例2-6】MTGZ的预收账款。

从表2-21可以看出，公司的预收账款稳定增长的同时，也伴随着公司营业收入和净利润的相应增长，在绝大多数时候，预收账款与营业收入和净利润的这一关系都是存在的。

表2-21　　　　　　　　　MTGZ的预收账款　　　　　　　　　单位：亿元

年　度	2011	2010	2009	2008	2007	2006
预收账款	70.2	63.4	35.2	29.4	11.3	21.4
营业收入	184	116	96.7	82.4	72.3	49
净利润	87.63	50.5	43.2	38	28.3	15.4

4. 应付职工薪酬

应付职工薪酬是指企业根据有关规定应付给职工的各种薪酬,包括工资、职工福利、社会保险费、住房公积金、工会经费、职工教育经费、解除职工劳动关系补偿等应付职工薪酬项目。在正常情况下,有信誉且资金不紧缺的企业,不会拖欠职工薪酬;如果企业有拖欠职工薪酬的现象,说明企业出现了资金短缺的情况。

应付职工薪酬分析要点:

(1) 关注职工薪酬的发生额。负债表中只能提供应付职工薪酬的余额,但是通常情况下余额大小并不能说明问题,除非余额大幅增加可以说明企业可能拖欠职工薪酬外。因此分析中应关注应付职工薪酬的发生额,借方发生额对应本期支付给职工以及为职工支付的薪酬,贷方发生额对应的是本企业当期计入成本费用的职工薪酬,表 2-22 是 WHYT 20××年的应付职工薪酬的附注。

表 2-22　　　　　WHYT 应付职工薪酬附注(20××年)　　　　　单位:元

项　目	期初账面余额	本期增加	本期减少	期末账面余额
一、工资、奖金、津贴和补贴	42 930 916.73	420 829 963.92	411 109 178.06	52 651 702.59
二、职工福利费		14 422 601.67	14 477 450.44	-54 848.77
三、社会保险费	3 207 013.19	58 143 974.34	58 528 834.78	2 822 152.75
医疗保险费	386 207.17	18 409 073.17	17 945 465.51	849 814.83
基本养老保险费	2 601 584.65	31 766 896.90	33 010 990.06	1 357 491.49
失业保险费	134 283.90	3 882 184.46	3 504 473.77	511 994.59
工伤保险费	43 441.20	2 465 863.96	2 455 340.03	53 965.13
生育保险费	41 496.27	1 619 955.85	1 612 565.41	48 886.71
四、住房公积金	13 014.05	25 064 238.31	24 429 606.05	647 646.31
五、辞退福利				
六、其他	297 232.66	12 640 755.36	12 617 829.39	320 158.63
合　计	46 448 176.63	531 101 533.60	521 162 898.72	56 386 811.51

(2) 应付职工薪酬的人均数量。职工薪酬的总量不能说明企业的好坏,将职工薪酬的本期支付额除以职工总数得到的人均职工薪酬如果处于较高水平,说明企业不错。

5. 应交税费

应交税费是反映企业应向国家缴纳的税费,包括增值税、消费税、营业税、

第二章 资产负债表分析

所得税、资源税、土地增值税、城市维护建设税、房产税、土地使用税、车船税、个人所得税、教育费附加、矿产资源补偿费等。一般来说，企业应交税金期末计提，下期期初缴纳，数额不应过大。如果该项目的金额过多，说明企业有拖欠国家税款的现象，应进一步分析欠税的原因。如果该项目的金额为负数，则表示企业多交的应当退回给企业或由以后年度抵交的税金。

6. 其他应付款

其他应付款是指企业应付、暂收其他单位或个人的款项，通常金额不应过大，且时间不宜过长。如果企业其他应付款的数额巨大，且时间长，说明企业存在一定的问题，有可能隐含企业之间存在非法资金拆借、转移营业收入等违规行为。另外，如果企业经常性地从股东处借入款项，还可能存在隐瞒两套账的违规行为。

（二）非流动负债项目分析

非流动负债是指企业偿还期限在一年以上的债务，包括长期借款、应付债券和长期应付款、或有负债等。

1. 长期借款

长期借款是指企业向银行或其他金融机构借入的期限在一年以上的各项借款。有一定数量的长期借款，表明企业获得了金融机构的有力支持，拥有较好的商业信用和比较稳定的融资渠道。对长期借款进行分析时应注意以下几点：

（1）与固定资产、无形资产的规模相适应。长期借款的目的是为了满足企业扩大再生产的需要。金融机构对于发放此项信贷有明确的用途和控制，因此长期借款必须与当期固定资产、无形资产的规模相适应。一般而言，长期借款应当以小于固定资产与无形资产之和的数额为上限；否则，企业有转移资金用途之嫌，如将长期借款用于炒股或期货交易。

（2）与企业当期收益相适应：长期借款使企业在一定时期内形成了一项固定的利息费用。对此，应注重其产出是否大于投入，即资金运用收益是否高于借款利率，可利用财务杠杆进行分析。

（3）长期借款利息费用的处理：与短期借款相比，长期借款除借款期限较长外，其不同点还体现在对借款利息费用的处理上。企业会计准则规定，长期借款的利息费用，应当按照权责发生制原则的要求予以资本化或费用化。由于长期借款利息费用数额较大，直接影响资产账面价值和当期损益的高低，因此必须关注借款费用的会计政策，分析长期借款利息费用的资本化或费用化的合理性。

2. 应付债券

应付债券是指企业为筹集长期资金而发行的偿还期在一年以上的债券。由于通常意义上的债券需要还本付息，所以在我国应付债券发行审批非常严格，因此，能够发行债券的企业本身就是高质量的企业。

应付债券分析要点如下：

（1）应付债券溢价或折价的摊销。在债券存续期间，企业还要分期计提或支付债券利息；同时，也需对债券折价或溢价分期进行摊销，折价摊销转为利息费用，溢价摊销冲减利息费用。而有的企业就利用溢价或折价的摊销来调节利润。

（2）应付债券的利息处理。应付债券的利息处理与长期借款利息处理的分析比较一致，关键是分析其利息处理资本化或者费用化的合理性。

3. 长期应付款

长期应付款主要有超过正常信用条件延期付款购买固定资产形成的应付款和融资租赁固定资产应付未付的款项。分析中主要注意两点：一是长期应付款的内容构成是否合理。比如融资租赁固定资产应付款是指用融资租赁方式租入固定资产所需支付的全部租赁费，包括租入固定资产的价款、运输费、途中保险费、安装调试费、手续费和利息支出等。二是由于该款项的支付都有固定的时间和金额，所以分析时关键是分析该负债对公司以后的现金流的影响，以及确认未确认融资费用对所属期间的损益影响。

4. 预计负债

预计负债是指企业确认的与或有负债事项相关的现实义务。企业需要预计的负债只是与或有负债事项相关的现实义务。分析预计负债首先应分析预计负债计提的合理性，是否存在该预计而不预计，或者不该预计但预计从而达到调节利润的目的。其次，应该明确预计负债多的含义，通常预计负债多的企业说明公司经营风险大、公司行为不规范、产品质量不稳定，也就是说预计负债越多说明公司不规范。

三、所有者权益项目分析

（一）所有者权益项目的结构分析

1. 所有者权益的构成

所有者权益是指企业资产扣除负债后由所有者享有的剩余权益，具体包括以下四项：

（1）实收资本。

实收资本是企业实际收到的投资者投入的资本。除非企业出现增资、减资等情况，实收资本在企业正常经营期间一般不发生变动。实收资本的变动将会影响企业原有投资者对企业的所有权和控制权，而且对企业的偿债能力、获利能力等都会产生重大影响。

第二章 资产负债表分析

（2）资本公积。

资本公积是投资者投入到企业中或者其他原因形成的，所有权归属于投资者，并且金额超过法定资本部分的资本的部分，主要包括股本溢价、可供出售金融资产的公允价值变动、权益法下被投资单位非净损益变动形成的股权投资准备等。资本公积的主要用途有两个：一是转增资本；二是弥补亏损。

（3）盈余公积。

盈余公积是指企业按照规定从税后利润中提取的各种积累资金。主要包括法定盈余公积和任意盈余公积。企业提取的盈余公积主要有以下几个方面的用途：①弥补亏损；②转增资本；③发放现金股利或利润。

（4）未分配利润。

未分配利润是企业实现的净利润经过弥补亏损、提取盈余公积和向投资者分配利润后留存在企业的、历年结存的利润，未分配利润通常用于以后年度向投资者进行分配。

2. 所有者权益的结构判断

分析者可将该项目分为内部和外部两大类，然后进行期末与期初的配比。股本和资本公积来源于企业外部（股东）的资本投入，而盈余公积和未分配利润则来源于企业内部（经营者）的资本增值，也称留存收益。外部股东权益的增长，只能说明投资额的加大，代表企业外延式扩大再生产的能力，而内部股东权益的持续增长才意味着企业经营者的资本保值增值能力，才体现了企业拥有充裕的自有资金和良好的偿债能力，代表了企业内涵式扩大再生产的能力。

（二）所有者权益的项目分析

1. 实收资本分析

实收资本是指投资者按照企业章程或合同、协议的约定实际投入企业的资本。企业资本的来源及其运用受企业组织形式、相关法律的约束较多。分析股本的规模时应注意以下两个问题：

（1）实收资本的总额。

企业进行生产经营必须具备一定的物质基础，而报表上的实收资本揭示了一个企业生经营的物质基础。一般来说，资本总额越大，企业的物质基础就越雄厚，经济实力就越强。

（2）实收资本与注册资本的关系。

根据注册资本制的要求，企业会计核算中的实收资本即为法定资本，应当与注册资本相一致，企业不得擅自改变注册资本数额或抽逃资金。一般情况下，投资者的投入资本，即构成企业的实收资本，应等于其在登记机关的注册资本。若实收资本远远低于注册资本，需进一步阅读会计报表附注及公司合同的有关说明，是否为注册资本不到位或者抽逃注册资本。

2. 资本公积分析

资本公积是企业一种储备形式的资本，其来源主要包括资本溢价及直接计入所有者权益的利得和损失等。通过对资本公积进行分析，可以全面反映企业资本公积的结构和形成，为正确决策提供可靠依据。分析资本公积项目应注意以下问题：

（1）资本公积的构成分析。

资本公积通常包括：资本（或股本）溢价；采用权益法核算长期股权投资的企业，在持股比例不变的情况下，确认被投资单位除净损益以外所有者权益的其他变动中归属本企业的利得或损失；在企业将固定资产转换为采用公允价值模式计量的投资性房地产时，转换当日的公允价值大于其账面价值产生的利得；可供出售金融资产公允价值变动形成的利得或损失等。在实际工作中，有的企业为了小集团的利益，在不具备法定资产评估条件的情况下，通过虚假评估来虚增净资产，以达到粉饰企业财务指标的目的。

（2）资本公积的用途分析。

按照规定资本公积可以用于转增资本，但是并非所有的资本公积均可以用于转增资本，比如采用权益法下，被投资单位除净损益以外所有者权益变动确认的利得或损失；企业将固定资产转换为采用公允价值模式计量的投资性房地产时确认的利得；可供出售金融资产公允价值变动形成的利得或损失均不能用于转增资本。

3. 盈余公积分析

法定盈余公积，按税后利润的10%提取，在此项公积达到注册资本的50%时企业可不再提取；任意盈余公积按股东会决议提取。一般而言，盈余公积越多越好。对盈余公积进行质量分析时应注意以下问题。

（1）结构判断。

分析盈余公积结构的意义在于可以了解企业的意图，如任意盈余公积所占比重较大，说明企业意在加强积累，谋求长远的效益。

（2）用途合理性判断。

将盈余公积的期末数与期初数配比，若盈余公积期末数额大大少于期初数额，则需进一步分析盈余公积用途的合理性。

4. 未分配利润分析

未分配利润越多说明企业盈利能力越强，滚存利润越多，但是过多则有分配不足的嫌疑，这与监管部门的要求是存在分歧的。未分配利润相对于盈余公积而言，属于未确定用途的留存收益，所以企业在使用未分配利润上有较大的自主权，受国家法律和法规的限制比较少。

第三章 利润表分析

第一节 利润表的会计分析

利润表是指反映企业在一定会计期间的经营成果的会计报表。通过利润表，可以反映企业经营成果的形成原因，有利于财务报表使用者分析企业净利润的质量，以便于其对企业净利润的持续性进行分析判断。

一、利润表的结构

利润表一般有表首、正表两部分。其中，表首说明报表名称、编制单位、编制日期、报表编号、货币名称、计量单位等；正表是利润表的主体，反映形成经营成果的各个项目和计算过程。

利润表正表的格式一般有两种：单步式利润表和多步式利润表。单步式利润表是将当期所有的收入列在一起，然后将所有的费用列在一起，两者相减得出当期净损益。多步式利润表是通过对当期的收入、费用、支出项目按性质加以归类，按利润形成的主要环节列示一些中间性利润指标，如营业利润、利润总额，以便分步计算当期净损益。

在我国，利润表采用多步式，在年度报告中每个项目通常又分为"本期金额"和"上期金额"两栏分别填列。一般企业年度利润表的格式和内容见表3-1，本书在以后有关利润表的讲解中，仅以一般企业为例进行说明，对其他企业的利润表情况不做具体说明。表3-1为WHYT 20××年的利润表。

财务报告分析

表 3-1　　　　　　　　　　　　利润表

编制单位：WHYT　　　　　　20××年　　　　　　　　　　　　单位：元

项　目	本期金额	上期金额
一、营业总收入	13 662 307 339	9 429 776 860
其中：营业收入	13 662 307 339	9 429 776 860
二、营业总成本	10 932 291 317	7 945 748 397
其中：营业成本	9 488 664 821	7 041 509 864
营业税金及附加	60 570 135	27 279 924
销售费用	386 726 441	273 624 351
管理费用	851 728 952	535 734 805
财务费用	149 543 408	35 125 959
资产减值损失	(4 942 441)	32 473 494
加：公允价值变动收益	(9 444 630)	(14 778 308)
投资收益（损失以"-"号填列）	9 946 689	203 411 497
其中：对联营企业和合营企业的投资收益	(5 583)	22 855 764
汇兑收益（损失以"-"号填列）		
三、营业利润（亏损以"-"号填列）	2 730 518 082	1 672 661 652
加：营业外收入	103 646 762	267 398 206
减：营业外支出	19 217 149	2 393 979
其中：非流动资产处置损失	16 053 380	347 836
四、利润总额（亏损总额以"-"号填列）	2 814 947 696	1 937 665 880
减：所得税费用	419 540 336	216 911 869
五、净利润（净亏损以"-"号填列）	2 395 407 360	1 720 754 010
归属于母公司所有者的净利润	1 853 900 339	1 530 208 251
少数股东损益	541 507 021	190 545 760
六、每股收益：		
（一）基本每股收益	0.86	0.71
（二）稀释每股收益		
七、其他综合收益	-67 568 778	64 036 938
八、综合收益总额	2 327 838 582	1 784 790 949
归属于母公司所有者的综合收益总额	1 786 331 561	1 594 245 189
归属于少数股东的综合收益总额	541 507 021	190 545 760

第三章 利润表分析

二、利润表的内容

在利润表中,企业从营业收入开始,分别列示营业利润、利润总额、净利润、每股收益项目、其他综合收益和综合收益总额。

(一) 营业利润

构成企业营业利润的项目,包括营业收入、营业成本、营业税金及附加、期间费用、资产减值损失、公允价值变动损益和投资损益。

1. 营业收入

收入是指企业在日常活动中形成的、会导致所有者权益增加的、与所有者投入资本无关的经济利益的总流入。其中,"日常活动"是指企业为完成其经营目标所从事的经常性活动以及与之相关的其他活动。因此,收入包括销售商品收入、提供劳务收入和让渡资产使用权收入。由于企业性质不同,其收入包括的具体内容也不相同。例如,工业企业制造并销售产品、商业企业销售商品、保险公司签发保单、咨询公司提供咨询服务、软件企业为客户开发软件、安装公司提供安装服务、商业银行对外贷款、租赁公司出租资产等,均属于企业为完成其经营目标所从事的经常性活动,由此产生的经济利益的总流入构成收入;工业企业转让无形资产使用权、出售原材料、对外投资(收取的利息收入、股利收入)等,属于与经常性活动相关的其他活动,由此产生的经济利益的总流入也构成收入。工业企业处置固定资产、无形资产等活动,不是企业为完成其经营目标所从事的经常性活动,也不属于与经常性活动相关的其他活动,由此产生的经济利益的总流入不构成收入,应当确认为营业外收入。

利润表中的营业收入可以分为主营业务收入和其他业务收入,其中,主营业务收入是指企业根据收入准则确认的销售商品、提供劳务等业务的收入;其他业务收入是指企业根据收入准则确认的除主营业务以外的其他经营活动实现的收入,包括出租固定资产、出租无形资产、出租包装物和商品、销售材料、用材料进行非货币性交换(非货币性资产交换具有商业实质且公允价值能够可靠计量)或债务重组等实现的收入。采用成本模式计量的投资性房地产取得的租金收入,也作为其他业务收入。

2. 营业成本和税费

利润表中的费用应当按照功能分类。利润表中的费用可以划分为从事经营业务发生的营业成本、营业税金及附加、销售费用、管理费用和财务费用等。

营业成本包括主营业务和其他业务所发生的实际成本总额。其中，主营业务成本是指企业根据收入准则确认销售商品、提供劳务等主营业务收入时应结转的成本；其他业务成本是指企业除主营业务活动以外的其他经营活动所发生的支出，包括销售材料的成本、出租固定资产的折旧额、出租无形资产的摊销额、出租包装物的成本或摊销额、采用成本模式计量的投资房地产的累计折旧或累计摊销额等。

营业税金及附加是指企业经营业务活动发生的营业税、消费税、城市维护建设税、资源税、土地增值税和教育费附加等。

3. 期间费用

期间费用包括销售费用、管理费用和财务费用。其中，销售费用是指企业在销售商品和材料、提供劳务过程中发生的各种费用，包括保险费、包装费、展览费和广告费、商品维修费、预计产品质量保证损失、运输费、装卸费等以及为销售本企业商品而专设的销售机构（含销售网点、售后服务网点等）的职工薪酬、业务费、折旧费等经营费用；管理费用是指企业为组织和管理生产经营发生的管理费用，包括企业在筹建期内发生的开办费、董事会和行政管理部门在企业的经营管理中发生的或者应由企业统一负担的公司经费（包括行政管理部门职工薪酬、物料消耗、低值易耗品摊销、办公费和差旅费等）、工会经费、董事会费（包括董事会成员津贴、会议费和差旅费等）、聘请中介机构费、咨询费（含顾问费）、诉讼费、业务招待费、房产税、车船税、土地使用税、印花税、技术转让费、矿产资源补偿费、研究费用、排污费等；财务费用是指企业为筹集生产经营所需资金等而发生的筹资费用，包括利息支出（减利息收入）、汇兑损益以及相关的手续费、企业发生的现金折扣或收到的现金折扣等。

4. 资产减值损失

资产减值损失是指企业根据《企业会计准则第8号——资产减值》计提各项资产减值准备所形成的损失，包括企业计提的坏账损失、存货跌价损失、长期股权投资减值损失、持有至到期投资减值损失、固定资产减值损失、在建工程减值损失、工程物资减值损失、生产性生物资产减值损失、无形资产减值损失、商誉减值损失等。

5. 公允价值变动损益

公允价值变动损益反映企业交易性金融资产、金融负债，以及采用公允价值模式计量的投资性房地产、衍生工具、套期保值业务等公允价值变动形成的应计入当期损益的利得或损失。

6. 投资收益

投资收益反映企业确认的投资收益或投资损失，包括企业根据长期股权投资

第三章 利润表分析

准则确认的投资收益或投资损失；企业根据投资性房地产准则确认的采用公允价值模式计量的投资性房地产的租金收入和处置损益；企业处置交易性金融资产、交易性金融负债、可供出售金融资产实现的损益；企业的持有至到期投资和买入返售金融资产在持有期间取得的投资收益和处置损益以及证券公司自营证券所取得的买卖价差收入。

（二）利润总额

构成企业利润总额的项目。企业的营业利润加上营业外收入减去营业外支出的金额，即为企业的利润总额。

1. 营业外收入

营业外收入反映企业发生的各项营业外收入，主要包括非流动资产处置利得、非货币性资产交换利得、债务重组利得、政府补助利得、盘盈利得、捐赠利得等。

2. 营业外支出

营业外支出反映企业发生的各项营业外支出，包括非流动资产处置损失、非货币性资产交换损失、债务重组损失、公益性捐赠支出、非常损失、盘亏损失等。

（三）净利润

利润总额减去所得税费用，即为企业的净利润。所得税费用是指企业根据所得税准则确认的应从当期利润总额中扣除的所得税费用。

（四）每股收益

每股收益，是指企业普通股股东持有每一股份所能享有的企业利润或承担的企业亏损的业绩评价指标。该指标有助于投资者、债权人等信息使用者评价企业的盈利能力，预测企业成长潜力，进而作出经济决策。

在利润表中应当单独列示基本每股收益和稀释每股收益。其中，基本每股收益是按照归属于普通股股东的当期净利润，除以发行在外普通股的加权平均数计算的；稀释每股收益，是指在企业存在具有稀释性潜在普通股的情况下，以基本每股收益的计算为基础，在分母中考虑稀释性潜在普通股的影响，同时对分子也作相应的调整。稀释性潜在普通股，是指假设当期转换为普通股会减少每股收益的潜在普通股。计算稀释每股收益，应当根据下列事项对归属于普通股股东的当期净利润进行调整：①当期已确认为费用的稀释性潜在普通股的利息；②稀释性潜在普通股转换时将产生的收益或费用。计算稀释每股收益时，当期发行在外普通股的加权平均数应当为计算基本每股收益时普通股的加权平均数与假定稀释性、潜在普通股转换为已发行普通股而增加的普通股股数的加权平均数之和。

（五）其他综合收益

其他综合收益是指企业根据企业会计准则规定未在损益中确认的各项利得和损失扣除所得税影响后的净额。企业在编制合并利润表时，除应当按照上述做法进行调整以外，还应当在"综合收益总额"项目下单独列示"归属于母公司所有者的综合收益总额"项目和"归属于少数股东的综合收益总额"项目。其他综合收益通常包括以下内容：

（1）可供出售金融资产的公允价值变动、减值及处置导致的其他资本公积的增加或减少；也包括将持有至到期投资重分类为可供出售金融资产时，重分类日公允价值与账面余额的差额计入"其他资本公积"的部分。以及将可供出售金融资产重分类为采用成本或摊余成本计量的金融资产的，对于原计入资本公积的相关金额进行摊销或于处置时转出导致的其他资本公积的减少。

（2）确认按照权益法核算的在被投资单位其他综合收益中所享有的份额导致的其他资本公积的增加或减少。

（3）计入其他资本公积的现金流量套期工具利得或损失中属于有效套期的部分，以及其后续的转出。

（4）境外经营外币报表折算差额的增加或减少。

（5）与计入其他综合收益项目相关的所得税影响。针对不确认为当期损益而直接计入所有者权益的所得税影响。

其他还包括自用房地产或存货转换为采用公允价值模式计量的投资性房地产，转换当日的公允价值大于原账面价值，其差额计入所有者权益导致的其他资本公积的增加以及处置时的转出。

（六）综合收益总额

综合收益总额为净利润加其他综合收益之和，该结果反映了企业所有的需要确认和计量的以实现收益和未实现收益。

三、利润表的作用

利润表是反映企业一定会计期间的经营成果的财务报表。利润表是一种动态的时期报表，它把一定会计期间的收入与其同一期间相关的成本、费用进行配

第三章 利润表分析

比,以计算出企业一定期间内实现的利润或发生的亏损。利润表在以下方面发挥着重要作用:

(一) 揭示企业经营成果

利润表反映了一定时期内企业通过销售产品取得的收入以及其他业务方面形成的收入,也反映了与其收入相互配比的成本和费用,并通过收支相抵计算出企业本期的经营成果。通过利润表及其附表还可以了解企业收入结构、产品产销结构、成本费用结构、利润形成结构,以判断其经营结构的合理与否。

(二) 反映企业盈利能力

盈利能力通常体现了财务成果与其相关的一些指标之间的比率关系,利用利润表中的有关营业收入、成本费用以及利润等绝对数指标,或将利润与收入、成本等进行对比的相对数指标,来评价企业过去的经营成果。利润表提供了盈利能力分析所需要的收入信息和成本费用信息,其他反映盈利能力的指标的计算也离不开利润表提供的数据。

(三) 有助于分析企业偿债能力

企业的偿债能力受多种因素的影响,而获利能力的强弱又是决定偿债能力大小的一个重要因素。企业的获利能力不强,会影响企业资产的流动性和权益结构,进而影响企业的偿债能力。虽然利润表并不能直接提供有关企业偿债能力的信息,但是通过比较分析利润表中的有关信息,可以间接地评价企业偿债能力的变化趋势,预测企业未来的偿债能力。

(四) 有助于报表使用者进行决策

利润表提供了反映企业收入、成本费用状况的信息,通过分析可以了解企业各项收入、费用和利润的升降趋势及其变化幅度,找出原因所在,发现经营管理中存在的问题;通过比较分析利润表中各项构成要素,对利润的形成进行结构分析,找出形成利润的主要来源渠道,为企业的经营决策提供依据。对于企业的债权人、投资者,可以通过利润表各项目的构成,了解企业经营活动中利润形成的情况,了解企业的获利能力,从而有助于企业的债权人、投资者作出有关信贷、投资方面的决策。企业管理者通过利润表各项目的构成,可以了解企业的收支情况,评估企业产品需求的变动,发现企业管理中存在的问题,有利于企业提高管理水平。

（五）有助于考核评价经营者的经营业绩

考核企业管理者经营业绩的主要指标之一就是企业实现利润的多少，通过不同年度利润表的比较，可以了解企业利润增减变动的趋势情况，借以评价企业管理者的工作成效。利润表中的各项数据，体现了企业在生产、经营和理财等方面的管理效果效率，是对企业经营业绩的直接反映，是经营者受托责任履行情况的真实写照，因而是股东考核评价经营者经营业绩的重要依据。

四、利润表项目的填列

对于月度利润表，利润表的"本月金额"栏反映各项目的本月实际发生数；在编报中期财务报表时，填列上年同期累计实际发生数；在编报年度财务报表时，填列上年全年累计实际发生数。在编制中期和年度财务报表时，还要将"本月金额"栏改成"上年金额"栏。如果上年度利润表与本年度利润表的项目名称和内容不相一致，则按编报当年的口径对上年度利润表项目的名称和数字进行调整，填入本表"上年金额"栏内。本表"本年累计金额"栏反映各项目自年初起至报告期期末止的累计实际发生数。

年度利润表中"上年金额"栏内各项数字，应根据上年度利润表"本年金额"栏内所列数字填列。如果上年度利润表规定的各个项目的名称和内容同本年度不相一致，应对上年度利润表各项目的名称和数字按本年度的规定进行调整，填入本表"上年金额"栏内。

（一）根据相关科目余额计算填列的项目

1. 营业收入

"营业收入"项目反映企业经营主要业务和其他业务所确认的收入总额。本项目应根据"主营业务收入"科目和"其他业务收入"科目的发生额分析填列。

2. 营业成本

"营业成本"项目反映企业经营主要业务和其他业务发生的实际成本总额。本项目应根据"主营业务成本"科目和"其他业务成本"科目的发生额分析填列。

（二）根据相关科目余额直接填列的项目

1. 营业税金及附加

"营业税金及附加"项目反映企业经营业务应负担的营业税、消费税、城市

第三章 利润表分析

维护建设税、资源税、土地增值税和教育费附加等。本项目应根据"营业税金及附加"科目的发生额分析填列。

2. 销售费用

"销售费用"项目反映企业在销售商品和材料、提供劳务的过程中发生的包装费、广告费等费用和为销售本企业商品而专设的销售机构的职工薪酬、业务费等经营费用。本项目应根据"销售费用"科目的发生额分析填列。

3. 管理费用

"管理费用"项目反映企业为组织和管理生产经营发生的管理费用。本项目应根据"管理费用"科目的发生额分析填列。

4. 财务费用

"财务费用"项目反映企业筹集生产经营所需资金等而发生的筹资费用。本项目应根据"财务费用"科目的发生额分析填列。

企业发生勘探费用的,应在"管理费用"和"财务费用"项目之间,增设"勘探费用"项目反映。

5. 资产减值损失

"资产减值损失"项目反映企业各项资产发生的减值损失。本项目应根据"资产减值损失"科目的发生额分析填列。

6. 公允价值变动收益

"公允价值变动收益"项目反映企业按照相关准则规定应当计入当期损益的资产或负债公允价值变动净收益,如交易性金融资产当期公允价值的变动额。如为净损失,以"-"号填列。

7. 投资收益

"投资收益"项目反映企业以各种方式对外投资所取得的收益,如为净损失,以"-"号填列。企业持有的交易性金融资产处置和出售时,处置收益部分应当自"公允价值变动损益"项目转出,列入本项目。本项目下应当单独列示对联营企业和合营企业的投资收益。

8. 营业外收入

"营业外收入"项目反映企业发生的与其经营活动无直接关系的各项收入。本项目应根据"营业外收入"科目的发生额分析填列。

9. 营业外支出

"营业外支出"项目反映企业发生的与其经营活动无直接关系的各项支出。本项目应根据"营业外支出"科目的发生额分析填列。本项目下应当单独列示非流动资产处置损失。"非流动资产处置损失"项目,反映处置非流动资产发生的净损失,如处置固定资产、无形资产等所发生的净损失。处置非流动资产如为净收益，则以"-"号填列。"非流动资产处置损失"项目，应根据"营业外支出"科目所属"非流动资产处置损失"明细科目的发生额分析填列。

10. 所得税费用

"所得税费用"项目反映企业根据所得税准则确认的应从当期利润总额中扣除的所得税费用。本项目应根据"所得税费用"科目的发生额分析填列。

11. 其他综合收益

"其他综合收益"项目反映直接计入所有者权益的未实现利得或损失。本项目根据"资本公积"科目的有关明细分析填列。

（三）根据本表金额计算填列的项目

1. 营业利润

"营业利润"项目反映企业营业活动实现的利润，数量上等于营业收入减去营业成本等项目后的金额，如为亏损则以"-"号填列。

2. 利润总额

"利润总额"项目反映企业实现的利润总额，数量上等于营业利润加上营业外收入后减去营业外支出，如为亏损总额，以"-"号填列。

3. 基本每股收益

"基本每股收益"项目应当根据《企业会计准则第34号——每股收益》规定计算的金额填列。企业应当按照归属于普通股股东的当期净利润，除以发行在外普通股的加权平均数计算基本每股收益。

4. 稀释每股收益

"稀释每股收益"项目应当根据《企业会计准则第34号——每股收益》规定计算的金额填列。企业存在稀释性潜在普通股的，应当分别调整归属于普通股股东的当期净利润和发行在外普通股的加权平均数，并据以计算稀释每股收益。

5. 综合收益总额

"综合收益总额"项目反映了企业当期所有已实现和未实现的利润、利得和损失。本项目等于净利润加上其他综合收益。

第二节　利润表的全面分析

利润表是反映企业一定期间的经营成果的报表，与资产负债表不同的是，它所提供的信息是动态信息。在进行利润表分析时，首先应该进行利润表的总体分析，以便对企业的盈利状况有一个总括的了解，为进一步分析奠定基础。利润表

第三章 利润表分析

的全面分析一般包括利润表各项目的增减变动分析、利润表各项目的结构变动分析等内容。

一、利润表的增减变动分析

利润表各项目的增减变动分析是对企业盈利状况及其变化趋势所进行的全面性分析,一般采用比较分析法,通过编制比较利润表来进行横向分析,该分析也叫做利润表的水平分析。利润表水平分析是通过编制利润的水平分析表,将企业利润表各项目的本期数与上期数进行比较,说明企业各损益项目增减变动的情况。水平分析表的编制可以采用增减变动绝对额和增减变动相对数相结合的方式。

表 3-2   WHYT 利润增加变动分析表

项目	本期金额（元）	上期金额（元）	增加额（元）	增加率（%）
一、营业总收入	13 662 307 339	9 429 776 860	4 232 530 479	44.88
其中：营业收入	13 662 307 339	9 429 776 860	4 232 530 479	44.88
二、营业总成本	10 932 291 317	7 945 748 397	2 986 542 920	37.59
其中：营业成本	9 488 664 821	7 041 509 864	2 447 154 958	34.75
营业税金及附加	60 570 135	27 279 924	33 290 211	122.03
销售费用	386 726 441	273 624 351	113 102 090	41.33
管理费用	851 728 952	535 734 805	315 994 147	58.98
财务费用	149 543 408	35 125 959	114 417 449	325.73
资产减值损失	(4 942 441)	32 473 494	(37 415 935)	-115.22
加：公允价值变动收益	(9 444 630)	(14 778 308)	5 333 678	-36.09
投资收益（损失以"-"号填列）	9 946 689	203 411 497	(193 464 808)	-95.11
其中：对联营企业和合营企业的投资收益	(5 583)	22 855 764	(22 861 347)	-100.02
汇兑收益（损失以"-"号填列）				
三、营业利润（亏损以"-"号填列）	2 730 518 082	1 672 661 652	1 057 856 430	63.24
加：营业外收入	103 646 762	267 398 206	(163 751 444)	-61.24
减：营业外支出	19 217 149	2 393 979	16 823 170	702.73

财务报告分析

续表

项　目	本期金额（元）	上期金额（元）	增加额（元）	增加率（％）
其中：非流动资产处置损失	16 053 380	347 836	15 705 544	4 515.21
四、利润总额（亏损总额以"－"号填列）	2 814 947 696	1 937 665 880	877 281 816	45.28
减：所得税费用	419 540 336	216 911 869	202 628 467	93.42
五、净利润（净亏损以"－"号填列）	2 395 407 360	1 720 754 010	674 653 350	39.21
归属于母公司所有者的净利润	1 853 900 339	1 530 208 251	323 692 088	21.15
少数股东损益	541 507 021	190 545 760	350 961 261	184.19
六、每股收益：				
（一）基本每股收益	0.86	0.71		
（二）稀释每股收益				
七、其他综合收益	－67 568 778	64 036 938	(131 605 717)	－205.52
八、综合收益总额	2 327 838 582	1 784 790 949	543 047 633	30.43
归属于母公司所有者的综合收益总额	1 786 331 561	1 594 245 189	192 086 372	12.05
归属于少数股东的综合收益总额	541 507 021	190 545 760	350 961 261	184.19

通过 WHYT 20××年利润水平分析表，可以看出该公司盈利状况的变化主要表现在以下几个方面：

（1）公司本期营业收入较上期增长了约 42 亿元，增长率为 44.88%，说明公司的经营规模有所扩大。

（2）公司本年营业总成本较上期增长率均为 37.59%，略低于营业收入的增长率 44.88%，说明公司总体上成本控制是有效的，但是具体到不同项目还是存在较大差别，公司应成本控制效果最好，增长幅度只有 34.75%；其次是销售费用也控制较好，其增长也低于营业收入的增长。但是管理费用增长率较多地超过收入增长，说明公司的行政费用费开支还有所欠缺，同时财务费用由于公司在建工程的大幅增加而快速增长。资产减值损失较大幅度地下降，说明公司在收入增长的同时资产质量还有所提高。

（3）公司本期营业利润较上期增长了约 10.6 亿元，增长率为 63.24%。营业利润的增长主要是由于营业收入的高增长和营业成本的低增长。

第三章 利润表分析

(4) 由于营业外收入的增加和营业利润的大幅度增长,使得该公司利润总额本期比上期增加了月 8.77 亿元,增长率为 45.28%。

(5) 该公司净利润本期较上期增加了约 6.75 亿元万元,增长率为 39.21%。

二、利润表垂直结构分析

利润表垂直结构分析是利用结构百分比分析法,通过编制利润的垂直分析表,将企业利润表中各项目的实际数与共同的基准项目实际数(一般为营业收入)进行比较,计算各利润项目占基准项目的百分比,分析说明企业财务成果的结构及其增减变化的合理程度。垂直分析表的编制多采用百分比(相对数)的形式,也称共同比利润表。

表 3-3　　　　　　　　　　WHYT 共同比利润表

项目	本期比重(%)	上期比重(%)
一、营业总收入	100.00	100.00
其中:营业收入	100.00	100.00
二、营业总成本	80.02	84.26
其中:营业成本	69.45	74.67
营业税金及附加	0.44	0.29
销售费用	2.83	2.90
管理费用	6.23	5.68
财务费用	1.09	0.37
资产减值损失	-0.04	0.34
加:公允价值变动收益	-0.07	-0.16
投资收益(损失以"-"号填列)	0.07	2.16
其中:对联营企业和合营企业的投资收益	0.00	0.24
汇兑收益(损失以"-"号填列)	0.00	0.00
三、营业利润(亏损以"-"号填列)	19.99	17.74
加:营业外收入	0.76	2.84
减:营业外支出	0.14	0.03
其中:非流动资产处置损失	0.12	0.00
四、利润总额(亏损总额以"-"号填列)	20.60	20.55
减:所得税费用	3.07	2.30
五、净利润(净亏损以"-"号填列)	17.53	18.25
归属于母公司所有者的净利润	13.57	16.23
少数股东损益	3.96	2.02

财务报告分析

从 WHYT 利润垂直分析表可以看出，该公司本期营业利润占营业收入的比重为 19.99%，比上期的 17.74% 增加了 2.25%；本期利润总额占营业收入的比重为 20.6%，与上期大致持平，究其原因是本期的收入绝对增加巨大导致；本期净利润占营业收入的比重为 17.53%，比上期的 18.25% 降低了 0.72%，原因主要是收入绝对大幅增加和所得税费用大幅增长 93.42%。

三、利润收支结构分析

利润收支结构反映企业一定时期各项收入、各项支出与利润的关系，以及不同性质收支与总收入和总支出的关系。利润收支结构分析可以通过编制利润收支结构分析表，计算各收入项目占总收入的比重和各支出项目占总支出的比重，分析说明企业收支的水平及其稳定性、必要性、合理性。

现依据 WHYT 利润表及相关资料，编制该公司本期和上期的利润收支结构分析表，见表 3-4。

表 3-4　　　　　　　　　利润收支结构分析

项　目	本期金额（元）	上期金额（元）	本期比重（%）	上期比重（%）
营业收入	13 662 307 339	9 429 776 860	99.24	95.39
公允价值变动收益	(9 444 630)	(14 778 308)	-0.07	-0.15
投资收益	9 946 689	203 411 497	0.07	2.06
营业外收入	103 646 762	267 398 206	0.75	2.70
收入合计	13 766 456 161	9 885 808 256	100.00	100.00
营业成本	9 488 664 821	7 041 509 864	83.45	86.24
营业税金及附加	60 570 135	27 279 924	0.53	0.33
销售费用	386 726 441	273 624 351	3.40	3.35
管理费用	851 728 952	535 734 805	7.49	6.56
财务费用	149 543 408	35 125 959	1.32	0.43
资产减值损失	(4 942 441)	32 473 494	-0.04	0.40
营业外支出	19 217 149	2 393 979	0.17	0.03
所得税费用	419 540 336	216 911 869	3.69	2.66
费用合计	11 371 048 801	8 165 054 245	100.00	100.00

从 WHYT 利润收支结构分析表可以看出，该公司本期和上期营业收入分别占各年总收入的 99.24% 和 95.39%；本期和上期年营业成本分别占各年总支出

第三章 利润表分析

的83.45%和86.24%；本期和上期年销售费用分别占各年总支出的3.40%和3.35%；本期和上期年管理费用分别占各年总支出的7.49%和6.59%；本期和上期财务费用分别占各年总支出的1.32%和0.43%。营业收入和营业成本、期间费用在公司收入总额和支出总额中所占的比重较大，说明其收支结构基本合理，公司盈利能力具有一定的持续性。

四、损益实现结构分析

损益实现结构是指综合收益中已实现收益和未实现收益的结构，反映企业一定时期利润的实现程度。该结构分析可以让分析者对公司未来的盈利水平预测有着重要作用。资产减值损失、公允价值变动损益、其他综合收益属于未实现损益。

现依据WHYT利润表及相关资料，编制该公司本期和上期的损益结构分析表。

表3-5　　　　　　　　　损益实现结构分析　　　　　　　　单位：元

项　目	本期金额	上期金额
营业总收入	13 662 307 339	9 429 776 860
投资收益	9 946 689	203 411 497
营业外收入	103 646 762	267 398 206
营业成本	9 488 664 821	7 041 509 864
营业税金及附加	60 570 135	27 279 924
销售费用	386 726 441	273 624 351
管理费用	851 728 952	535 734 805
财务费用	149 543 408	35 125 959
营业外支出	19 217 149	2 393 979
所得税费用	419 540 336	216 911 869
已实现收益	2 399 909 549	1 768 005 812
资产减值损失	(4 942 441)	32 473 494
公允价值变动收益	(9 444 630)	(14 778 308)
其他综合收益	(67 568 778)	64 036 938
未实现损失	72 070 968	(16 785 137)

从WHYT利润实现结构分析表可以看出，该公司本期和上期的综合收益中分别包含已实现收益约24亿元和17.68亿元，未实现损失分别为约0.72亿元和

-0.17亿元。说明公司利润的实现程度很高，现有的未实现损益对公司未来盈利变动不会产生重大影响。

第三节　利润表的重点项目分析

利润表具体项目的分析，就是利润表的所有项目，尤其是对企业经营成果影响较大或者异常变动的项目进行重点分析，进一步分析这些项目的变化原因，对企业利润的增减的程度等。利润表的项目分为收入类项目、支出类项目、利润项目和其他综合收益四类，因此，下面就分四方面展开讲解。

一、收入类项目分析

(一) 营业收入

《企业会计准则——基本准则》将收入定义为："收入是指企业在日常活动中形成的、会导致所有者权益增加的、与所有者投入资本无关的经济利益的总流入。"具体指企业在销售商品、提供劳务及让渡资产使用权等日常经营活动中所形成的经济利益的总流入，包括主营业务收入和其他业务收入。

1. 收入的确认与计量分析

(1) 收入确认分析。

收入的确认是企业重要的会计政策，且影响收入的计量，分析时应结合企业有关收入的会计政策，了解报表数据的形成，加强对报表中收入数据的理解。

我国《企业会计准则第14号——收入》的规定，销售商品收入应当在下列条件均能满足时予以确认：①企业已将商品所有权上的主要风险和报酬转移给购货方；②企业既没有保留通常与所有权相联系的继续管理权，也没有对已售出的商品实施有效控制；③收入的金额能够可靠地计量；④相关的已发生或将发生的成本能够可靠地计量；⑤相关的经济利益很可能流入企业。对于提供劳务实现的收入，如果劳务交易的结果在资产负债表日能够可靠估计，企业应当采用完工百分比法确认劳务收入；如果劳务交易的结果在资产负债表日不能可靠计量，则企业不能按完工百分比法确认劳务收入，应区别以下情况进行处理：①已经发生的劳务成本预计能够得到补偿的，按照已经发生的劳务成本金额确认劳务收入，并按相同金额结转劳务成本；②已经发生的劳务成本预计不能够得到补偿的，应当将已经发生的劳务成本计入当期损益，不确认提供劳务收入。

第三章 利润表分析

在报表分析者对收入的确认与计量进行分析时，应重点分析：收入确认的时间准确；收入确认的方法是否合理；收入确认是否真实和完整。

（2）收入计量的分析。

收入计量分析主要解决收入是多少的问题。我国《企业会计准则》的规定，企业应当按照从购货方已收或应收的合同或协议价款确定销售商品收入和提供劳务收入的金额，但已收或应收的合同或协议价款不公允的除外。但是对一些特殊销售也做了特殊规定，如分期收款销售商品，应当按照应收的合同或协议价款的公允价值确定销售商品收入金额。在资产负债表日，企业应当按照提供劳务收入总额乘以完工进度扣除以前会计期间累计已确认提供劳务收入后的金额，作为当期提供劳务的收入。

营业收入确认分析应关注商业折扣、现金折扣、销售折让等计量的准确性。销售商品涉及商业折扣的，应当按照扣除商业折扣后的金额确定销售商品收入金额；销售商品涉及现金折扣的，应当按照扣除现金折扣前的金额确定销售商品收入金额，现金折扣在实际发生时计入当期损益；企业已经确认销售商品收入的售出商品发生销售折让的，应当在发生时直接冲减当期收入。

2. 主营业务收入分析

主营业务收入是企业收入的主要来源，在企业收入构成中一般具有稳定性。主营业务收入的不断增长是企业成长的主要条件。主营业务收入分析应重点关注以下方面：

（1）品种构成和地区构成分析。

在企业从事多品种经营的条件下，哪些品种是企业过去利润的增长点，其收入占总收入的比重如何，这些均是财务报告分析者十分关心的问题。从主营业务收入的构成可以了解企业过去业绩的基础，分析企业主要品种的未来发展趋势，已确立企业的未来发展方向。其次，分析主营业务收入还应考虑收入的地区构成，分析哪些地区的收入是企业利润的增长点。地区不同，消费者对商品的偏好不同。不同地区的市场潜力在很大的程度上对企业的未来发展有一定的影响。

（2）关联交易的比重分析。

关联交易是公司利润调节和会计舞弊的温床，一个公司的主营业务收入中如果关联交易实现的收入金额巨大，则该公司的存在财务虚假的可能性大幅增加，上市公司通常都会对该类交易带来的收入做单独的披露。

（3）收入增长趋势分析。

主营业务收入增长越快，说明企业生存和发展的能力提高得越快，但是在分析中要注意收入增长的合理性。通常在产品投产阶段销售规模较小，收入增长不会太快；在产品成长阶段开始大批量的生产和销售，产品销售较快的扩展，使得收入迅速增长；在产品稳定阶段销售较为稳定，增长速度放慢；在产品销售阶段产品销售开始萎缩，收入便会下降。在分析时，如果发现从报表提供的资料并非如此，则说明企业收入增长存在一定的问题，应进一步查明原因。

3. 其他业务收入分析

其他业务收入的实现原则与主营业务收入的实现原则相同。其他业务收入是指除主营业务收入以外的其他销售或其他业务的收入，如材料销售、出租包装物的租金收入等。其他业务与主营业务相比，其每笔业务金额较小，收入不是十分稳定，是企业在经营活动过程中产生的一些零星的收入。由于其他业务不是企业主营业务的内容，因此占的比重通常较小，如果企业的其他业务收入占比过高，则说明公司主业不突出，则公司的成长性必将受到影响。

4. 收入真实性分析

在实务中现法存在的会计舞弊都离不开对收入舞弊，了解收入舞弊手段对于分析收入的真实性有着重要作用，以下是企业收入舞弊的主要手段：

（1）提前确认未实现收入。这一做法通常会通过隐瞒风险和报酬尚未转移的事实、安排经销商提前提货等手段将尚未达到收入确认条件的收入确认为当期收入，或者将买房的预付账款直接确认为当期收入。

（2）延迟确认已实现收入。这一操纵手法往往以稳健主义为幌子，通过递延收入或指使被收购企业在收购日之前推迟确认收入等手法，将本应在当期确认的收入推迟至以后期间确认，并将当期储备的收入在经营陷入困境的年份予以释放，以达到以丰补歉、平滑收入和利润的目的。

（3）虚增收入。有些企业为了达到多计当期收益的目的，通过虚开增值税发票、虚构发货单人为地通过"应收票据"、"应收账款"等账户虚增销售收入。

（4）隐瞒收入。为了减少纳税或者其他目的，企业可能通过不开发票、收现金的条件将已经实现的收入不入账，形成账外账、小金库，从而隐瞒收入、逃避纳税。

（5）通过关联交易操纵收入。企业会计准则要求上市公司披露关联交易的性质、交易条件、金额和对财务报表的影响。因为企业与关联方发生交易的价格很可能被双方联合操纵，结果可能是虚高也可能虚低，从而掩盖企业产品或劳务的真实价格，达到虚增或隐瞒利润的目的。

【例3-1】WHYT 20××年营业收入附注。

（1）主营业务与其他业务。

第三章 利润表分析

表3-6　　　　　　　　　　主营业务与其他业务

币种：人民币　　　　　　　　　　单位：元

项目	本期发生额	上期发生额
主营业务收入	13 628 275 966.25	9 401 127 951.08
其他业务收入	34 031 373.13	28 648 908.87

(2) 主营业务（分行业）。

表3-7　　　　　　　　　　主营业务（分行业）　　　　　　　　　　单位：元

行业名称	本期发生额		上期发生额	
	营业收入	营业成本	营业收入	营业成本
化工行业	13 141 169 195.02	9 130 135 598.29	9 164 603 990.74	6 868 930 505.64
其他	487 106 771.23	334 676 482.26	236 523 960.34	158 320 258.13
合计	13 628 275 966.25	9 464 812 080.55	9 401 127 951.08	7 027 250 763.77

(3) 主营业务（分产品）。

表3-8　　　　　　　　　　主营业务（分产品）　　　　　　　　　　单位：元

产品名称	本期发生额		上期发生额	
	营业收入	营业成本	营业收入	营业成本
异氰酸酯	10 613 070 401.88	7 113 300 158.75	7 679 180 867.65	5 552 325 206.17
其他	3 015 205 564.37	2 351 511 921.80	1 721 947 083.43	1 474 925 557.60
合计	13 628 275 966.25	9 464 812 080.55	9 401 127 951.08	7 027 250 763.77

(4) 主营业务（分地区）。

表3-9　　　　　　　　　　主营业务（分地区）　　　　　　　　　　单位：元

地区名称	本期发生额		上期发生额	
	营业收入	营业成本	营业收入	营业成本
国内	10 616 428 891.53	6 771 072 855.77	7 041 651 841.07	5 021 035 696.85
国外	3 011 847 074.72	2 693 739 224.78	2 359 476 110.01	2 006 215 066.92
合计	13 628 275 966.25	9 464 812 080.55	9 401 127 951.08	7 027 250 763.77

(5) 公司前五名客户的营业收入情况。

表 3-10　　　　　　　公司前五名客户的营业收入情况

客户名称	营业收入（元）	占公司全部营业收入的比例（%）
G 公司	297 765 136.71	2.18
I 公司	296 619 515.27	2.17
B 公司	279 047 226.94	2.04
R 公司	257 906 746.12	1.89
S 公司	198 323 654.11	1.45
合计	1 329 662 279.15	9.73

（二）公允价值变动损益

公允价值变动损益是指一项资产在取得之后采用公允价值计量模式时，期末资产账面价值与其公允价值之间的差额。我国《企业会计准则》规定要对交易性金融资产、交易性金融负债以及采用公允价值模式计量的投资性房地产等计算利得和损失，并计入当期损益。我国的公允价值变动损益即为持有损益。当资产公允价值发生变动年度和出售年度一致的情况下，所产生的公允价值变动损益就是一种已实现的持有损益；在资产公允价值发生变动和出售年度不一致的情况下，所产生的公允价值变动损益则是一种未实现的持有损益。

在对公允价值变动损益进行分析时要注意以下问题：

1. 公允价值变动损益的比重

一个公司的公允价值变动损益占总收益的比重较高时，也就说明公司的当期收益质量不高，因为公允价值变动损益虽然形成公司的利润，但是不会带来现金流，而且其稳定性较差。

2. 公允价值变动损益的构成

相对而言，投资性房地产的价格变动相对于交易性金融资产和交易性金融负债的价格变动要小一些，换而言之，就是对企业的利润变动影响要小一些。

【例 3-2】ZMFS 公司 20××年的利润表

表 3-11　　　　　　　ZMFS 的利润表（20××年）　　　　　　　单位：元

项目	本期数	上期数
交易性金融资产公允价值变动收益	-54 117 672.71	20 753 385.38

该公司 20××年的净利润为 225 446 451.14 元，显然公允价值变动损益给公司的净利润产生了重大影响，而且就该项目给公司本年和上年带来了近 8 000

第三章 利润表分析

万元的损益波动。

（三）投资收益分析

投资收益是指企业以各种方式对外投资所获得的净收益。投资收益包括对外投资分得的利润、股利和债券利息，投资到期收回或者中途转让取得款项高于账面价值的差额，以及按照权益法核算的长期股权投资在被投资单位增加的净资产中所拥有的数额等。长期投资的投资收益主要取决于被投资项目的经营情况和分配政策，因此分析企业的投资收益要弄清投资项目的经济效益、发展前景、增长潜力。若投资收益占利润总额比重较大，则更应该认真分析投资收益质量。

1. 投资收益的来源分析

分析投资收益的来源，目的是分析这种投资收益的可持续性。如果一次性投资的投资收益，如出售投资所得的收益数量较大，这种投资收益的长久性就很难保证，比如20××年的JTCY的投资收益就属于不稳定，这只会导致公司利润大幅波动。相反，如果是被投资企业的现金分红，且该被投资企业的利润主要是主营业务带来的，则该投资收益也有可能比较稳定，比如QCCA的投资收益就一直占公司利润的绝大多数，而且年年如此。

【例3-3】 JTCY公司的投资收益

表3-12　　　　　　　　　　JTCY的利润表　　　　　　　　　　单位：元

项　目	本期数	上期数
……	……	……
投资收益（损失以"-"号填列）	544 175 400.07	21 999 473.21
三、营业利润（亏损以"-"号填列）	747 529 504.62	260 752 691.94
加：营业外收入	74 671 674.91	32 396 447.96
减：营业外支出	2 218 002.53	7 924 400.62
四、利润总额（亏损总额以"-"号填列）	819 983 177.00	285 224 739.28
减：所得税费用	128 777 137.27	53 809 260.76
五、净利润（净亏损以"-"号填列）	691 206 039.73	231 415 478.52

该公司投资收益中本期实现可供出售金融资产收益526 795 832.95元，在本期净利润中占相当高的比重，但是不具有稳定性。

【例3-4】 QCCA的投资收益

财务报告分析

表 3-13　　　　　　　　QCCA 的投资收益　　　　　　　　单位：元

项　目	2011 年	2010 年	2009 年	2008 年	2007 年
投资收益	1 670 279 837	1 648 969 861	804 155 981	560 845 001	932 183 209
其中：合营企业投资收益	1 675 543 754	1 568 384 334	796 134 444	547 491 413	905 987 456
净利润	1 123 215 775	2 092 697 782	1 085 756 981	17 931 062	633 972 780

该公司近些年投资收益一直占公司净利润相当高的比重，但是该公司的投资收益主要是从合营企业分得的红利，具有很好的稳定性。

2. 经营利润与投资收益的互补分析

营业利润扣除投资收益后，即为企业自身经营业务所得利润，称为经营利润。如果经营利润和投资收益之间出现了互补性变化趋势，应引起关注。经营利润和投资收益之间互补变化并不一定就是利润操纵的结果，也并不一定就存在会计舞弊，但有充分理由对营业利润低迷时的利用投资收益来稳定利润，这可能混淆报表分析者对利润质量的判断。RJYY 就曾经出现过类似现象。

【例 3-5】 20××年 RJYY 的投资收益

表 3-14　　　　　　RJYY 的投资收益（20××年）　　　　　　单位：元

项目	2011 年	2010 年	2009 年	2008 年	2007 年
投资收益	7 678 097	8 968 863	243 978 920	200 353 687	108 205 756
营业利润	310 055 512	113 142 306	479 228 124	245 878 712	276 262 241

该公司 2007 年、2008 年和 2009 年的投资收益主要是处置可供出售金融资产取得的投资收益，该投资是公司持有的北京银行的股权，分三次全部通过二级市场出售完毕。其中 2008 年的投资收益就具有明显的互补性。

（四）营业外收入

营业外收入，反映的是与企业日常生产经营活动无直接关系的各项收入。营业外收入并不是由企业经营资金耗费所产生的，不需要企业付出代价，实际上是一种纯收入，不可能也不需要与有关费用进行配比。分析营业外收入时通常应该注意以下问题：

1. 营业外收入的构成

营业外收入主要包括：非流动资产处置利得、非货币性资产交换利得、债务重组利得、政府补助、盘盈利得、接受捐赠利得等。（1）非流动资产处置利得

第三章 利润表分析

包括固定资产处置利得和无形资产出售利得。固定资产处置利得，指企业出售固定资产所取得价款和报废固定资产的残料价值和变价收入等，扣除固定资产的账面价值、清理费用、处置相关税费后的净收益；无形资产出售利得，指企业出售无形资产所取得价款扣除出售无形资产的账面价值、出售相关税费后的净收益。(2) 非货币性资产交换利得，指在非货币性资产交换中换出资产为固定资产、无形资产的，换入资产公允价值大于换出资产账面价值的差额，扣除相关费用后计入营业外收入的金额。(3) 债务重组利得，指重组债务的账面价值超过清偿债务的现金、非现金资产的公允价值、所转股份的公允价值、或者重组后债务账面价值之间的差额。(4) 盘盈利得，指企业对于现金等资产清查盘点中盘盈的资产、报经批准后计入营业外收入的金额。(5) 政府补助，指企业从政府无偿取得货币型资产或非货币型资产形成的利得。

2. 营业外收入的稳定性

从上述构成可以看出，营业外收入通常不具有稳定性，因此，一个公司某期营业外收入高不能说明公司质量好，更不能据此判断公司未来的盈利能力会很强。但是少数情况可能例外，比如政府补助的一些项目（如增值税返还、环保补贴等）就可能存在持续性并与公司主营业务发展保持较高的一致性，RJYY 每年增长的营业外收入就属于该种情形。

【例 3-6】 RJYY 的营业外收入

表 3-15　　　　　　　　　　　　RJYY 的营业外收入　　　　　　　　　　　单位：元

项　目	2011 年	2010 年	2009 年	2008 年
增值税退税返还	246 160 626	183 950 192	147 151 916	133 066 473
政府补助	48 162 007	44 346 663	50 075 797	35 152 380
固定资产清理收入	484 775	1 116 191	460 718	55 915 512
罚款净收入	55 788	86 056	39 721	73 224
转让资产业务收益		5 746 058		
其他			4 064 446	172 719
营业外收入合计	294 863 196	235 245 160	201 792 598	224 380 308
净利润	550 846 066	346 032 952	613 981 803	403 766 587

该公司每年营业外收入都占了净利润的很高比重，其内容主要是增值税退税返还，该公司的增值税返还按照现行税收政策每年都有，基本上随主营业务收入增长而增长，具有相当的稳定性。

二、支出类项目分析

(一) 营业成本分析

营业成本是指与营业收入相关的、已经确定了归属期和归属对象的成本。在不同类型的企业里,营业成本有不同的表现形式。在制造业或工业企业,营业成本表现为已销售产品的生产成本;在商品流通企业,营业成本表现为已销售商品的成本。工业企业产品销售成本是根据已销售商品的数量和实际单位成本计算出来的。在实务中,往往是每月末汇总销售成本后一并结转,而不是在每次发出库存产成品时立即结转产品销售成本。

营业成本分析时可结合利润表和资产负债表的相关内容来核实企业产品销售成本结转的合理性。企业为了虚增利润或掩盖亏损,有可能采取当期少结转产品销售成本的方法。这种情况单独从利润表上也许无法直接发现,但可以用利润表中"营业成本"项目的数额和资产负债表中"存货"项目的年初与年末平均数相除来计算"存货周转率"指标,如果企业某一期的存货周转率不正常降低,则说明该企业可能存在少结转"营业成本"而存在虚增利润或掩盖亏损的问题。

主营业务成本分析还与主营业务收入对比起来分析,将主营业务收入减去主营业务成本可以得到产品的毛利,一个企业的产品毛利率越高越好是毋庸置疑的。同时,在进行分析时要注意企业主营业务成本计算方法的选择,不同的成本计算方法的结果会产生较大的差别。

(二) 营业税金及附加

营业税金及附加用来核算企业日常主要经营活动应负担的税金及附加,包括营业税、消费税、城市维护建设税、资源税、土地增值税和教育费附加等。这些税金及附加,一般根据当月销售额或税额,按照规定的税率计算于下月初缴纳。城市维护建设税和教育费附加属于附加税,是按企业当期实际缴纳的增值税、消费税和营业税税额的一定比例计算的。

分析营业税及附加时应联系公司的收入进行分析,通常收入增长会伴随营业税及附加的增长,如果收入增长时营业税及附加出现下降,就可能存在纳税不规范的问题,除非公司享受了相关的税收减免。

(三) 销售费用分析

销售费用是指企业在销售商品、提供劳务过程中发生的费用及为了销售本企

第三章 利润表分析

业商品而专设的销售机构的经营费用。一般包括：应由企业负担的运输费、装卸费、包装费、保险费、展览费、广告费、租赁费及为销售本公司商品而专设销售机构的职工工资、福利费等经常性支出。

1. 分析企业营业费用的计划或预算的执行情况

将本期实际的营业费用与计划或预算进行比较，来考核企业营业费用的超支或节约的情况。同时，利用共同比利润表中的营业费用与主营业务收入的构成比率，来分析企业营业费用的比重的变化，为进一步分析指明方向。

2. 分析销售费用的构成

结合销售费用明细表，对各个费用项目进行对比分析，找出那些增减变动幅度较大的项目，作为重点分析的对象，以查明企业营业费用增减变动的原因。对那些增减变动幅度较小的项目，可以进行一般分析。

【例 3－7】WHYT 20××年的销售费用

表 3－16　　　　　　　　WHYT 的销售费用（20××年）　　　　　　单位：元

项　目	本期发生额	上期发生额
员工费用	26 757 922.13	19 707 812.83
物流费用	275 028 350.41	183 453 890.57
销售佣金及咨询费	17 830 532.07	28 705 009.63
差旅费	10 644 889.07	7 690 747.04
其他	56 464 747.04	34 066 891.07
合　计	386 726 440.72	273 624 351.14

（四）管理费用分析

管理费用是指企业行政管理部门为管理和组织企业生产经营活动而发生的各项费用支出，包括由企业同意负担的行政管理人员工资及福利费、保险费、业务招待费、研究费用、董事会费、工会经费、咨询费、诉讼费、技术转让费、排污费、矿产资源补偿费、聘请中介机构费、企业在筹建期间内发生的开办费、房产税、土地使用税、车船税、印花税等。

管理费用分析可以从以下两个方面进行：

1. 对管理费用的构成分析

分析时，结合共同比利润表中的管理费用与主营业务收入的构成比率，并找出变动幅度较大、在全部费用中所占比重较大的项目，以便作为重点项目进一步分析，发现使企业管理费用增减变动的具体原因，有针对性地提出改进的方法和措施。

【例 3-8】 DQDF 20××年的管理费用

表 3-17　　　　　　DQDF 的管理费用（20××年）　　　　　　单位：元

项目	本年金额	上年金额
研究与开发费用	1 200 619 442.75	977 392 982.71
职工薪酬	867 170 691.58	850 931 186.31
其中：工资	599 375 019.97	513 138 443.63
福利费用	98 464 038.66	101 571 952.47
修理费	288 338 752.17	258 810 646.81
折旧费	117 573 989.62	84 067 035.96
税金	105 556 372.69	88 313 834.65
业务招待费	79 563 715.18	70 118 988.39
差旅费	72 260 862.36	71 730 740.53
租赁费	57 899 771.45	66 422 923.80
劳动保护费	54 050 899.15	53 297 651.92
无形资产摊销	42 671 050.44	61 868 278.13
水电费	41 173 000.54	37 081 413.30
绿化费	37 927 283.43	29 824 230.55
离退休人员费用	30 817 996.05	35 860 244.39
邮电通讯费	19 274 052.16	22 552 353.15
其他	382 827 116.24	373 251 599.36
合计	3 397 724 995.81	3 081 524 109.96

2. 对管理费用的趋势分析

通过企业管理费用若干期间的分析，发现管理费用是趋于下降还是趋于上升，以便总结经验，为下期计划或预算的制定提供可靠的依据。同时，可以将企业管理费用与销售收入进行对比，考察企业管理费用占销售收入的比重，如果比重较大，则说明企业在管理费用的管理上，存在一定的问题，必然会成为影响当年获利水平的一个极为不利的原因。

（五）财务费用分析

财务费用是指企业为筹集生产经营所需资金等发生的费用，企业适度举债经营，可以提高盈利，但也需付出一定数量的资本成本，从而构成企业财务费用的

第三章 利润表分析

主要组成部分。财务费用余额可正可负，如果为正说明公司财务支出大于财务收益；如果为数则说明财务收益大于财务支出，这样的公司往往是非常优秀的公司。

财务费用分析的要点如下：

1. 财务费用的构成分析

主要包括企业生产经营期间发生的利息净支出（减利息收入）、汇兑损失（减汇兑收益）及相关手续费、企业发生的现金折扣或收到的现金折扣等。

2. 财务费用的比较分析

将本期财务费用与计划或预算比较可以考核企业财务费用的计划或预算完成情况；也可以进行趋势分析，来判断企业财务费用的发展趋势；还可以与同行业平均水平、先进水平进行比较，来考察企业财务费用管理水平的高低。

3. 财务费用为负的评价

对于大中型企业来说，财务费用为正非常正常，如果为负数则说明公司财务收益大于财务支出，通常是因为利息收益或理财收益较高导致的，同时也就说明公司资金比较充裕，财务状况较好。但是，我国创业板有的上市公司的财务费用为负数则不属于该种情况，相反，却是一种负面结论：公司由于超募而获得过多的资金无法实施有效的投资而闲置，然后将其用于存银行获取利息收入，这是对股东一种不负责的行为。

【例3–9】DQGL 的利息费用

表3–18　　　　　　　　　DQGL 的利息费用　　　　　　　　　单位：元

项　目	2011 年	2010 年	2009 年	2008 年
财务费用	-452 707 595	-308 969 536	-97 021 907	84 995 446
净利润（净亏损以"-"号填列）	5 297 340 543	4 303 205 496	2 931 663 385	1 991 849 579

该公司在近四年利润增长的同时，也伴随着财务费用由正变负，并且负数越来越大，即财务净收益越来越高，这不是偶然现象，二者之间存在一定的因果关系。

（六）资产减值损失分析

资产减值损失是指因资产的账面价值高于其可收回金额而造成的损失，一个公司计提资产减值损失金额巨大则说明公司的资产质量不高。资产减值损失的分析通常需要关注以下两个方面：

财务报告分析

1. 资产减值损失的构成

上市公司在年度报告中通常要提交资产减值损失明细表（见表3-19），通过该表，可以发现公司的减值损失构成，也就可以清楚地揭示公司的哪些资产质量低下。

表3-19　　　　　　　　　　资产减值损失明细表

项　目	本期发生额	上期发生额
一、坏账损失		
二、存货跌价损失		
三、可供出售金融资产减值损失		
四、持有至到期投资减值损失		
五、长期股权投资减值损失		
六、投资性房地产减值损失		
七、固定资产减值损失		
八、工程物资减值损失		
九、在建工程减值损失		
十、生产性生物资产减值损失		
十一、油气资产减值损失		
十二、无形资产减值损失		
十三、商誉减值损失		
十四、其他		
合计		

2. 资产减值损失调节利润的分析

我国《企业会计准则》规定，流动资产减值准备计提后如果发生价值回升可以进行转回处理，于是就有部分企业滥用减值损失的会计处理来调节利润，如在今年大量计提然后再明年转回，达到降低今年利润增加明年利润的效果。但是，《企业会计准则》同时也规定长期资产减值准备一经计提不得转回。

（七）营业外支出分析

营业外支出是指不属于企业生产经营费用，与企业生产经营活动没有直接的关系，但应从企业实现的利润总额中扣除的支出。包括非流动资产处置损失、捐赠支出、债务重组损失、非货币性交换损失、盘亏损失、预计负债损失、自然灾害等非常损失、赔偿金、违约金公益等。营业外支出的存在说明公司可能存在以

第三章 利润表分析

下问题：公司经营不规范、管理混乱、资产质量低下，同时也就说明公司发展不够健康，公司缺乏投资价值。当然，如果只是公益性捐赠则说明公司具有社会责任感，可以对公司作出积极的评价。

(八) 所得税费用

所得税费用是企业在会计期间内发生的利润总额，经调整后按照国家税法规定的税率，计算缴纳的税款所形成的费用，利润总额减去所得税费用后的差额，即为净利润。对公司所得税费用进行分析主要关注公司的税负水平和公司纳税的真实性；同时还要进一步分析所得税费用中按税法及相关规定计算的当期所得税和由于暂时性差异形成的递延所得税费用。

三、利润项目的分析

依据《企业会计准则》，利润是指企业在一定会计期间的经营成果。利润包括收入减去费用后的净额、直接计入当期利润的利得和损失等。在企业利润表中，利润项目包括营业利润、利润总额和净利润等项目。

(一) 营业利润分析

营业利润时企业利润的最初形态，从数量上看等于营业收入减去营业成本、营业税金及附加、期间费用、资产减值损失后，再加上公允价值变动损益和投资收益后的余额。营业利润为正即为营业盈利，为负即为营业亏损。在分析中关键要注意资产减值损失、公允价值变动损益以及投资收益占营业利润的比重，这三项损益项目中的前两项属于未实现收益或损失，投资收益中也有一部分属于未实现收益，因此，如果这部分占比太高说明营业利润的质量不高。

(二) 利润总额分析

利润总额是考虑企业非正常活动产生的利得和损失后的税前利润，在数量上等于营业利润加上营业外收入减去营业外支出后的利润。利润总额为正即为税前盈利，为负即为税前亏损。利润总额的分析主要是对营业外收入和营业外支出的分析，对于营业外收入分析主要是分析其稳定性。营业外收入虽为利得，但是其包含的内容中也包括一些与经营活动密切相关的收益，比如政府每年根据污水处理厂的处理数量按照规定标准给予的与收益相关的政府补贴，对于这类营业外收入可以说越多越好，除此以外则不然。营业外支出除了一定数量的公益性捐赠以外肯定越少越好，相应利润总额的质量也越高。

（三）净利润分析

净利润是扣除所得税费用后利润，如果利润总额是真实准确的，则该项目的质量分析主要就是所得税费真实性的分析，前已述及不再赘述。净利润是一个绝对数指标，不能反映企业的经营效率，缺乏不同企业之间的可比性，因此在分析时必须结合比率分析以正确评价企业的盈利能力。同时，过分强调净利润的重要性，会导致企业的短期行为，不利于企业的长远发展。

（四）每股收益分析

每股收益反映企业普通股股东持有每一股份所能享有的企业利润和承担的企业亏损，是衡量上市公司获利能力最常用的财务分析指标。每股收益越高，表明公司的收益能力越强。

每股收益包括基本每股收益和稀释每股收益。

1. 基本每股收益

企业应当按照归属于普通股股东的当期净利润，除以发行在外普通股的加权平均股数计算基本每股收益。

其计算公式如下：

$$基本每股收益 = \frac{归属于母公司股东的净利润}{发行在外普通股的加权平均数}$$

2. 稀释每股收益

企业存在稀释性潜在普通股的，应当分别调整归属于普通股股东的当期净利润和发行在外普通股的加权平均股数，据以计算稀释每股收益。其中，稀释性潜在普通股，是指假设当期转换为普通股会减少每股收益的潜在普通股，主要包括可转换公司债券、认股权证和股票期权等。计算稀释每股收益时，需对基本每股收益的分子和分母进行调整。对基本每股收益分子的调整项目有：当期已确认为费用的稀释性潜在普通股的利息；稀释性潜在普通股转换时将产生的收益或费用。同时，将基本每股收益分母调整为当期发行在外普通股的加权平均数与假定稀释性潜在普通股转换为已发行普通股而增加的普通股股数的加权平均数之和。

3. 每股收益的分析

每股收益是反映上市公司获利能力的一个综合性很强的财务指标，可以分解为若干个相互联系的财务指标。也就是说，每股收益指标的变动是多个相关因素共同作用的结果。因此，可以运用因素分析法原理来分析各因素对每股收益的影响，从而揭示每股收益变动的具体原因。

第三章 利润表分析

四、其他综合收益分析

其他综合收益包含的内容可以从 JTZH 20××年财务报告提供的辅助资料中一目了然。前已述及,其他综合收益的分析数以企业未实现收益,必将对公司未来收益管理提供一个很好的工具,可以说只要公司需要利润,将相关资产予以处置就能产生自己预期的或者需要的利润,因此对该项目的分析主要是该收益在以后实现的时间。

【例 3–10】JTZH 20××年其他综合收益附注

表 3–20　　　　　　JTZH 的其他综合收益附注（20××年）　　　　　　单位：元

项　目	本期发生额	上期发生额
1. 可供出售金融资产产生的利得（损失）金额	792 053 566.42	
减：可供出售金融资产产生的所得税影响	– 118 808 034.96	
前期计入其他综合收益当期转入损益的净额		
小计	673 245 531.46	
2. 按照权益法核算的在被投资单位其他综合收益中所享有的份额		
减：按照权益法核算的在被投资单位其他综合收益中所享有的份额产生的所得税影响		
前期计入其他综合收益当期转入损益的净额		
小计		
3. 现金流量套期工具产生的利得（或损失）金额		
减：现金流量套期工具产生的所得税影响		
前期计入其他综合收益当期转入损益的净额		
转为被套期项目初始确认金额的调整		
小计		
4. 外币财务报表折算差额		
减：处置境外经营当期转入损益的净额		
小计		0
5. 其他		
减：由其他计入其他综合收益产生的所得税影响		
前期其他计入其他综合收益当期转入损益的净额		
小计		0
合　计	673 245 531.46	

第四节 所有者权益变动表分析

一、所有者权益变动表的会计分析

所有者权益（或股东权益）变动表，是反映构成企业所有者权益的各组成部分当期的增减变动情况的报表。

（一）所有者权益变动表的格式

所有者权益变动表由表首和正表两部分组成。其中，表首说明报表名称、编制单位、编制日期、报表编号、货币名称、计量单位等；正表是所有者权益变动表的主体，反映企业所有者权益的增减变动及其年初、年末余额情况。一般企业所有者权益变动表的具体格式见第一章表1－5。

（二）所有者权益变动表的内容

所有者权益变动表应当分别列示构成所有者权益各项目的上年年末余额、本年年初余额、本年增减变动金额和本年年末余额。应当单独列示反映下列信息的项目：

（1）会计政策变更和前期差错更正的影响金额；
（2）本年净利润；
（3）直接计入所有者权益的利得和损失；
（4）所有者投入和减少资本的情况；
（5）利润分配，包括提取盈余公积，向所有者（或股东）的分配及其他的利润分配情况；
（6）所有者权益内部结转情况，包括资本公积转增资本（或股本）、盈余公积转增资本（或股本）、盈余公积弥补亏损和所有者权益内部结转的其他情况。

（三）所有者权益变动表的填列

（1）"上年年末余额"项目，反映所有者权益各项目的上年年末余额。本项目的金额应当与上年所有者权益变动表的本年金额栏数字相等。
（2）"会计政策变更"项目，反映企业根据《企业会计准则第28号——会计政策、会计估计变更和差错更正》，因进行会计政策变更而产生的影响所有者权益的金额，包括对盈余公积和未分配利润项目金额的影响。本项目应当根据企业会计政策的变更情况进行分析填列。

（3）"前期差错更正"项目，反映企业根据《企业会计准则第28号——会计政策、会计估计变更和差错更正》，因进行前期差错更正而产生的影响所有者权益的金额。本项目应当根据企业前期差错的更正情况进行分析填列。

（4）"本年年初余额"项目，反映在进行了会计政策变更和前期差错更正后的上年年末所有者权益的余额。如果没有发生会计政策变更和前期差错更正，则"本年年初余额"栏应当与"上年年末余额"栏相等。

（5）"净利润"项目，反映企业本年实现的净利润的金额。本项目应当与利润表中的本年净利润项目数相等。

（6）"直接计入所有者权益的利得和损失"项目，包括可供出售金融资产公允价值变动净额、权益法下被投资单位其他所有者权益变动的影响、与计入所有者权益项目相关的所得税影响等。本项目应当根据可供出售金融资产公允价值变动净额、权益法下被投资单位其他所有者权益变动的影响、与计入所有者权益项目相关的所得税影响等的发生额分析填列。

（7）"所有者投入资本"项目，包括所有者本期投入资本、本年购回库存股金额。本项目应当根据所有者投入资本、购回库存股的发生额分析填列。

（8）"股份支付计入所有者权益的金额"项目，反映企业因股份支付而计入所有者权益的金额，应当根据相关发生额分析填列。

（9）"提取盈余公积"项目，反映企业按规定提取盈余公积的金额，应当根据本期提取盈余公积的金额分析填列。

（10）"对所有者（或股东）的分配"项目，反映企业对所有者（或股东）股利分配情况。本项目应当根据本期对所有者（或股东）的分配情况分析填列。

（11）"所有者权益内部结转"项目，包括资本公积转增资本（或股本）、盈余公积转增资本（或股本）和盈余公积弥补亏损等情况。本项目根据资本公积转增资本、盈余公积转增资本和盈余公积弥补亏损的情况分析填列。

（12）"本年年末余额"项目，是在所有者权益本年年初余额的基础上，加上（或减去）本年增减变动金额计算得出的。本项目的金额应当与所有者权益各科目的本年年末余额相等。

二、所有者权益变动表的财务分析

股东权益变动表全面反映了企业所有者权益（股东权益）在年度内的变化情况，便于财务报告分析者深入分析企业所有者权益的增减变动，进一步对企业

的资产保值增值情况作出正确的判断,从而为决策提供有用的信息。所有者权益(股东权益)变动表分析的要点如下:

(一) 分析企业资产保值增值的水平

所有者对企业投资的目的是通过企业的资本增值来实现自身财富的最大化。这一目标的实现与否,主要是借助资本保值增值率来判断。

资本保值增值率是指所有者权益(股东权益)期末数与所有者权益(股东权益)期初数之间的对比关系,用来考核企业经营者对投资者投入资本的保值和增值能力。资本保值增值率一方面体现了资本保全的原则;另一方面也能抑制企业资产流失。它是衡量企业财务管理目标实现与否的一个重要指标。其计算公式如下:

$$资本保值增值率 = \frac{期末所有者权益总额}{期初所有者权益总额} \times 100\%$$

如果资本保值增值率为100%,说明企业资本保值;大于100%,说明企业资本增值;小于100%,则说明企业资本减值。但是,利用该指标进行分析时一定要剔除股东追加投资等非留存收益项目变动导致的期末股东权益增加。对投资者来说,资本减值意味着投资权益的损失;对债权人来说,持续的减值将会影响企业的偿债能力,降低债权人利益的保障程度;对企业经营者来说,资本减值则表明经营者没有完成受托责任。

(二) 分析企业所有者权益变动的原因

企业所有者权益结构的变化,对于评估企业发展前景及所有者财富增减变化的趋势是十分有意义的。企业的相关利益人都很关注企业所有者权益结构变动是否合理。从企业所有者权益结构的组成和变化来看,可以了解企业所有者权益增减变动的主要原因。如企业所有者权益增加是由于会计政策变更或前期差错更正,还是净利润、所有者投入、利润分配或者所有者权益内部结转造成的。分析时,应结合资产负债和利润表,进一步评价企业所有者权益的变动及对未来的影响。

另外,分析所有者权益变动时,还要注意企业资产价值的真实性。如果出现企业账面资产的价值因通货膨胀、资产贬值或升值等原因造成企业资产价值的不真实,则会影响到所有者权益的真实性。为此,判断企业资产的保值增值能力,要以资产价值的真实性为前提。

第四章 现金流量表分析

第一节 现金流量表的会计分析

现金流量表作为以现金为基础编制的反映企业在一定时期财务状况变动情况的报表,现金流量表通过企业的现金流动反映企业在一定期间内的经营活动、投资活动和筹资活动的动态状况,反映企业现金流入和流出的全貌。

一、现金流量表的格式

现金流量表,是指反映企业在一定会计期间现金和现金等价物流入和流出的报表。现金流量表的编制基础是现金及现金等价物。这里的"现金"是指企业的库存现金以及可以随时用于支付的存款(包括银行存款和其他货币资金),但不包括不能随时支取的存款。这里的"现金等价物"是指企业持有的期限短、流动性强、易于转换为已知金额的现金、价值变动风险很小的投资。"期限短"一般是指从购买日起3个月内到期。现金等价物通常包括3个月内到期的债券投资等。由于权益性投资变现的金额通常不确定,所以不属于现金等价物。以下的阐述中,如果不在提及"现金"的同时提及"现金等价物",所提"现金"就是指现金及现金等价物。

(一) 现金流量表主表的格式

一般企业的现金流量表的内容及格式如表 4-1 所示。

表 4-1　　　　　　　　　现金流量表

编制单位:WHYT　　　　　　20××年　　　　　　　　　　单位:元

项　目	本期金额	上期金额
一、经营活动产生的现金流量:		
销售商品、提供劳务收到的现金	15 918 845 090	10 437 416 622
收到的税费返还	229 380 669	86 722 032

财务报告分析

续表

项　目	本期金额	上期金额
收到其他与经营活动有关的现金	142 086 267	137 859 753
经营活动现金流入小计	16 290 312 026	10 661 998 407
购买商品、接受劳务支付的现金	11 915 144 787	8 918 980 746
支付给职工以及为职工支付的现金	485 281 978	292 442 219
支付的各项税费	1 003 622 774	365 425 201
支付其他与经营活动有关的现金	873 829 109	671 791 835
经营活动现金流出小计	14 277 878 648	10 248 640 000
经营活动产生的现金流量净额	2 012 433 378	413 358 406
二、投资活动产生的现金流量：		
收回投资收到的现金	9 345 451	32 915 905
取得投资收益收到的现金	9 952 273	29 814 422
处置固定资产、无形资产和其他长期资产收回的现金净额	7 821 352	9 296 283
处置子公司及其他营业单位收到的现金净额		
收到其他与投资活动有关的现金	11 920 000	
投资活动现金流入小计	39 039 076	72 026 610
购建固定资产、无形资产和其他长期资产支付的现金	2 903 727 003	1 299 273 718
投资支付的现金	5 100 000	117 902 067
取得子公司及其他营业单位支付的现金净额		97 548 629
支付其他与投资活动有关的现金		
投资活动现金流出小计	2 908 827 003	1 514 724 414
投资活动产生的现金流量净额	(2 869 787 927)	(1 442 697 804)
三、筹资活动产生的现金流量：		
吸收投资收到的现金		
其中：子公司吸收少数股东投资收到的现金		
取得借款收到的现金	7 387 241 147	4 374 691 113
发行债券收到的现金	850 000 000	
收到其他与筹资活动有关的现金		827 000 000
筹资活动现金流入小计	8 237 241 147	5 201 691 113
偿还债务支付的现金	5 154 206 396	2 869 439 452

第四章 现金流量表分析

续表

项　目	本期金额	上期金额
分配股利、利润或偿付利息支付的现金	1 323 385 591	745 422 958
其中：子公司支付给少数股东的股利、利润	423 907 344	157 106 329
支付其他与筹资活动有关的现金	8 918 505	
筹资活动现金流出小计	6 486 510 491	3 614 862 410
筹资活动产生的现金流量净额	1 750 730 656	1 586 828 702
四、汇率变动对现金及现金等价物的影响	(12 865 826)	(8 596 346)
五、现金及现金等价物净增加额	880 510 281	548 892 958
加：期初现金及现金等价物余额	895 318 954	346 425 995
六、期末现金及现金等价物余额	1 775 829 234	895 318 954

（二）现金流量表补充资料的格式

为了进一步说明经营活动现金流量与净利润的关系，《现金流量表》准则还要求提供补充资料，格式如表4-2所示。

表4-2　　　　　　　　　现金流量表补充资料

编制单位：WHYT　　　　　20××年　　　　　　　　　　单位：元

补充资料	本期金额	上期金额
1. 将净利润调节为经营活动现金流量：		
净利润	2 395 407 360	1 720 754 010
加：资产减值准备	(4 942 441)	32 473 494
固定资产折旧、油气资产折耗、生产性生物资产折旧	662 030 070	313 839 150
无形资产摊销	9 095 738	6 777 988
长期待摊费用摊销	4 722 875	
处置固定资产、无形资产和其他长期资产的损失（收益以"-"号填列）	13 870 046	101 330
固定资产报废损失（收益以"-"号填列）		
公允价值变动损失（收益以"-"号填列）	9 444 630	14 778 308
财务费用（收益以"-"号填列）	140 218 928	13 280 041
投资损失（收益以"-"号填列）	(9 946 689)	(203 411 497)
递延所得税资产减少（增加以"-"号填列）	(24 858 893)	9 077 704
递延所得税负债增加（减少以"-"号填列）	(507 399)	(914 308)

续表

补充资料	本期金额	上期金额
存货的减少（增加以"-"号填列）	(169 549 740)	(396 850 443)
经营性应收项目的减少（增加以"-"号填列）	(1 336 695 095)	(1 275 346 735)
经营性应付项目的增加（减少以"-"号填列）	334 573 266	177 399 364
其他	(10 429 276)	1 400 000
经营活动产生的现金流量净额	2 012 433 378	413 358 406
2. 不涉及现金收支的重大投资和筹资活动：		
债务转为资本		
一年内到期的可转换公司债券		
融资租入固定资产		
3. 现金及现金等价物净变动情况：		
现金的期末余额	1 775 829 234	895 318 954
减：现金的期初余额	895 318 954	346 425 995
加：现金等价物的期末余额		
减：现金等价物的期初余额		
现金及现金等价物净增加额	880 510 281	548 892 958

二、现金流量表的内容

现金流量表中应当按照企业发生的经济业务性质将企业一定期间内产生的现金流量分为经营活动现金流量、投资活动现金流量和筹资活动现金流量三类。

（一）经营活动现金流量

经营活动是指企业投资和筹资活动以外的所有交易和事项。

1. 经营活动的范围

（1）经营活动是与净利润的实现有主要关系的交易或事项。

企业一定时期的净利润主要来自于经营活动。所以，经营活动产生的现金流量是企业通过运用所拥有的资产自身创造的现金流量，主要是与企业净利润有关的现金流量。正是经营活动与净利润的这一天然联系，才能够解释为什么经营活动现金流量报告方法的直接法和间接法都与利润表资料有关，才能够解释为什么各行业现金流量表格式的区别主要体现在经营活动现金流量项目的设

第四章 现金流量表分析

计上。

（2）经营活动现金流量不一定等于净利润。

经营活动现金流量与净利润两者存在差异的原因主要有：与净利润有关的交易或事项不一定涉及现金；与净利润有关的交易或事项不一定都涉及经营活动；许多属于经营活动的交易或事项（即使涉及现金的变动）却与净利润没有直接关系。这是理解经营活动现金流量列报方法的关键。

（3）不同类型的企业，经营活动的内容可能不同。

工商企业的经营活动主要包括销售商品或提供劳务、经营性租赁、购买货物或接受劳务、制造产品、广告宣传、推销产品、缴纳税款等，而金融企业的经营活动则显然不能等同于工业企业。银行吸收存款和发放贷款是其经营活动，而于工商企业取得银行贷款则是筹资活动；证券公司购买有价证券是其经营活动，而购买有价证券在工商企业则是投资活动。

2. 经营活动现金流量的内容

与企业经营活动相关的现金流量就是经营活动现金流量。

（1）经营活动现金流入量。

经营活动现金流入量具体包括：销售商品、提供劳务收到的现金；收到的税费返还；收到其他与经营活动有关的现金；经营活动现金流入小计。

（2）经营活动现金流出量。

经营活动现金流出量具体包括：购买商品、接受劳务支付的现金；支付给职工以及为职工支付的现金；支付的各项税费；支付其他与经营活动有关的现金。

（3）经营活动现金净流量。

经营活动现金净流量即经营活动现金流入量与经营活动现金流出量之差。

（二）投资活动现金流量

1. 投资活动的范围

投资活动是指企业非流动资产的购建和不包括在现金等价物范围的投资及其处置活动。也就是说，投资活动是非流动资产和不包括在现金等价物范围内的投资的增减变动事项，包括权益性证券投资的取得和收回、债券投资的购买和收回、固定资产和无形资产及其他长期资产的购建和处置、子公司及其他营业单位的购买和处置等。

作为现金等价物的投资产生的现金流量，不包括在投资活动现金流量内。与我国现行现金流量表中的投资活动有关的业务主要是涉及非现金等价物的交易性投资、持有至到期投资、可供出售金融资产、长期股权投资以及固定资产、工程物资、在建工程、无形资产、其他长期资产等增减变动业务。

2. 投资活动现金流量的内容

与企业投资活动相关的现金流量就是投资活动现金流量。

（1）投资活动现金流入量。

投资活动现金流出量具体包括：收回投资收到的现金；取得投资收益收到的现金；处置固定资产、无形资产和其他长期资产收回的现金净额；处置子公司及其他营业单位收到的现金净额；收到其他与投资活动有关的现金。

（2）投资活动现金流出量。

投资活动现金流入量具体包括：购建固定资产、无形资产和其他长期资产支付的现金；投资支付的现金；取得子公司及其他营业单位支付的现金净额；支付其他与投资活动有关的现金。

（3）投资活动现金净流量。

投资活动现金净流量即投资活动现金流入量与投资活动现金流出量之差。

（三）筹资活动现金流量

1. 筹资活动的范围

筹资活动是指导致企业资本及债务规模和构成发生变化的活动，包括吸收权益性资本、发行债券、借入资金、支付股利、偿还债务等。与我国现行现金流量表中的筹资活动有关的业务主要涉及短期借款、应付股利、长期负债、股本等的增减变动业务。

2. 筹资活动现金流量的内容

（1）筹资活动现金流入量。

筹资活动现金流出量具体包括：吸收投资收到的现金；取得借款收到的现金；发行债券收到的现金；收到其他与筹资活动有关的现金。

（2）筹资活动现金流出量。

筹资活动现金流入量具体包括：偿还债务支付的现金；分配股利、利润或偿付利息支付的现金；支付其他与筹资活动有关的现金。

（四）其他项目

除了上述主要项目外，现金流量表中还包括以下项目：汇率变动对现金及现金等价物的影响、现金及现金等价物净增加额、期初现金及现金等价物余额、期末现金及现金等价物余额。

第四章 现金流量表分析

三、现金流量表的作用

无论是企业的管理者还是外部投资者，都越来越意识到现金流量信息在分析企业的财务状况以及经营成果质量时的重要性，成为其作出正确决策的主要信息资源，使其更加关注现金流量表所提供的财务信息。

（一）了解现金流变动情况及其原因

对于现金，资产负债表只是反映了一定时点企业拥有现金的数量，是相对固定的。而现金具有较高的流动性，因此，一个时点的数值不足以反映企业现金的真实情况。通过现金流量表，可以了解目前企业现金流入、流出以及现金流量净额变动的情况和原因，对企业创造现金的能力作出评价，并对企业未来获取现金的能力作出预测。

（二）评价企业盈利的质量

由于企业在确定利润时将赊销收入等按照权责发生制确认为当期收入，进而确认为利润的一部分，但这部分收入并不能保证完全收回，因而账面上的利润和实际的现金仍然存在差异。通过现金流量表，可以了解企业为什么持续获利却要停止经营或发生财务困难，或者为什么出现经营亏损但还能继续经营；可以分析净利润与经营活动现金流量之间产生差异的原因、程度，揭示差异出现的规律性，进一步评价企业利润的质量。

（三）预测未来现金流量

从财务角度讲，企业价值取决于其创造未来现金流量的能力，因此，股东、债权人及管理者都有评价企业目前现金流量的可持续性从而预测企业未来现金流量的动机。编制现金流量表的目的之一，就是为报表使用者预测企业未来现金流量的数量、时间和不确定性提供信息。

（四）评价企业的支付能力

企业偿还债务和支付股利的能力，是债权人和股东最为关心的问题。而企业支付的直接手段是现金，因此衡量企业在到期日支付利息和股息及清偿债务的能力时，就有必要使用现金流量表提供的信息。从现金流量表中，可以了解经营活动现金流入是否大于流出，是否有足够的净流入偿还债务和支付现金股利，是否需要对外筹资，企业经营活动的净现金流入占总现金净额比重的高低，企业财务基础是否稳固,从而进一步分析、评价和预测企业偿还债务、支付股利的能力以及对外筹资的能力。

四、现金流量表的填列

(一)经营活动现金流量的填列

1. 销售商品、提供劳务收到的现金

"销售商品、提供劳务收到的现金"项目,反映企业本期销售商品、提供劳务收到的现金,以及前期销售商品、提供劳务本期收到的现金和本期预收的现金,减去本期销售本期退回的商品和前期销售本期退回的商品支付的现金。这个现金流入有两层含义:一是这里的现金流入包括销售商品(提供劳务,以下同)所收到的货款及增值税款;二是这个现金流入包括本期销售商品、前期销售商品及以后将要销售商品而在本期收到的现金。还应该注意的是,企业销售材料和代购代销业务收到的现金,也在本项目反映。

所以,营业收入的增加、应收账款及应收票据的减少、预收账款的增加以及增值税销项税额的发生,都有可能导致与销售商品有关的现金流入。当然,营业收入的增加如果并未引起现金的流入,则将导致应收账款及应收票据的增加和预收账款的减少。

这里要注意的问题是:

第一,企业报告期内在销售商品问题上因退货而支付的现金,在本项目作减项考虑,但如果销售退回已经冲减了利润表中的营业收入,则计算本项目时不必再将退货付现进行抵减;反过来,如果销售退回已经冲减了利润表中的营业收入,但本期企业却尚未支付有关的现金,则应对营业收入项目进行调整。

第二,企业报告期内收回的以前期间已经核销的坏账,也包括在本项目内。

第三,非现金资产抵债导致的应收账款、应收票据的减少,并不涉及现金的流入。

第四,将自产商品用于对外投资、非货币性交易、抵偿债务等非直接销售业务中,应交增值税销项税额的发生并不涉及现金的流入。

由此可见,在填列"销售商品、提供劳务收到的现金"项目时,应考虑的因素有营业收入的发生额、应收账款的增减变动、应收票据的增减变动、预收账款的增减变动、核销坏账引起的应收账款的减少以及收回以前年度核销的坏账、销售退回、应交增值税销项税额的发生额等。

2. 收到的税费返还

本项目反映企业本期收到的增值税、消费税、营业税、所得税、消费税、关

第四章 现金流量表分析

税和教育费附加返还等各种税费返还款。本项目应根据"银行存款"、"现金"等账户的有关借方记录及"应交税费"、"营业外收入"等账户的贷方发生额分析填列。

3. 收到其他与经营活动有关的现金

本项目反映企业在报告期内与销售商品收现、税费返还收现无关的但与经营活动有关的其他现金收入，如收到押金、收到退回的备用金、收到经营租赁的租金、收到的罚款、流动资产损失中由个人赔偿的现金收入以及接受捐赠现金、收到政府补助的现金中与非流动资产有关的现金等，其中金额较大的应当单独列示。

4. 购买商品、接受劳务支付的现金

"购买商品、接受劳务支付的现金"项目，反映企业报告期内与购买商品（或接受劳务，下同）有关的现金流出。这个现金流出也有两层含义：一是这里的现金流出包括购入商品所支付的货款及增值税款；二是这个现金流出包括本期购买商品在本期支付的现金、以前期购买商品在本期支付的现金以及以后将要购买商品在本期预付的现金。

"购货付现"项目金额的计算首先应考虑到存货、应付账款、应付票据、预付账款等资产负债表项目的变动。利润表项目中与本项目有关的项目是"营业成本"。由此可见，在填列"购买商品、接受劳务支付的现金"项目时，应考虑的因素有营业成本、存货增减变动、应交增值税（进项税额）的发生额、应付账款增减变动、应付票据增减变动、预付账款增减变动以及购货退回收到的现金等。

5. 支付给职工及为职工支付的现金

本项目反映企业本期实际支付给职工的工资、奖金、各种津贴和补贴等职工薪酬，以及为职工交纳养老保险、失业保险、医疗保险、商业保险、住房公积金等各项职工薪酬而支付的现金。本项目应根据"现金"、"银行存款"账户的有关贷方记录以及"应付职工薪酬"账户的借方发生额分析填列。

值得注意的是，企业该项支出中与在建工程人员有关的现金流出数额，不应包括在本项目内，而应在投资活动现金流量中"购建固定资产支付的现金"项目中报告。企业支付给离退休人员的各项费用，也不应包括在本项目内，而应在"支付其他与经营活动有关的现金"项目中报告。

6. 支付的各项税费

本项目反映企业本期发生并支付的、以前各期发生在本期支付的以及预交的增值税、所得税、印花税、房产税、土地增值税、车船税、营业税、教育费附加、矿产资源补偿费等。本项目应根据"库存现金"、"银行存款"账户的有关贷方记录以及"应交税费"、"管理费用"、"委托加工物资"等账户的借方发生额分析填列。值得一提的是，本项目不包括与投资活动有关的税金支出，如支付的应计入固定资产价值的耕地占用税、与处置不动产或无形资产有关的营业税等。另外，本期退回的增值税、所得税不能在本项目中做减项。本项目根据"现金"、"银行存款"账户的有关借方记录与"其他应付款"、"其他应收款"、"其他业务收入"、"营业外收入"等账户的贷方发生额分析填列。

7. 支付其他与经营活动有关的现金

本项目反映企业在报告期内与购买商品付现、为职工付现、各项税费付现无关的但与经营活动有关的现金支出，主要是与管理费用、营业费用、营业外支出等项目有关的、不属于投资活动和筹资活动的现金流出，如支付办公费用、支付业务招待费、支付保险费、支付销售费用、退还押金、支付差旅费、支付经营租赁的租金、支付罚款以及捐出的现金等的现金流出。其中金额较大的应当单独列示。本项目根据"现金"、"银行存款"账户的有关贷方记录及"管理费用"、"销售费用""其他应付款"、"其他应收款"、"其他业务成本"、"营业外支出"等账户的贷方发生额分析填列。

（二）投资活动现金流量项目的填列

投资活动现金流量的报告，需要依据有关账户的记录分析填列，这些账户主要有银行存款、交易性金融资产、长期股权投资、持有至到期投资、可供出售金融资产、投资收益、应收股利、应收利息、固定资产、累计折旧、固定资产清理、在建工程、工程物资、无形资产、累计摊销、长期待摊费用以及应交税费等。

1. 收回投资所收到的现金

本项目反映企业报告期内出售、转让或到期收回除现金等价物以外的交易性金融资产、长期股权投资而收到的现金，以及收回长期债权投资本金而收到的现金。本项目应根据"银行存款"账户的借方记录及"交易性金融资产"、"长期股权投资"、"持有至到期投资"、"可供出售金融资产"等账户的贷方发生额分析填列。

2. 取得投资收益所收到的现金

本项目反映企业报告期内因股权性投资而取得的现金股利，从子公司、联营企业和合营企业分回利润收到的现金，以及因债券投资而取得的现金利息收入。本项目根据"银行存款"等账户的借方记录及"投资收益"、"应收利息"、"应收股利"等账户的贷方发生额分析填列。

第四章 现金流量表分析

3. 处置固定资产、无形资产和其他长期资产所收回的现金净额

本项目反映企业报告期内出售、报废固定资产、无形资产及其他长期资产时因取得价款收入、保险赔偿收入等而收到的现金扣除与之相关的现金支出后的净额。另外，由于自然灾害所造成的固定资产等长期资产损失而收到的保险赔款收入，也在本项目中反映。本项目根据"银行存款"等账户的记录及"固定资产清理"、"其他业务收入"、"其他应收款"、"应交税费"等账户的发生额分析填列。

4. 处置子公司及其他营业单位收到的现金净额

本项目反映企业处置子公司及其他营业单位所取得的现金减去相关处置费用后的净额。本项目根据"银行存款"等账户的记录以及"长期股权投资"等账户的发生额分析填列。

5. 收到其他与投资活动有关的现金

反映以上各项投资活动以外的与投资活动有关的现金流入，金额较大的需单独列示。

6. 投资支付的现金

本项目反映企业报告期内进行现金等价物以外的权益性投资和债务性投资所支付的现金（包括支付的价款及佣金、手续费等附加费用）。但是，企业购买股票或债券时，实际支付的价款中包含的已宣告但尚未领取的现金股利或已到付息期但尚未领取的债券利息，由于属于垫支款，应在"支付其他与投资活动有关的现金"项目中反映；企业收回购买股票和债券时支付的已宣告但尚未领取的现金股利或已到付息期但尚未领取的债券的利息，不属于真正意义上的投资成本的回收，而是垫支款的收回，所以应在"收到其他与投资活动有关的现金"项目中反映，也不包括在本项目中。本项目根据"银行存款"等账户的贷方记录及"长期股权投资"、"持有至到期投资"、"可供出售金融资产"等账户的借方发生额分析填列。

7. 购建固定资产、无形资产和其他长期资产支付的现金

本项目反映企业报告期内购建固定资产、取得无形资产和其他长期资产所支付的现金及增值税款以及支付的应由在建工程和无形资产负担的职工薪酬的现金支出。但是，本项目不包括为购建固定资产而发生的借款利息资本化的部分以及融资租入固定资产支付的租赁费。本项目应根据"银行存款"、"现金"等账户的贷方记录及"固定资产"、"在建工程"、"工程物资"、"应付职工薪酬"、"应交税费"、"无形资产"、"开发支出"等账户借方发生额分析填列。

8. 取得子公司及其他营业单位支付的现金净额

本项目反映企业购买子公司或其他营业单位出价中以现金支付的部分，减去子公司或其他营业单位持有的现金和现金等价物后的净额。

9. 支付其他与投资活动有关的现金

反映以上各项投资活动以外的与投资活动有关的现金流出，金额较大的需单独列示。

(三) 筹资活动现金流量项目的填列

筹资活动现金流量的报告，需要依据有关账户的记录分析填列，这些账户主要有银行存款、现金、短期借款、应付股利、应付利息、长期借款、应付债券、长期应付款、股本（或实收资本）、资本公积以及应付利息等。

1. 吸收投资收到的现金

本项目反映企业报告期内以发行股票、债券等方式筹集资金实际收到的款项净额（发行收入减去支付的佣金、手续费、宣传费、咨询费、印刷费等发行费用）。本项目根据"银行存款"等账户的借方记录及"股本"（或"实收资本"）、"资本公积"、"应付债券"等账户的贷方发生额分析填列。

2. 取得借款收到的现金

本项目反映企业报告期内因举借各种短期借款、长期借款所收到的现金。本项目根据"银行存款"等账户的借方记录及"短期借款"、"长期借款"等账户的贷方发生额分析填列。

3. 收到其他与筹资活动有关的现金

主要指以上各项筹资活动现金流入中没有包括的、其他与筹资活动有关的现金入流量，其他现金流入如果金额较大，应单列项目反映。

4. 偿还债务支付的现金

本项目反映企业报告期内偿还借款和到期债券的本金所支付的现金。本项目根据"银行存款"账户的贷方记录及"应付债券"、"短期借款"、"长期借款"等账户的借方发生额分析填列。

5. 分配股利、利润或偿付利息支付的现金

本项目反映企业报告期内实际支付现金股利、支付给其他投资单位的利润或用现金支付的债券利息、借款利息。本项目根据"银行存款"等账户贷方记录及"应付股利"或"应付利润"、"应付利息"、"应付债券"、"长期借款"、"预提费用"等账户的借方发生额分析填列。

6. 支付其他与筹资活动有关的现金

该项目包括以上各项筹资活动现金流出中没有包括的其他与筹资活动有关的现金流出量信息。如以发行股票、债券方式筹集资金时由企业直接支付的审计、咨询等费用，支付的为购建固定资产而发生的借款利息资本化部分，支付融资租

第四章 现金流量表分析

入固定资产的租赁费以及以分期付款方式购建固定资产以后各期支付的现金等。其他现金流出如果金额较大,应单列项目反映。

(四) 现金流量表补充资料的填列

现金流量表补充资料以利润表的最后一项"净利润"为起算点,调整不涉及经营活动的净利润项目、现金的净利润项目、与经营活动有关的非现金流动资产的变动、与经营活动有关的流动负债的变动等,据此计算出经营活动现金流量净额。

现金流量表补充资料中将净利润调节为经营活动现金流量的方法用计算公式表示如下:

经营活动现金流量的净额=净利润+实际没有支付现金的费用和损失-实际没有收到现金的收入+不涉及经营活动的费用和损失-不涉及经营活动的收入+与经营活动有关的、非现金流动资产减少额(-增加)+与经营活动有关的流动负债的增加额(-减少)

(1)"实际没有支付现金的费用和损失"包括:计提的资产减值准备,计提的固定资产折旧、油气资产折耗、生产性生物资产折旧,无形资产的摊销,长期待摊费用的摊销、递延所得税资产的减少或递延所得税负债的增加等。

(2)"实际没有收到现金的收入"包括冲销已计提的资产减值准备,递延所得税资产的增加或递延所得税负债的减少等。

(3)"不涉及经营活动的费用和损失"包括投资损失,财务费用,非流动资产处置损失,固定资产报废损失以及与投资性房地产、生产性生物资产有关的公允价值变动损失等。

(4)"不涉及经营活动的收入"包括投资收益,财务收益,非流动资产处置收益,固定资产报废收益以及与投资性房地产、生产性生物资产有关的公允价值变动收益等。

(5)"与经营活动有关的、非现金流动资产"项目,"与经营活动有关的流动负债"包括存货、应收账款等经营性应收项目、应付账款等经营性应付项目的增加(或减少)。

这里的非现金流动资产、流动负债的变动,必须是与经营活动有关的,因此与接受投资,进行债务性和权益性投资,进行固定资产、无形资产、长短期借款、应付债券、股本等投资活动和筹资活动有关的交易或事项引起的非现金流动资产、流动负债等的增减变动金额,不能在这里作为调整数。

财务报告分析

第二节 现金流量的全面分析

一、现金流量的变动分析

为了考察企业现金流量增减变动的情况,可以通过编制比较财务报表的方法来进行。在比较财务报表中,计算各类和各项目的增减以及差异,从中看出企业现金流量的变化,包括有利和不利的变化。现金流量表增减变动的分析是指将企业本期与上期现金流量表各项目的数据进行比较,看企业现金流量各项目的增减变动情况,从中找出影响企业现金流量变动的主要原因,为进一步的分析指明方向。

1. 编制现金流量表水平分析表

根据 WHYT 20××年的现金流量表编制以下水平分析表,如表 4-3 所示。

表 4-3　　　　　　　　　现金流量表水平分析表　　　　　　　　单位:元

项　目	本期金额	上期金额	增加额	增长率(%)
一、经营活动产生的现金流量:				
销售商品、提供劳务收到的现金	15 918 845 090	10 437 416 622	5 481 428 468	52.52
收到的税费返还	229 380 669	86 722 032	142 658 637	164.50
收到其他与经营活动有关的现金	142 086 267	137 859 753	4 226 515	3.07
经营活动现金流入小计	16 290 312 026	10 661 998 407	5 628 313 619	52.79
购买商品、接受劳务支付的现金	11 915 144 787	8 918 980 746	2 996 164 041	33.59
支付给职工以及为职工支付的现金	485 281 978	292 442 219	192 839 759	65.94
支付的各项税费	1 003 622 774	365 425 201	638 197 574	174.65
支付其他与经营活动有关的现金	873 829 109	671 791 835	202 037 274	30.07
经营活动现金流出小计	14 277 878 648	10 248 640 000	4 029 238 647	39.31
经营活动产生的现金流量净额	2 012 433 378	413 358 406	1 599 074 972	386.85

第四章 现金流量表分析

续表

项　目	本期金额	上期金额	增加额	增长率（%）
二、投资活动产生的现金流量：				
收回投资收到的现金	9 345 451	32 915 905	−23 570 454	−71.61
取得投资收益收到的现金	9 952 273	29 814 422	−19 862 149	−66.62
处置固定资产、无形资产和其他长期资产收回的现金净额	7 821 352	9 296 283	−1 474 931	−15.87
处置子公司及其他营业单位收到的现金净额				
收到其他与投资活动有关的现金	11 920 000		11 920 000	
投资活动现金流入小计	39 039 076	72 026 610	−32 987 534	−45.80
购建固定资产、无形资产和其他长期资产支付的现金	2 903 727 003	1 299 273 718	1 604 453 285	123.49
投资支付的现金	5 100 000	117 902 067	−112 802 067	−95.67
取得子公司及其他营业单位支付的现金净额		97 548 629	−97 548 629	−100.00
支付其他与投资活动有关的现金				
投资活动现金流出小计	2 908 827 003	1 514 724 414	1 394 102 589	92.04
投资活动产生的现金流量净额	−2 869 787 927	−1 442 697 804	−1 427 090 123	98.92
三、筹资活动产生的现金流量：				
吸收投资收到的现金				
其中：子公司吸收少数股东投资收到的现金				
取得借款收到的现金	7 387 241 147	4 374 691 113	3 012 550 035	68.86
发行债券收到的现金	850 000 000		850 000 000	
收到其他与筹资活动有关的现金		827 000 000	−827 000 000	−100.00
筹资活动现金流入小计	8 237 241 147	5 201 691 113	3 035 550 035	58.36

财务报告分析

续表

项 目	本期金额	上期金额	增加额	增长率（%）
偿还债务支付的现金	5 154 206 396	2 869 439 452	2 284 766 944	79.62
分配股利、利润或偿付利息支付的现金	1 323 385 591	745 422 958	577 962 633	77.53
其中：子公司支付给少数股东的股利、利润	423 907 344	157 106 329	266 801 015	169.82
支付其他与筹资活动有关的现金	8 918 505		8 918 505	
筹资活动现金流出小计	6 486 510 491	3 614 862 410	2 871 648 081	79.44
筹资活动产生的现金流量净额	1 750 730 656	1 586 828 702	163 901 954	10.33
四、汇率变动对现金及现金等价物的影响	-12 865 826	-8 596 346	-4 269 480	49.67
五、现金及现金等价物净增加额	880 510 281	548 892 958	331 617 323	60.42
加：期初现金及现金等价物余额	895 318 954	346 425 995	548 892 958	158.44
六、期末现金及现金等价物余额	1 775 829 234	895 318 954	880 510 281	98.35

2. 现金流量表的水平分析评价

WHYT 经营活动现金流入量和流出量分别比上年增长约 56 亿元和 40 亿元，增长幅度分别达 52.79% 和 39.31%。该增长主要是因为销售商品、提供劳务收到的现金增加了 55 亿元，增长率为 52.52%，经营活动现金流出量的增加主要是购买商品、接受劳务支付的现金，增加了约 30 亿元，增长率为 33.59%。虽然这两大项目相差达约 25 亿元。但由于支付给职工及为职工支付的现金、支付的各项税款分别和支付的其他各项与经营活动有关的现金也分别增加 1.9 亿元、6.4 亿元和 2 亿元，合计增长达 10.3 亿元，最终使得经营活动现金流量金额只增加了约 16 亿元。从该增长来看还是符合逻辑的，应为在公司销售商品收到的现金大幅增加时，说明生产和销售也大幅增加了，相应的人工支出和税金支出增加属于正常的。公司本期经营活动现金流量净额比上期增加了 16 亿元，增长幅度达到 386.85%，主要是因为上期的经营活动现金流量余额较小，较小的基础才导致了较高的增长率。

投资活动现金净流量在最近两期都表现为较大金额的净流出，本期净流出约有 28.7 亿元，上期净流出约 14.4 亿元，净流出净增加 14.3 亿元，增加幅度达

第四章 现金流量表分析

到98.92%。从构成上可以清楚地发现，这两年净流出主要是"购建固定资产、无形资产和其他长期资产支付的现金"金额巨大导致的，本期和上期分别达到29亿元和13亿元，本期较上年增加约16亿元，增长幅度达到123.49%。而公司的投资活动现金流入这两年都处于一个较低的水平，本期和上期分别只有3 900万元和7 200万元。其他的现金流量金额较小，对于该公司的现金流量分不产生重大影响。从现金流量的特征可以看出公司这两年处于扩张发展中，没有到回报期，如果公司的长期资产投资能够取得较好的回报，则公司未来的现金流量的增长和优化是完全值得期待的。同时我们也可以发现，现金流量为负数并不是一件值得担忧的事情，挂件是看投资的质量。

筹资活动现金流入本期和上期分别达到82亿元和52亿元，增长约30亿元，增长幅度达到58.36%，筹资活动现金流出本期和上期分别达到64.86亿元和36.14亿元增长28.72亿元，增长幅度达到79.44%，相应地筹资活动产生的现金流量净额本期和上期分别达17.51亿元和15.87亿元，增长1.64亿元，增长幅度达到10.33%。该增长说明公司的在投资大幅增加的同时，筹资活动现金流量也随之在扩大。

通过对以上现金流量表的三个部分的水平分析，概括得出这样的结论：WHYT这两年一方面经营活动取得了很好的现金流，但是由于投资的增长，也大量的增加筹资活动的现金流量，具体表现为筹资活动流入在增加的同时筹资活动也在增加。

二、现金流入结构分析

现金流量表结构分析是指对现金流量的各个组成部分及其相互关系的分析。可以分为现金流入结构的分析、现金流出结构的分析和净现金流量结构的分析。所谓现金流量结构就是指这三类结构中某一个项目占该类项目总体的比重，即结构比重的分析。通过结构分析，可以了解企业现金的来源、现金的去向以及净现金如何形成，并进一步分析各项目的变动对总体产生的影响、发生变化的原因和变化的趋势，从而有利于对企业获取现金的能力作出准确的判断和评价。

1. 编制现金流入结构分析表

现金流入结构是指企业经营活动现金流入、投资活动现金流入和筹资活动现金流入在全部现金流入中的比重，以及各项活动现金流入中具体项目在该类活动的现金流入中的结构和比重。通过现金流入结构的分析，可以了解企业的现金来自什么渠道，以判断和评价企业现金收入的合理性，把握增加现金流入的途径。根据WHYT 20××年的现金流量表编制流入结构分析表，如表4-4所示。

财务报告分析

表 4-4   现金流入结构分析表   单位：元

	本期金额（元）	上期金额（元）	本期比重（%）	上期比重（%）
一、经营活动产生的现金流量：				
销售商品、提供劳务收到的现金	15 918 845 090	10 437 416 622	64.80	65.50
收到的税费返还	229 380 669	86 722 032	0.93	0.54
收到其他与经营活动有关的现金	142 086 267	137 859 753	0.58	0.87
经营活动现金流入小计	16 290 312 026	10 661 998 407	66.31	66.91
二、投资活动产生的现金流量：				
收回投资收到的现金	9 345 451	32 915 905	0.04	0.21
取得投资收益收到的现金	9 952 273	29 814 422	0.04	0.19
处置固定资产、无形资产和其他长期资产收回的现金净额	7 821 352	9 296 283	0.03	0.06
收到其他与投资活动有关的现金	11 920 000		0.05	0.00
投资活动现金流入小计	39 039 076	72 026 610	0.16	0.45
三、筹资活动产生的现金流量：				
取得借款收到的现金	7 387 241 147	4 374 691 113	30.07	27.45
发行债券收到的现金	850 000 000		3.46	
收到其他与筹资活动有关的现金		827 000 000		5.19
筹资活动现金流入小计	8 237 241 147	5 201 691 113	33.53	32.64
四、现金流入合计	24 566 592 249	15 935 716 129	100.00	100.00

2. 现金流入结构分析评价

在现金流入量中经营活动的现金流入量所占比重最大，特别是主营业务活动现金流入应明显高于其他经营活动的现金流入。从表 4-4 可以看出，本期现金流入合计为 245.67 亿元，其中，经营活动现金流入为 162.90 亿元，投资活动现金流入量为 0.39 亿元，筹资活动现金流入量为 82.37 亿元，分别占总现金流量的比重为 66.31%、0.16% 和 33.53%。上期现金流入合计为 159.36 亿元，其中，经营活动现金流入为 106.62 亿元，投资活动现金流入量为 0.72 亿元，筹资活动现金流入量为 52.02 亿元，分别占总现金流量的比重为 66.91%、0.45% 和

第四章 现金流量表分析

32.64%。该公司近两年的现金流入量中都主要是来自于经营活动现金流量,尤其是只要来自于销售商品、提供劳务收到的现金,分别占总现金流量的64.80%和65.50%,总体上属于正常状态,而且,该项目占总现金流量的会中处于较为稳定的状态。其次,主要来自于筹资活动现金流入,本期和上期分别为82.37亿元和52.02亿元,分别占总现金流入的比重为33.53%和32.64%,这与公司的投资增长呈现较为合理的一致性。

三、现金流出结构分析

现金流入结构的分析帮助信息使用者明白现金的来源,而现金流出分析就是要识别现金流的去向。

1. 编制现金流出结构分析表

现金流出结构是指企业各项业务活动现金流出在全部现金流出中的比重,以及各项业务活动现金流出中具体项目的构成和比重。通过现金流出结构的分析,可以了解企业现金使用的方向,了解企业现金流出的主要原因。根据WHYT 20××年的现金流量表编制流出结构分析表,如表4-5所示。

表4-5　　　　　　　　　　现金流出结构分析表

项目	本期金额（元）	上期金额（元）	本期比重（%）	上期比重（%）
一、经营活动产生的现金流量:				
购买商品、接受劳务支付的现金	11 915 144 787	8 918 980 746	50.33	58.00
支付给职工以及为职工支付的现金	485 281 978	292 442 219	2.05	1.90
支付的各项税费	1 003 622 774	365 425 201	4.24	2.38
支付其他与经营活动有关的现金	873 829 109	671 791 835	3.69	4.37
经营活动现金流出小计	14 277 878 648	10 248 640 000	60.31	66.64
二、投资活动产生的现金流量:				
购建固定资产、无形资产和其他长期资产支付的现金	2 903 727 003	1 299 273 718	12.27	8.45
投资支付的现金	5 100 000	117 902 067	0.02	0.77
取得子公司及其他营业单位支付的现金净额		97 548 629	0.00	0.63
投资活动现金流出小计	2 908 827 003	1 514 724 414	12.29	9.85

财务报告分析

续表

项 目	本期金额 （元）	上期金额 （元）	本期比重 （%）	上期比重 （%）
三、筹资活动产生的现金流量：				
偿还债务支付的现金	5 154 206 396	2 869 439 452	21.77	18.66
分配股利、利润或偿付利息支付的现金	1 323 385 591	745 422 958	5.59	4.85
支付其他与筹资活动有关的现金	8 918 505		0.04	
筹资活动现金流出小计	6 486 510 491	3 614 862 410	27.40	23.51
四、现金流出合计	23 673 216 143	15 378 226 825	100.00	100.00

2. 现金流出结构分析评价

从表 4-5 可以发现，WHYT 本期的现金流出总额为 236.73 亿元，其中，经营活动现金流出小计 142.78 亿元，投资活动现金流出小计 29.09 亿元，筹资活动现金流出小计 64.86 亿元，分别占总现金流量的比重为 60.31%、12.29% 和 27.40%。上期的现金流出总额为 153.78 亿元，其中经营活动现金流出小计 102.48 亿元，投资活动现金流出小计 15.15 元，筹资活动现金流出小计 36.15 亿元，分别占总现金流量的比重为 66.64%、9.85% 和 23.51%。分析发现，该公司近两年的现金流出主要出自经营活动，其次是筹资活动和投资活动，由于公司投资围模的扩大，本期投资活动现金流出比重略有增加。从单项来看，占比最大的依次是购买商品接受劳务支付的现金；偿还债务支付的现金；购建固定资产、无形资产和其他长期资产支付的现金；分配股利、利润或偿付利息支付的现金。由此可以看出，公司的现金流出结构比较正常，而且该公司的分配股利、利润或偿付利息支付的现金金额较大、比重较高且略有增长，说明公司能够给投资者带来一定的回报。一般来说，经营活动现金流出的比重应较大，尤其是购买商品、接受劳务和支付经营费用等活动的现金流出量在现金流出总量中应占有较大的比重。投资活动和筹资活动的现金流出比例的大小，则因企业的理财策略不同而存在较大的差异。从稳定性上看，经营活动的现金流出应具有一定的稳定性，各期的变化幅度不应过大，而投资活动和筹资活动现金流出的稳定性相对较差，甚至是具有偶发性、随意性。由于支付投资款、大量到期债务的偿还以及支付股利等活动的发生，这两类活动的现金流出量会呈现剧增的现象。因此，分析时应结合企业的具体情况加以分析。

第四章 现金流量表分析

四、现金流量净额结构分析

1. 编制现金流量净额结构分析表

净现金流量结构是指企业经营活动产生的现金流量净额、投资活动产生的现金流量净额和筹资活动产生的现金流量净额在现金及现金等价物净增加额中的比重。通过净现金流量结构的分析，可以了解企业现金净流量形成的原因，反映企业的现金收支是否平衡。根据 WHYT 20××年的现金流量表编制流出结构分析表，如表 4-6 所示。

表 4-6 现金流量净额结构分析表

项 目	本期金额（元）	上期金额（元）	本期比重（%）	上期比重（%）
经营活动产生的现金流量净额	2 012 433 378	413 358 406	225.26	74.15
投资活动产生的现金流量净额	-2 869 787 927	-1 442 697 804	-321.23	-258.78
筹资活动产生的现金流量净额	1 750 730 656	1 586 828 702	195.97	284.64
合 计	893 376 107	557 489 304	100.00	100.00

2. 现金流量净额结构分析评价

从表 4-6 分析可以发现，WHYT 本期经营活动产生的现金流量净额为 20.12 亿元，比上期的 4.13 亿元大幅度增加，在净现金流量中的比重大幅提高，说明企业经营活动产生现金净流量的能力在增强。同时，投资活动现金净流出量也在大幅增加，从上年的净流出 15.87 亿元增长到本期的 28.70 亿元，占总净现金流量的比重的绝对值也大幅增加，说明企业的投资活动在进一步扩大。但是该公司由于投资活动产生的净流出，完全可以通过筹资活动和经营活动产生的净流入来有效的补充，并最终还能在本期获得净现金流量合计 8.93 亿元，在上期获得净现金流量 5.57 亿元，说明公司的自身的现金流量平衡的能力比较强。

通常人们会认为现金净流量如果为正数，而且金额巨大，则说明该公司现金流量状况良好，企业充满活力。现金净流量也可能是负数，即现金流出大于流入，这种情况发生时，不能简单地认为企业获取现金的能力差，而应该根据不同的情况进行分析。如果企业现金净流量是负数，而且主要是由于企业建设厂房、购买设备导致的，我们不能说企业经营能力不佳，反而可能预示着企业将来有更多的发展机会，在未来可能会有更大的现金流入；如果企业现金净流量是负数，主要是因为筹资活动引起的，说明企业为了偿还债务及利息大量地支出现金，如果企业在以前借款较多，那么在本期能够偿还本息说明企业有信用、有支付能力。同时还可能说明企业在未来的偿债压力和财务风险变小；如果企业现金流量净额是由于经营活动引起的，通过投资活动、筹资活动的现金流入还可以弥补经营活动的现金需求，短期内企业还可以进行正常的经营活动，如果企业投资活动、筹资活动的现金流入无法弥补经营活动的现金需求，则对企业来说将是一个不好的信号，不仅企业短期偿债能力会受到影响，严重时还会威胁到企业的生存。则企业必须采取有效措施，扭转不利局面，使企业走向正常的轨道。

第三节　现金流量的重点项目分析

一、经营活动现金流量主要项目的分析

（一）销售商品、提供劳务收到的现金

销售商品、提供劳务收到的现金是指企业销售商品、提供劳务实际收到的现金，包括本期销售收到的现金，前期销售本期收回的现金，向购买者收取的增值税销项税额，本期预收的款项等。但是，对于本期销售本期退回的商品和前期销售本期退回的商品支付的现金应从该项目中扣除。企业销售材料和代购代销业务收到的现金也包括在本项目中。这些项目将会增加企业本期的现金。该项目的现金流量构成经营活动现金流入的主要部分。

销售商品、提供劳务收到的现金项目发生增减变动的原因可能有：企业的销售策略发生变化，导致现金流量增加或减少；市场供求关系发生变化，导致现金流量增加或减少；企业信用政策发生变化，导致现金流量增加或减少；企业收账政策的变化，导致现金流量增加或减少等。分析时应结合企业利润表和有关财务报表附注加以分析。

为了进一步说明企业经营活动现金流入量的情况，可以将销售商品、提供劳务收到的现金与企业利润表中的营业收入项目和资产负债表中的应收账款项目的数据结合起来，对企业当期销售商品、提供劳务收到的现金进行分析，来判断企业销售货物的收现质量。如果企业本期销售商品、提供劳务收到的现金与本期的营业收入基本一致，说明企业的销售没有形成挂账，资金周转情况良好；如果企业本期销售商品、提供劳务收到的现金大于本期的营业收入，说明企业当期销售全部变现，而且还收回部分前期的应收款项；如果企业本期销售商品、提供劳务收到的现金小于本期的营业收入，则说明当期业务收入变现能力低，应收账款挂账增多，应关注应收账款的质量。

第四章 现金流量表分析

（二）收到的税费返还

收到的税费返还是指企业收到返还的增值税、消费税、营业税、所得税、关税和教育费附加等各种税费的返还款。这一项目只包括企业上缴后由税务等政府部门返还的款项，不包括其他方面的补贴和返还款。企业收到的与非税费有关的现金，应在"收到的其他与经营活动有关的现金"项目中有所反映。

该项目发生增减变动的原因与国家税收政策有关，分析时应结合税收政策的变化。这部分现金流量的变化不具有持续性，不能代表企业具有获取现金的正常能力。

（三）收到的其他与经营活动有关的现金

收到的其他与经营活动有关的现金通常包括利息收入、保证金、政府补贴、收回垫付款、备用金、赔偿收入、代理业务净额以及其他。

（四）购买商品、接受劳务支付的现金

购买商品、接受劳务支付的现金是指企业购买材料、商品、接受劳务实际支付的现金，包括本期购买商品、接受劳务支付的货款和与货款一并支付的增值税进项税额，前期购买商品、接受劳务本期偿付的应付款项的现金以及预付的购货款等。但是，对于本期发生的购货退回收到的现金应从该项目中扣除。该项目的现金流出量是经营活动现金流出的主要部分。

购买商品、接受劳务支付现金项目发生增减变动的原因可能有：企业销售市场的变化导致存货的增减变动；企业资金供应的变化导致应付账款的增减变动；企业应付账款管理水平的变动对应付账款的影响等。分析时应结合企业利润表、资产负债表以及有关的财务报表附注加以分析。

对于购买商品、接受劳务支付的现金分析还可以与利润表中的营业成本进行比较，来判断企业付现成本支付的情况。如果企业本期购买商品、接受劳务支付的现金与本期营业成本基本一致，说明购买商品、提供劳务基本上属于付现成本。一方面表明企业为购买商品、接受劳务支付了相应的现金，另一方面也表明企业没有因购买商品、接受劳务形成新的债务。如果企业本期购买商品、接受劳务支付的现金大于营业成本，表明企业不但支付了本期购买商品、接受劳务的现金，而且还偿还了前期的欠款，这将会减少未来现金流出。如果企业本期购买商品、接受劳务支付的现金小于营业成本，表明企业当期赊购较多，虽然当期减少现金的流出，但增加了负债，这将会加大未来的偿债压力。但是，在具体分析时，还应该结合资产负债表中的存货、应付款项以及预付账款等项目的增减变动加以分析。

（五）支付给职工以及为职工支付的现金

支付给职工及为职工支付的现金是指企业实际支付给职工的现金以及为职工支付的现金，包括本期实际支付给职工的工资、奖金、各种津贴和补贴以及为职工支付的其他费用如养老、失业等社会保险基金、住房公积金、支付给职工的住房困难补助等。该项目不包括支付给离退休人员和在建工程人员的现金。对于支付给职工以及为职工支付的现金项目应结合企业的工资发展水平、企业的经济效益加以分析。

在进行经营活动产生的现金流量具体项目的分析时，还可以将销售商品、提供劳务收到的现金与购进商品、接受劳务支付的现金进行比较分析。在企业经营正常、购销平衡的情况下，二者比率大，说明企业的销售利润大，销售回款良好，收现能力强。将销售商品、提供劳务收到的现金与经营活动流入的现金总额进行比较，可大致说明企业产品销售现款占经营活动流入的现金的比重。比重大，则说明企业主营业务突出，营销状况良好。将本期经营活动现金净流量与上期进行比较，增长率越高，说明企业成长性越好。

（六）支付的各项税款

支付的各项税款具体包括支付的增值税、营业税、消费税、企业所得税、房产税、土地使用税、土地增值税、契税等各种税费。分析该项目时应将其与企业的收入状况、资产状况、盈利状况结合起来分析。其中营业税、消费税就与企业的收入密切相关，所得税就与企业的盈利状况相关，房产税、土地使用税就与企业的资产状况相关。

（七）支付的其他与经营活动有关的现金

支付的其他与经营活动有关的现金具体包括差旅费、销售服务费、修理费、业务招待费、保证金、劳动保护费、技术研发费、交通费、手续费、绿化费、租赁费、办公费、离退休人员费用、水电动能费、邮电通信费、备用金、技术服务费、会议费、保险费、法律事务费、物业管理费等。

（八）经营活动现金流量净额的分析

1. 经营活动产生的现金流量小于零

在这种情况下，企业正常的经营活动产生的现金流入不足以支付企业经营活动引起的现金流出。在企业的初创期，由于大量的扩大生产活动、开拓市场的活动及产能没有达到规模经营的水平，经营活动的现金流量会出现负值，这是企业成长过程中的正常现象；处于成长期的企业，虽然创造的现金不断增加，但由于还处在不断的扩

第四章 现金流量表分析

大再生产过程中,一般不会有很充裕的现金流量;企业处于成熟期以后,经营活动的现金流量若仍然是负的,则必须采用一定手段向短期周转中补充资金(事实上处于这个情况的企业很难筹集到资金),否则会面临资金链断裂的情况,从而导致企业破产;在企业的衰退期,由于新产品的出现和市场占有率的逐渐下滑,在后期经营现金流量一般也会是负的,这也是企业发展过程中的正常现象。

2. 经营活动产生的现金流量等于零

这就是说,企业正常的经营活动产生的现金流入刚好可以满足企业经营活动引起的现金流出,企业的经营现金流量处于平衡状态。这种情况下,企业仅仅弥补了付现成本,非付现成本没有得到货币补偿。从短期看,企业无须向短期周转中注入资金,仍然可以维持周转,但是从长期来看,一旦需要重新购置固定资产,企业就面临着资金的危机,必须采用一定手段融资,否则无法更换设备继续生产。即使筹集到了资金,企业如果一直处于无法使非付现成本得到货币补偿的状态,那么最后的命运必然是融资枯竭,走向破产。

3. 经营活动产生的现金流量大于零

(1) 无法完全弥补非付现成本。

在这种情况下,企业的经营活动现金流入足以使经营付现成本得到货币补偿,但是无法完全弥补折旧、摊销等非付现成本。由于折旧、摊销费用不需要立即支付现金,企业的日常开支并不困难,甚至会有一部分节余。但是由于积攒起来的资金不足以重新购置固定资产,企业从长期来看仍是面临危机的。

(2) 刚好可以弥补非付现成本。

在这种情况下,企业摆脱了日常经营在现金流量方面的压力,企业经营活动产生的现金流量刚好能够弥补企业的付现成本和非付现成本,能够维持经营活动货币的简单再生产,但是无法为企业的扩大再生产和进一步发展提供资金。

(3) 弥补非付现成本后仍有剩余。

在这种情况下,企业的经营现金流量完全弥补非付现成本后仍有剩余的资金可以用于投资活动等,有利于企业的长期可持续发展,是企业运行的一种良好状态。企业富余的现金可以用于购置设备,从而扩大企业的生产规模,使企业获得更大的未来发展潜力。

二、投资活动现金流量主要项目的分析

(一) 收回投资所收到的现金

收回投资所收到的现金是指企业出售或到期收回除现金等价物以外的短期投

资、长期股权投资而收到的现金，以及收回长期债券投资本金而收到的现金。不包括长期债券投资收回的利息以及收回的非现金资产。

收回投资所收到的现金项目发生增减变动可能的原因有：企业为了收缩对外投资的规模而减少的股权投资；为解决短期资金的需求而出售短期投资收回现金；企业前期购买的长期债券到期的收回等。

收回股权投资如果是为了弥补经营活动现金不足，则说明企业资金周转不畅，资金短缺问题严重，这种现象持续发展下去，将会影响企业对外扩张；如果是由于投资环境的改变或被投资单位经营状况不佳，说明企业在重新调整投资策略，有利于企业未来的发展。

对于短期投资的收回可结合资产负债表中的货币资金分析来进行。企业进行短期投资的目的，主要是利用暂时闲置的资金，购入能够随时变现的有价证券，以获得高于银行存款利率的收益。当企业收回短期投资时，说明企业通过短期投资的变现来满足货币资金的需求。

（二）取得投资收益所收到的现金

取得投资收益所收到的现金是指因股权投资和债券投资而获得的现金股利、利息以及从子公司、联营企业和合资企业分回利润而收到的现金，不包括股票股利。这部分现金流入表明企业前期投资本期所获得的收益，应与利润表中的投资收益结合起来进行分析。

（三）处置固定资产，无形资产和其他长期资产所收回的现金

处置固定资产、无形资产和其他长期资产所收回的现金是指企业处置这些资产所取得的现金，减去为处置这些资产而支付的有关费用后的净额。固定资产报废、毁损的变卖收益和由于自然灾害所造成的固定资产等长期资产损失收到的保险赔偿收入也包括在本项目中。

处置固定资产、无形资产和其他长期资产所收到的现金增减变动的原因可能包括：一是企业将闲置或多余的固定资产等进行变现，说明企业积极处置那些不能再给企业带来经济利益的资产，这种情况对于企业的经营和理财是有利的；二是由于企业经营或偿债方面可能出现了困难，不得不靠变卖固定资产等长期资产维持生产经营活动或偿还到期债务，或者是由于经营困难、环境变化不得不开始收缩投资战线，集中资金以克服经营困难或解决其他问题。这种情况的出现将影响企业未来的发展。

第四章 现金流量表分析

(四) 购建固定资产、无形资产和其他长期资产所支付的现金

购建固定资产、无形资产和其他长期资产所支付的现金是指企业取得这些资产时所支付的现金,包括购买设备所支付的现金及增值税款、建造工程支付的现金、支付在建工程人员的工资、购入或自创取得各种无形资产的实际现金支出等,不包括为购建固定资产而发生的借款利息资本化的部分,以及融资租入固定资产支付的租赁费。这两部分应在筹资活动产生的现金流量中单独反映。

在分析购建固定资产、无形资产和其他长期资产所支付的现金时,应对连续几个会计期间的数据加以比较来分析企业对内投资的情况。如果持续增长,其原因可能是企业在不断扩大规模,说明企业处于成长期有较多的投资机会;如果持续减少,其原因可能是企业处于成熟期,投资机会较少或是企业在收缩现有规模,调整经营战略。在分析时应结合企业的长期规划和短期计划进行评价。

(五) 投资所支付的现金

投资所支付的现金是指企业进行权益性投资和债权性投资支付的现金,包括企业取得除现金等价物以外的短期股票投资、短期债券投资、长期股权投资和长期债权投资支付的现金以及支付的佣金、手续费等附加费用。

投资所支付的现金是企业所进行的对外投资,其规模的大小应和企业的经营特点以及资金来源的情况相适应,还应考虑国家宏观经济环境和企业投资环境的变化。同时要结合投资收益进行分析。

(六) 投资活动现金净流量分析

1. 投资活动现金流量小于或等于零

在这种情况下,企业在购建固定资产、无形资产和其他长期资产、权益性投资及债务性投资等方面所支付的现金大于企业因处置固定资产、无形资产或其他长期资产、收回投资、分得股利、取得债券收入等所收到的现金净额之和。投资活动现金流量小于或等于零,不能武断地认为是好还是坏,应该观察这个特征是否符合企业的发展阶段,是否与企业的发展战略和发展方向相一致,才能进一步作出判断。从企业投资活动引起的现金流出量来看,企业的投资活动明显地分为两类:对内扩大再生产或转产投资,即购建固定资产、无形资产和其他长期资产支付的现金;对外扩张性投资,即对外股权、债权投资支付的现金。上述两类活动,都将增加企业未来的现金流量,因而应该体现企业长期发展战略的要求。因此,此类活动的现金流量应有较强的计划性,并应该与企业的发展战略之间有较为密切的联系,都不应该是"冲动"的结果,而应该是在进行充分的研究与论

证以后决策的结果。为此,我们应该关注投资活动的现金流出量与企业投资计划的吻合程度。

另外,由于对内扩大再生产而进行的固定资产等投资的收回方式是增加经营活动的现金流量,所以从长期来看,投资活动现金流量净额的累计数会小于零。

2. 投资活动现金流量大于零

这种情况是指,上述投资活动的现金流入量大于与投资活动相关的现金流出量。"投资活动现金流量大于零"可能出于两种原因:一是企业的投资回收的资金大于投资的现金流出;二是由于企业迫于资金压力,处理在用的固定资产或者持有的长期投资等。分析时应该加区分,找到真正的原因。投资活动必须符合企业的发展战略,盲目的投资在增加企业的资金压力的同时,会造成巨大的亏损,导致投资无法收回,严重的可能会导致企业破产。

三、筹资活动现金流量主要项目的具体分析

(一) 吸收投资所收到的现金

吸收投资所收到的现金是指企业收到的投资者投入的现金,包括以发行股票、债券等方式筹集资金实际收到的款项净额(发行收入减去支付的佣金等发行费用后的净额)。企业发行股票、债券等由企业直接支付的审计费、咨询费、宣传费、印花税等费用,在"支付的其他与筹资活动有关的现金"项目中有所反映。

(二) 借款收到的现金

借款收到的现金是指企业举借各种长短期借款所收到的现金。吸收投资所收到的现金和借款收到的现金均属于企业对外筹资,其规模的大小与企业经营活动和投资活动资金需求有关,也与企业的理财政策以及企业的对外筹资能力相关。

吸收投资所收到的现金和借款收到的现金项目发生增减变动的原因可能是:企业正处于成长期,其投资机会较多,需要大量资金,则会加快吸收资本和举债的速度,表现为吸收投资所收到的现金和借款收到的现金处于快速增长态势。如企业处于成熟期,其投资机会明显减少。这时对外筹集资金的速度放慢,吸收投资收到的现金和借款收到的现金项目将会表现为规模逐渐萎缩。

分析时应结合投资活动、经营活动的现金净流量进行评价。如果投资活动现金流出较大,说明企业具有扩大获利的机会,加快了投资和经营扩张的步伐;如果经营活动现金流出较大,说明企业经营活动现金短缺,经营活动创造现金流量

第四章　现金流量表分析

的能力不足，依靠筹集资金来满足经营活动现金流出的需要。如果这种资金短缺是暂时的，通过合理地安排筹集资金可以解决问题；如果这种资金短缺持续地发生，其原因是经营不当造成的，则会对企业影响较大，如企业不加强管理的话，企业在筹资方面将面临很大的困难。

（三）偿还债务所支付的现金

偿还债务所支付的现金是指企业以现金偿还债务的本金，包括偿还银行或其他金融机构等的借款本金、偿还债券本金等。企业偿还的借款利息、债券利息应在"分配股利、利润和偿付利息所支付的现金"项目中有所反映。

（四）分配股利、利润或偿付利息所支付的现金

分配股利、利润或偿付利息所支付的现金是指企业实际支付的现金股利、支付给其他投资单位的利润以及支付的借款利息、债券利息。

（五）筹资活动现金流量净额

1. 筹资活动现金流量小于或等于零

"筹资活动现金流量小于或等于零"是指筹资活动所产生的现金流入量小于或者等于筹资活动的现金流出量。这种情况之所以出现，可能是因为企业的筹资达到了一定目的，利用经营活动产生的现金流量或者投资活动产生的现金流量在债务到期时进行偿还，也可能是因为企业的投资活动或经营活动出现失误，需要变卖资产偿还债务。

2. 筹资活动现金流量大于零

"筹资活动现金流量大于零"是指筹资活动所产生的现金流入量大于筹资活动的现金流出量。在企业的初创期和成长期，内部资金不足以满足大规模的投资，需要从外部筹集资金。分析一个企业的筹资活动现金流量大于零是否正常，关键看筹集资金的目的，可能是因为企业扩大规模，也可能是由于企业的投资失误出现亏损或者经营现金流量长期入不敷出所致。

第五章 财务能力分析

企业财务分析的主体主要包括企业所有者、企业债权人、企业经营决策者和政府职能部门等，不同主体基于不同的利益考虑，对财务分析信息有着各自不同的要求。综合他们各自的需求和共同的需求，将财务能力分析的内容归纳为四大方面：偿债能力分析、营运能力分析、盈利能力分析和发展能力分析。

第一节 偿债能力分析

一、偿债能力分析的含义与目的

(一) 偿债能力分析的含义

偿债能力是指企业清偿到期债务的能力，通常意义上的偿还都指的是用货币资金去偿还。企业的偿债能力按其债务到期时间的长短分为短期偿债能力和长期偿债能力。短期偿债能力是指企业以其流动资产偿还流动负债的现金保障程度；长期偿债能力是指企业偿还长期债务的现金保障程度。

偿债能力分析又称企业偿债风险状况分析或安全性分析，是指企业偿还到期债务的能力，其内容包括短期偿债能力分析和长期偿债能力分析。短期偿债能力分析主要是利用企业资产负债表提供的数据，计算流动比率、速动比率、现金比率等指标，来考察企业偿还短期债务的能力和水平。长期偿债能力分析要分别利用资产负债表和利润表提供的数据，计算资产负债率、已获利息倍数等指标，进而分析这些指标所反映的企业偿还长期债务的能力，同时结合企业的盈利能力，来全面综合评价企业的长期偿债能力。

(二) 偿债能力分析的目的

1. 企业债权人的分析目的

对于企业债权人来讲，偿债能力分析的主要目的是分析其债权的偿还保证程

第五章 财务能力分析

度,即确认企业能否按期还本付息。

2. 企业投资者的分析目的

对于企业投资者来说,偿债能力分析的主要目的是分析投资者所承担的终极风险,以确定投资决策。所谓终极风险是指企业破产清算风险,按照破产法规定,企业不能偿还到期债务就得清算,这时损失最大的一定是投资者,因为他们在清算追偿中排在最后。

3. 企业经营者的分析目的

对于企业经营者来说,对企业偿债能力的分析目的主要是正确认识和评价企业的财务情况,以保证生产经营过程正常进行。偿债能力降低往往预示着企业财务状况、营运状况不佳,通过对企业偿债能力的分析和评价,可以较深入地了解企业的财务状况和经营管理状况。

二、短期偿债能力分析

短期偿债能力是指企业偿付流动负债的能力,分析企业短期偿债能力,通常可运用一系列反映短期偿债能力的指标来进行。短期偿债能力主要可通过企业流动资产和流动负债的对比得出,但企业的流动资产和流动负债的表现形式很多,因此,对企业短期偿债能力的分析指标也有很多表现形式,具体包括包括营运资金、流动比率、速动比率、现金比率、现金流量与流动负债比率、即付比率以及到期债务本息偿付率等。

(一) 短期偿债能力指标

1. 营运资金

营运资金是指流动资产减去流动负债后的差额,也称净营运资本,表示企业的流动资产在偿还全部流动负债后还有多少剩余。其计算公式为:

$$营运资金 = 流动资产 - 流动负债$$

营运资本是反映企业短期债务与可偿债资产的存量比较的指标。资产负债表中示的各项流动负债年末余额是企业短期债务的存量,资产负债表中列示的各项流动资产年末余额是企业用来偿还这些债务的资产。因此,将两者比较可以反映企业短期偿债能力。如果流动资产高于流动负债,表示企业具有一定的短期偿付能力。该指标越高,表示企业可用于偿还流动负债的资金越充足,企业的短期偿付能力越强,企业所面临的短期流动性风险越小,债权人安全程度越高。因此,可将营运资本作为衡量企业短期债能力的绝对数指标。

【例 5-1】根据 WHYT 20××年年报资料，计算的营运资金指标。

表 5-1　　　　　　　WHYT 的年报资料（20××年）　　　　　　　单位：元

项　目	本期金额	上期金额
流动资产	7 637 946 523	4 800 665 031
流动负债	6 756 975 373	3 722 131 798
营运资金	880 971 150	1 078 533 233

2. 流动比率

流动比率是指流动资产与流动负债的比率，表示每 1 元的流动负债有多少流动资产作为偿还保证。其计算公式如下。

$$流动比率 = \frac{流动资产}{流动负债} \times 100\%$$

流动比率是衡量企业短期偿债能力最通用的比率。它表明企业的短期债务可由预期在该项债务到期前变为现金的资产来偿付的能力。一般情况下，流动比率越高，反映企业短期偿还债务的能力越强，债权人权益越有保证。如果该比率过低，则表示企业可能捉襟见肘，难以如期偿还债务。但是，流动比率也不可以过高，过高则表明企业流动资产占用较多，会影响资金的使用效率和企业的筹资成本，进而影响盈利能力。因此，流动比率应当保持在一个合适的水平上。一般认为流动比率应维持在 2 以上，才足以表明企业财务状况稳妥可靠。这是因为流动资产中变现能力最差的存货金额约占流动资产总额的一半，剩下的部分为流动性较好的资产，至少应等于流动负债，才能保证企业最低的短期偿债能力。流动比率为 2，只是就一般情况而言，并不是绝对标准。不同行业因其资产、负债占用情况不同，流动比率会有较大差别，一些行业的流动比率达到 1 时，就可能说明其有足够的偿债能力；而其他一些行业的流动比率达到或超过 2 时，也不一定表明其偿债能力很强。

分析流动比率时，必须注意以下几个问题：

（1）虽然流动比率越高，企业偿还短期债务的流动资产保证程度越强，但这并不等于说企业已有足够的现金或存款用来偿债。流动比率高也可能是存货积压、应收账款增多且收账期延长，以及待摊费用和待处理财产损失增加所致，而真正可用来偿债的现金和存款却严重短缺。所以，企业应在分析流动比率的基础上，进一步对现金流量加以考察。

（2）从短期债权人的角度看，自然希望流动比率越高越好。但从企业经营角度看，过高的流动比率通常意味着企业闲置现金的持有量过多，必然造成企业

第五章 财务能力分析

机会成本的增加和获利能力的降低。因此，企业应尽可能将流动比率维持在不使货币资金闲置的水平。

（3）流动比率是否合理，不同行业、不同企业以及同一企业不同时期的评价标准是不同的，因此，不应用统一的标准来评价各企业流动比率合理与否。

【例5-2】根据WHYT 20××年年报资料，计算的流动比率指标。

表5-2　　　　　　　　WHYT的年报资料（20××年）

项　目	本期金额	上期金额
流动资产（元）	7 637 946 523	4 800 665 031
流动负债（元）	6 756 975 373	3 722 131 798
流动比率	1.13	1.29

3. 速动比率

速动比率又称酸性试验比率，是指企业的速动资产与流动负债的比率，用来衡量企业流动资产中速动资产变现偿付流动负债的能力。其计算公式如下。

$$速动比率 = \frac{速动资产}{流动负债} \times 100\%$$

其中：
$$速动资产 = 流动资产 - 存货$$

包括货币资金、交易性金融资产、应收票据及应收款项等，存货、预付账款以及一年内到期的非流动资产以及其他流动资产等不计入速动资产，因为这些项目的变现性相对较差。用速动比率来评价企业的短期偿债能力，消除了存货等变现能力较差的流动资产项目的影响，可以部分地弥补流动比率指标存在的缺陷。当企业流动比率较高时，如果流动资产中可以立即变现用来支付债务的资产较少，其偿债能力也不理想；反之，即使流动比率较低，但流动资产中的大部分项目都可以在较短的时间内转化为现金，其偿债能力也会很强。所以，用速动比率来评价企业的短期偿债能力相对更准确一些。一般认为，速动比率为1较为合适，表明企业的每1元流动负债，都有1元易于变现的资产作为抵偿。如果速动比率过低，说明企业的短期偿债能力存在问题；速动比率过高，则又说明企业因拥有过多的速动资产，而可能失去一些有利的投资和盈利机会。例如，过高的货币资金存量能使速动比率提高，但货币资金的相对闲置会使企业丧失许多能够获利的投资机会。所以，对速动比率必须辩证分析，进行风险和收益的权衡。

【例5-3】根据WHYT 20××年年报资料，计算的流动比率指标。

表 5-3　　　　　　　　WHYT 的年报资料（20××年）

货币资金（元）	1 788 858 510	897 918 954
交易性金融资产（元）	25 236 890	39 611 587
应收票据（元）	2 579 040 561	1 523 862 078
应收账款（元）	610 677 248	608 208 608
其他应收款（元）	56 050 173	42 360 396
速动资产合计（元）	5 059 863 382	3 111 961 622
流动负债（元）	6 756 975 373	3 722 131 798
速动比率	0.75	0.84

4. 现金比率

现金比率是企业现金类资产与流动负债的比率。现金类资产包括企业所拥有的货币资金和交易性金融资产以及银行承兑汇票，持有该类资产就相当于持有现金。现金比率的计算公式如下：

$$现金比率 = \frac{货币资金 + 交易性金融资产 + 银行承兑汇票}{流动负债} \times 100\%$$

现金类资产是速动资产扣除应收账款和其他应收款后的余额，由于这两个项目存在着发生坏账损失以及延期收回的可能，因此，速动资产扣除应收账款和其他应收款后计算出的金额，意味着作为偿还债务担保的资产是变现力几乎为 100% 的资产，是最能反映企业直接偿付流动负债能力的，由此而计算的现金比率来衡量企业的短期偿债能力则更为保险和安全。

分析现金比率时需要注意：现金比率较流动比率和速动比率更能准确地反映企业的直接偿债能力，特别是在企业把应收账款和存货都抵押出去，或已有迹象表明应收账款和存货的变现能力存在问题的情况下，计算现金比率更为有效。但是，现金比率这个指标并不是越高越好，如果太高则可能反映出该企业不善于充分利用现金资本。

【例 5-4】根据 WHYT 20××年年报资料，计算的现金比率指标。

表 5-4　　　　　　　　WHYT 的年报资料（20××年）

货币资金（元）	1 788 858 510	897 918 954
交易性金融资产（元）	25 236 890	39 611 587
应收票据（元）	2 579 040 561	1 523 862 078
现金类资产合计（元）	4 393 135 961	2 461 392 618
流动负债（元）	6 756 975 373	3 722 131 798
现金比率	0.65	0.66

第五章 财务能力分析

5. 现金流量与流动负债比率

现金流量与流动负债比率是指经营活动现金流量净额与流动负债的比例关系，是以现金流量来衡量企业偿还短期债务的能力。其计算公式如下：

$$现金流量与流动负债比率 = \frac{经营活动现金净流量}{流动负债} \times 100\%$$

其中，经营活动现金净流量可以从现金流量表中"经营活动现金流量净额"栏中取得数据。利用该指标进行分析时，必须与流动比率、速动比率结合起来，才能正确评价企业的短期偿债能力。

【例 5-5】根据 WHYT 20××年年报资料，计算的现金比率指标。

表 5-5　　　　　　　　WHYT 的年报资料（20××年）

项　目	本期金额	上期金额
经营活动现金净流量（元）	2 012 433 378	413 358 406
流动负债（元）	6 756 975 373	3 722 131 798
现金流量与流动负债比率（%）	0.30	0.11

从前面的分析可以发现，该公司的流动比率、速动比率、现金比率都在下降，但是本期的现金流量与流动负债比率为 0.3，比上期的 0.11 较大幅度地上升，说明经营活动提供的现金对偿还流动负债的保障程度比上年增强，相应地，投资活动对于偿还债务的保障程度下降。

6. 即付比率

为了利用现金流量的数据进一步分析企业短期偿债能力，还可以使用即付比率。

其计算公式如下：

$$即付比率 = \frac{期末现金及现金等价物}{流动负债 - 预收账款 - 6个月以上的流动负债} \times 100\%$$

该指标反映即期实际支付时间最短的短期债务的能力。现金流量与流动负债比率和即付比率均是反映企业短期偿债能力的动态指标，该比率越高，说明企业短期偿债能力越强，现金偿债的时效性越好；反之，则说明企业短期偿债能力弱。即付比率是现金流量与流动负债比率、流动比率等指标的补充。与流动比率、速动比率相比，它不受那些不易变现的或容易引起沉淀的存货和应收款项的影响。因而更能反映企业短期偿债能力。

7. 到期债务本息偿付率

到期债务本息偿付率是指经营活动现金流量净额与本期到期债务本金与现金利息支出之和的比例关系，反映企业到期债务的本金和利息由经营活动产生的现金流量净额支付的可能性。其计算公式如下：

$$到期债务本息偿付率 = \frac{经营活动现金净流量}{本期需用现金偿还的到期债务本息} \times 100\%$$

这一比率是考察企业经营活动现金流量净额支付当年到期债务本息的能力。该比率越大，说明企业偿付到期债务的能力越强。该比率大于100%，意味着企业经营活动现金流量在保证偿付到期现金债务的需求后，还有剩余用于预防性和投机性需要。但该比率过大，也意味着企业持有收益能力较低的现金资产过多，增大现金持有的机会成本；比率过小，则说明企业经营活动产生的现金流量不足以偿付到期债务，如企业不尽快通过对外筹资或出售长期资产等投资活动和筹资活动解决所需资金，企业生存将受到威胁。如果该比率等于100%，这种情况是一个理想的保障水平，说明企业经营活动现金流量净额刚好能满足偿还到期债务的需求，又可以使持有现金的机会成本降到最低。

（二）短期偿债能力的影响因素分析

进行短期偿债能力分析，首先必须明确影响短期偿债能力的因素，这是企业短期偿债能力分析的基础。影响短期偿债能力的因素，应从以下方面进行分析。

1. 流动资产规模与结构

在企业的资产结构中，如果流动资产所占比重较大，则企业短期偿债能力相对大些，因为流动负债一般要通过流动资产变现来偿还。如果流动资产所占比重较大，但其内部结构不合理，其实际偿债能力也会受到影响。在流动资产中，如果存货资产所占比重较大，而存货资产的变现速度通常又低于其他类别的流动资产，所以其偿债能力是要打折扣的。从这个意义上讲，流动资产中应收账款、存货资产的周转速度也是反映企业偿债能力强弱的辅助性指标。因此，在进行企业短期偿债能力分析时，考虑流动资产的规模和构成是非常必要的。

2. 流动负债规模与结构

企业的流动负债有些必须以现金偿付，如短期借款、应缴款项等；有些则可以用商品或劳务来偿还，如预收货款等。需要用现金偿付的流动负债对资产的流动性要求最高，企业只有拥有足够的现金才能保证其偿债能力。如果在流动负债中预收货款的比重较大，则企业只要拥有充足的存货就可以保证其偿还能力。此

第五章 财务能力分析

外,流动负债中各项负债的偿还期限是否集中,也会对企业的短期偿债能力产生影响。分析时,不仅要看各种反映偿债能力指标的数值,还要根据各项影响因素考察其实际的偿债能力。通常,短期负债是所有企业在生产经营过程中必然要发生的一种债务。从这一角度来看,对短期偿债能力分析是财务分析中必然要涉及的内容。

3. 企业经营现金流量

企业负债的偿还方式可以分为两种:一种是以企业本身所拥有的资产去偿还;另一种是以新的收益和负债去偿还,但最终还是要以企业的资产去偿还。无论如何现金流量都是决定企业偿债能力的重要因素。企业的现金流量状况主要受企业的经营状况和融资能力两方面影响,因此企业经营业绩的状况也影响着企业的短期偿债能力。当企业经营业绩良好时,就会有持续和稳定的现金收入,从而从根本上保障了债权人的权益。当企业经营业绩差时,其现金的流入不足以抵补现金的流出,造成营运资本缺乏,现金短缺,偿债能力必然下降。

另外,企业的财务管理水平、母公司与子公司之间的资金调拨等也影响偿债能力。同时,企业外部因素也影响企业的短期偿债能力,如宏观经济形势、证券市场的发育与完善程度、银行的信贷政策等。

三、企业长期偿债能力分析

(一)长期偿债能力指标

1. 已获利息倍数

几乎所有长期债务的偿还都首先是偿还利息然后偿还本金,所以长期债务的债权人分析企业的长期偿债能力通常是先分析偿还利息的能力,因此已获利息倍数分析就显得尤为重要。任何企业为了保证再生产的顺利进行,在取得营业收入后,首先需要补偿企业在生产经营过程中的耗费。所以,营业收入虽然是利息支出的资金来源,但利息费用的真正资金来源是营业收入补偿生产经营中的耗费之后的余额,若其余额不足以支付利息费用,企业的再生产就会受到影响。利息保证倍数,亦称利息赚取倍数或已获利息倍数,是指企业生产经营所获得的息税前营业利润与利息费用之比。其计算公式如下。

$$已获利息倍数 = \frac{息税前利润}{利息支出}$$

其中,"息税前利润"是指营业利润加财务费用中的利息支出;"利息支出"是指本期发生的全部应付利息,不仅包括财务费用中的利息支出,还应包括资本化利息。已获利息倍数，即计算营业利润足以弥补利息费用的倍数，是衡量企业偿付债务利息能力的指标。企业生产经营所获得的息税前利润对于利息费用的倍数越多，说明企业支付利息费用的能力越强，进而说明企业获利能力对到期债务偿还的保证程度越强。利息保证倍数指标反映了企业盈利与利息费用之间的特定关系：一般来说，该指标越高，说明企业的长期偿债能力越强，尤其是偿还长期债务利息的能力强；该指标越低，说明企业长期偿债能力越差。运用已获利息倍数分析评价企业的长期偿债能力时，从静态上看，一般认为该指标至少要大于1，否则说明企业偿债能力很差，无力举债经营；从动态上看，如果利息保证倍数提高，则说明偿债能力增强，否则说明企业偿债能力下降。

【例5-6】根据 WHYT 20××年年报资料，计算的已获利息倍数指标。

表5-6　　　　　　WHYT 的年报资料（20××年）

项目	本期金额
营业利润（元）	2 730 518 082
利息支出（元）	255 782 508
息税前利润（元）	2 986 300 590
已获利息倍数	11.68

2. 资产负债率

资产负债率是综合反映企业偿债能力的重要指标，它通过负债与资产的对比，反映在企业的总资产中有多少是通过举债获得的。其计算公式如下。

$$资产负债率 = \frac{负债总额}{资产总额} \times 100\%$$

该指标越大，说明企业的债务负担越重；反之，说明企业的债务负担越轻。对债权人来说，该比率越低越好，因为企业的债务负担越轻，其总体偿债能力越强，债权人权益的保证程度越高；对企业来说，则希望该指标大些，虽然这样会使企业债务负担加重，但企业也可以通过扩大举债规模来获得较多的财务杠杆利益。如果该指标过高，会影响企业的筹资能力。因为人们认识到，该企业的财务风险较大，当经济衰退或不景气时，企业经营活动产生的现金收入可能满足不了利息费用开支的需要，所以不会再向该企业提供借款或购买其发行的债券。如果这一比率超过100%，则表明企业已资不抵债，视为达到破产的警戒线。因此，一般认为，该指标在40%~60%时，有利于风险与收益的平衡。

通过对不同时期该指标的计算和对比分析，可以了解企业债务负担的变化情

第五章 财务能力分析

况。任何企业都必须根据自身的实际情况确定一个适度的标准,当企业债务负担持续增长并超过这一适度标准时,企业应注意加以调整,不能只顾获取杠杆利益而不考虑可能面临的财务风险。

在分析资产负债率时一定要注意分析负债的构成,尤其要将负债划分为经营负债和金融负债,如果一个企业资产负债率高是因为经营负债高,则财务风险不一定高,甚至公司经营非常好,比如 DQGL 的资产负债率近些年就长期处于 80% 左右,但是公司经营状况一直良好,财务风险很小。

【例 5-7】根据 WHYT 20××年年报资料,计算的资产负债率指标。

表 5-7　　　　　　　　WHYT 的年报资料（20××年）

项　目	本期金额	上期金额
资产总计（元）	17 418 683 319	12 942 922 112
负债合计（元）	9 203 059 195	5 787 702 827
资产负债率（%）	52.83	44.72

3. 资本负债率

资本负债率是指企业的负债总额与所有者权益总额之间的比率。其计算公式如下:

$$净资产负债率 = \frac{负债总额}{所有者权益总额} \times 100\%$$

资本负债率反映了企业所有者权益对债权人权益的保障程度,即在企业清算时债权人权益的保障程度。一般情况下,这一比率越低,表明企业的长期偿债能力越强,债权人权益保障程度越高,承担的风险越小,债权人也就愿意向企业增加借款;反之,这一比率越高,则表明企业的长期偿债能力越低,企业的风险主要由债权人承担,债权人自然就不愿意向企业增加借款。当然这一比率过低,即所有者权益比重过大,尽管企业偿还长期债务的能力很强,但是企业不能充分发挥负债的财务杠杆作用。所以,企业在评价资本负债率适度与否时,应从提高获利能力与增强偿债能力两个方面综合进行,即在保障债务偿还安全的前提下,应尽可能地提高资本负债率。

资本负债率与资产负债率对评价偿债能力的作用基本相同,两者的主要区别是,资产负债率侧重于分析债务偿付安全性的物质保障程度,资本负债率则侧重于揭示财务结构的稳健程度以及自有资金对偿债风险的承受能力。

【例 5-8】根据 WHYT 20××年年报资料,计算的资本负债率指标。

表5-8　　　　　　　　WHYT年报资料（20××年）

项　目	本期金额	上期金额
所有者权益合计（元）	8 215 624 124	7 155 219 285
负债合计（元）	9 203 059 195	5 787 702 827
资本负债率（%）	112.02	80.89

（二）长期偿债能力的影响因素分析

进行企业长期偿债能力分析，首先必须明确长期债务的内涵及相应的偿还长期债务的资产或资金保证。企业长期偿债能力分析中的债务包括债务本金和债务利息两部分。企业债务本金及其利息的偿还与企业的非流动资产金额、构成以及盈利能力紧密相关。因此，搞清楚长期债务与资产、盈利能力的关系，对于进行长期偿债能力分析是十分重要的。

1. 资本结构

长期负债是企业除所有者权益之外的最主要资本来源。企业举债的目的在于扩大企业经营、购建固定资产或添置生产设备，以及对外投资，以争取更大的经济效益。分析长期偿债能力时，首先应分析负债特别是长期负债的规模和结构，看看企业从哪些渠道筹得了资金，又运用到哪些方面，发挥了什么作用。一般来说，流动负债主要用于流动资产方面，那么长期负债则必然以长期资产为物资保证。长期资产对企业长期债务的偿还能力有着重要影响，因为大部分长期债务的形成都是以长期资产抵押的，因此抵押资产的规模决定着长期债务的规模，当然也影响着长期偿债能力的强弱。到期债务用企业盈利还不足以清偿时，长期资产就是保证，因此长期资产规模越大，其长期偿债能力也就越强。如果两者相差很大，则往往说明企业的债务没有保证。其次，长期偿债能力必须以权益性融资的多少为保证条件，也就是说，企业必须保持合理的资本结构，才能保证到期债务的安全。为此，企业必须有一定数量的自有资本，以确保在遇到经营风险时长期债务仍能按时偿还。

2. 长期盈利能力

企业的盈利能力对偿还企业长期债务有着十分重要的影响。一个经营正常的企业，长期债务的偿还主要靠企业获得的利润。如果不靠利润而是用资产来偿还长期债务，势必减少资产、缩小经营规模，难以实现最初举债经营的目的。举债经营的一个重要前提就是企业的总资产报酬率高于长期债务的利息率，只有这样才能用企业利润去偿还长期借款，才会使长期偿债能力有所保障。盈利是企业发展的基础和关键，盈利能力越强，说明企业的长期偿债能力越强。

第五章 财务能力分析

3. 企业经营现金流量

企业的债务主要用现金来清偿。虽然说企业的盈利是偿还债务的根本保证，但是盈利毕竟不等同于现金。企业只有具备较强的变现能力，有充裕的现金，才能保证具有真正的偿债能力。因此，现金流量状况决定了企业偿债能力的保证程度。

4. 影响企业偿债能力的其他因素

在分析长期偿债能力时，除了研究资本结构和收益与长期偿债能力的关系外，还应注意一些影响企业长期偿债能力的其他因素，主要包括以下内容。

(1) 长期租赁。

当企业急需某种设备或其他资产而又缺乏足够的购买资金时，可以通过租赁的方式解决。企业的财产租赁可以分为融资租赁和经营租赁两种形式。融资租赁是由租赁公司垫付资金，按承租人要求购买设备，承租人按合同规定支付租金，所购设备一般于合同期满转归承租人所有的一种租赁方式。因而企业通常将融资租赁的固定资产视同购入的固定资产，并把与该固定资产相关的债务作为企业负债反映在资产负债表中。

不同于融资租赁，企业的经营租赁不在资产负债表上反映，只出现在报表附注和利润表的相关费用项目中。当企业经营租赁数额比较大、期限比较长或具有经常性时，经营租赁实际上就构成了企业的一种长期性筹资，因此必须考虑这类经营租赁对企业债务结构的影响。企业经营租赁虽然不包括在长期负债之内，但到期时必须支付租金，这就使利息费用总额与实际利息费用产生了偏差，固定支出保证倍数的计算，正是体现了这一因素对企业偿债能力的影响。此外，要把与经营租赁相关的未来租金反映在资产负债表中也是不现实的，因为租金中的一部分属于利润表的利息费用项目。这样，要分析经常性经营租赁对资产负债表相关偿债能力指标的影响，就必须对企业的资产和负债做出相应调整。

(2) 或有事项。

或有事项是指一些因不确定事件而最终可能产生的利得（收益）或利失（损失）。或有事项的关键是看这种事项发生与否。企业如果发生或有资产，则将会提高其偿债能力；但如果发生或有负债，则将增大企业的债务，降低企业的偿债能力。例如，因销售产品可能产生的质量事故引起重大赔偿事件；因诉讼事件或经济纠纷败诉而引发的大额赔偿、罚款事件；或因生产经营事故造成的员工伤亡、受害等，都会降低企业的偿债能力。

(3) 承诺。

承诺是企业对外发出的将要承担的某种经济责任和义务。企业为了经营的需要，常常要做出某些承诺。例如，对参与合资的另一方承诺为其提供银行担保；对合资的另一方或供应商承诺保证长期购买其产品；向客户承诺提供产品保证或保修，等等。这种承诺有时会大量增加企业的潜在负债或承诺义务，但却没有通过资产负债表反映出来。在进行企业长期偿债能力分析时，报表分析者应根据报表附注及其他有关资料，判断企业承诺变成真实负债的可能性，判断承诺责任带来的潜在长期负债，并做相应处理。

(4) 金融工具。

金融工具是指形成一个企业的金融资产，并形成其他单位的金融负债或权益的契约，如债券、股票、基金及金融衍生工具等。与偿债能力有关的金融工具主要是债券和金融衍生工具。企业为筹集资金发行的长期债券，包含以下两点承诺：第一，在约定日期偿还本金；第二，定期支付债券利息。

一旦公司破产，债券持有人的求偿权优于股票持有人。金融衍生工具包括远期合同、期货合同、互换和期权等种类，这种契约的义务于签订时在双方之间转移。例如，远期合同的持有人必须在契约合同指定的日期按指定的价格买进或卖出指定的资产。

金融工具对企业偿债能力的影响主要体现在以下两方面。

① 金融工具的公允价值与账面价值发生重大差异，但并没有在财务报表中或报表附注中揭示，因此报表使用者不能利用该信息分析与之相关的潜在风险。如果企业的金融工具代表的是资产，计价所采用的价格高于其应计的公允价值，则会造成企业资产的虚增；如果金融工具代表的是负债，计价采用的价格低于应计的公允价值，就会降低企业负债，这都将增大企业潜在损失发生的可能性。

② 未能对金融工具的风险程度予以恰当披露。风险的大小不同，对企业未来损益变动的影响不同。风险大的金融工具，其发生损失的可能性也大。

报表使用者在分析企业长期偿债能力时，要注意结合具有资产负债表表外风险的金融工具记录，并分析信贷风险集中的信用项目和金融工具项目，综合起来对企业偿债能力作出判断。例如，对企业的应付债券，应重点分析企业信用等级、债券的发行规模、企业举债经营的程度、企业收益的稳定程度等。

第二节　营运能力分析

一、营运能力分析的含义和目的

(一) 营运能力分析的含义

营运能力是指通过企业生产经营资金周转速度的有关指标所反映出来的企业

第五章 财务能力分析

资金利用的效率,表明企业管理当局在企业经营管理活动中运用其所拥有资源的能力。企业资产营运能力主要通过资产的周转率或周转天数来体现。资产运用的效率高、循环快,企业就可以以较少的投入获得较多的收益。

营运能力分析主要是通过对反映企业资产营运效率与效益的指标进行计算和分析,从而评价企业的营运能力,为企业提高经济效益指明方向。营运能力分析的实质是分析企业管理当局是否实现了资金的流动性、财务稳定性和增值性的要求,营运能力分析的内容主要包括流动资产营运能力分析、固定资产营运能力分析和总资产营运能力分析。

(二) 营运能力分析的目的

营运能力分析对企业所有者考察其投入企业资金的运用效率,对债权人评价企业的偿债能力,对加强企业经营管理,对国家制定资源配置政策等各方面都具有十分重要的意义和作用。

1. 企业经营者的分析目的

企业经营者尤其是管理当局进行企业营运能力分析的主要目的是发现企业资产结构存在的问题并优化资产结构;发现企业资金周转过程中的问题,加速资金周转;合理安排资产结构以降低资产风险。

2. 企业投资者及潜在投资者的分析目的

加速资金周转,提高资金运用效率,是实现资本增值的基本保证和有效途径。企业投资者进行企业营运能力分析的主要目的是增强其投资的保值增值能力,并进一步决定是否追加投资或者处置投资。企业潜在投资者进行企业营运能力分析主要是为了决定是否进行投资。

3. 企业债权人的分析目的

企业债权人进行资产营运能力分析,是为了弄清楚其债权的物质保障情况和安全状况,判断企业偿还债务利息及本金的能力。

企业的投资者、经营者和债权人在进行资产营运能力分析时,通常都要评价企业资产利用的效益,确定合理的资产存量规模,并进一步促进企业各项资产的合理配置和提高企业资产的使用效率。

二、流动资产营运能力分析

(一) 流动资产周转率和周转天数

流动资产是企业全部资产中流动性最强的资产。流动资产完成从货币到商品再到货币这一循环过程，表明流动资产周转了一次。流动资产周转的速度一方面影响着企业的资产质量，另一方面也影响着企业的盈利能力以及短期偿债能力。流动资产周转速度指标主要包括流动资产周转率和流动资产周转天数，这两项指标分别是指在一定时期内流动资产的周转次数和周转一次所需要的时间。

1. 流动资产周转率

流动资产周转率是指企业一定时营业收入净额与平均流动资产总额的比率，是反映企业流动资产周转速度的指标。其计算公式如下：

$$流动资产周转率 = \frac{营业收入净额}{流动资产平均余额}$$

其中：

$$营业收入净额 = 营业收入总额 - (销售折扣 + 销售退回)$$

$$流动资产平均余额 = \frac{期初流动资产余额 + 期末流动资产余额}{2}$$

流动资产周转率反映了企业流动资产的周转速度，在较快的周转速度下，流动资产会相对节约，其意义相当于流动资产投入的扩大，在某种程度上也就增强了企业的盈利能力；而周转速度慢，则需要补充流动资金参加周转，造成资金浪费，降低企业的盈利能力。该指标是从企业流动资产利用效率的分析角度揭示了企业流动资产的质量，但该指标同时也受流动资产质量高低的影响。在流动资产质量较高的情况下，在一定时期内，企业流动资产周转次数越多，表明企业流动资产周转速度越快，流动资产的营运效率越高。

2. 流动资产周转天数

流动资产周转天数表明流动资产周转一次所需的时间，即企业完成一次从流动资产投入到营业收入收回的循环所需要的时间。其计算公式如下：

$$流动资产周转天数 = \frac{365}{流动资产周转率}$$

在一定时期内，企业流动资产周转天数越少，表明企业流动资产周转速度越快，流动资产的营运效率越高。流动资产周转次数和周转天数呈反方向变动。

企业流动资产周转速度直接受营业收入和流动资产平均余额大小的影响，同时也间接受行业和资产结构等因素的影响。不同行业的流动资产周转速度是不一样的，如零售商业的流动资产周转速度一般要快些，大型生产制造业的流动资产周转速度相对会慢些。同时，流动资产周转率指标还受企业资产结构的影响，如多数金融业的资产以流动资产为主，因此其流动资产周转速度就比较慢，但是由于其毛利率高，所以盈利能力依然可能很强。

第五章 财务能力分析

【例 5-9】根据 WHYT 20××年年报资料,计算的流动资产周转速度指标。

表 5-9　　　　　　　　WHYT 年报资料(20××年)

期初流动资产(元)	4 800 665 030.98
期末流动资产(元)	7 637 946 522.74
流动资产平均余额(元)	6 219 305 776.86
营业收入净额(元)	13 662 307 339.00
流动资产周转率(次)	2.20
流动资产周转天数(天)	166

(二)存货周转率和周转天数

存货是企业在生产经营中为销售或耗用而储备的资产,资产风险大但是收益高。存货周转速度分析一般有两个指标,即存货周转率和存货周转天数。

1. 存货周转率

存货周转率的计算有两种方法:一种是以存货成本为基础,另一种是以营业收入为基础。以存货成本为基础和以营业收入为基础的存货周转率有各自不同的目的。计算存货周转率时,使用"营业收入"还是"营业成本",应考虑其分析目的。在短期偿债能力分析中,为了评价企业资产的变现能力,应使用"营业收入";在分析资产的管理业绩时,应使用"营业成本"指标来计算存货周转率。

$$存货周转率 = \frac{营业成本}{存货平均余额}$$

或者

$$存货周转率 = \frac{营业收入净额}{存货平均余额}$$

存货周转率是反映存货周转速度的指标,也是衡量企业生产经营各环节中存货运营效率的综合性指标。该指标表明存货在一年中周转的次数,周转率越高,说明企业存货周转越快。存货周转率过低,表明企业的存货管理效率欠佳,产销配合不好,存货积压过多,致使资金冻结在存货上,仓储费用及利息负担过重;企业存货周转率过高,说明企业的存货水平较低,则可能出现缺货而影响企业的正常生产。存货周转率的高低,还与企业偿债能力和盈利能力相关,一般来说,存货周转率越高,存货的占用水平越低,则存货积压的风险越小,企业的变现能力以及资金使用效率也就越好。

在计算存货周转率时,还应注意存货期末计价方法和存货发出计价方法变更的影响。资产负债表中的存货是扣除了存货跌价准备后的净额,因此可能出现存货跌价准备越高,存货周转率越高,则存货质量越好的错误结论。因此,在存货跌价准备较高时,在存货平均余额中应该加上该部分后再计算。同样,如果企业改变了发出存货的计价方法,也会对存货期末余额产生影响并进一步对存货周转率产生影响,这并不是企业存货管理效率的变化,也不能据此来判断企业存货营运能力的变化。

对存货周转率进行分析时还应注意以下问题:(1)存货构成的分析。企业中存货包括的内容比较多,如原材料、在产品、产成品等,为了更好地分析企业存货的周转情况,还应将存货分解为原材料、在产品、产成品等,进一步分析这些存货组成项目的周转速度,从不同的角度、环节上查明影响存货周转快慢的具体原因。(2)存货周转的行业分析。企业应将存货周转率与同行业平均水平、先进水平进行比较,与企业历史水平进行比较,考核企业存货管理水平的高低。

2. 存货周转天数

$$存货周转天数 = \frac{365}{存货周转率}$$

存货周转天数表明存货周转一次所需要的天数,与存货周转次数相反,周转一次所需要的天数越少越好。

【例 5-10】根据 WHYT 20××年年报资料,计算的流动资产周转速度指标。

表 5-10　　　　　　　　WHYT 年报资料(20××年)

项目	金额
期初存货(元)	1 168 328 975
期末存货(元)	1 337 878 715
存货平均余额(元)	1 253 103 845
营业成本(元)	9 488 664 821
营业收入净额(元)	13 662 307 339
基于变现能力评价的存货周转率(次)	7.57
基于管理业绩评价的存货周转率(次)	10.90
基于变现能力评价的存货周天数(天)	48.20
基于管理业绩评价的存货周天数(天)	33.48

(三)应收账款率和周转天数

应收账款是企业因对外销售产品、材料、供应劳务等而应向购货或接受劳务单位收取的款项。其周转速度主要通过计算和分析应收账款周转率和应收账款周

第五章 财务能力分析

转天数两个指标。这两个指标的具体计算公式如下。

1. 应收账款周转率

应收账款周转率是指企业在一定时期内应收账款转化为现金的平均次数,是反映应收账款变现速度的快慢及管理效率高低的指标,其计算公式如下:

$$应收账款周转率 = \frac{营业收入净额}{应收账款平均余额}$$

在一定时间内应收账款的周转率越高,周转次数越多,说明企业应收账款的回收速度越快,企业经营管理效率越高。较高的应收账款周转率,也说明企业加强了应收账款管理,有效地减少收账费用和坏账损失,从而相对增强了企业流动资产的盈利能力。提高应收账款周转率可以增强企业资产的流动性,从而提高企业的短期偿债能力。但是,如果企业应收账款周转率过高,则可能是企业的信用政策、付款条件过于苛刻,并可能因此限制企业销售的增长,影响企业的盈利水平。当应收账款周转率偏低时,可能存在以下原因:收账政策不适当;收账措施执行不力;客户支付能力下降;物价水平波动等。

计算应收账款周转率时,应注意以下问题:(1)应收账款的构成。应收账款应包括应收账款、应收票据和其他应收款。(2)赊销额的确定。应收账款周转率指标中的分子是指营业赊销收入,不包括现销额,其原因是由于应收账款均是赊销引起的。但财务报表中很难区分赊销和现销的收入,因此,在外部分析者确实无法取得赊销资料的情况下,也只好利用利润表中营业收入的数据。(3)坏账准备的影响。在计算应收账款周转率时,如果应收账款余额使用的是资产负债表中的应收账款净额数据,而不是使用应收账款总额项目的数据,所计算的应收账款周转率指标会受到企业应收账款的坏账准备计提的影响。分析时应注意,如果坏账准备的数额过大,应对其进行调整,使用未计提坏账准备的应收账款总额计算周转率。会计报表附注中所披露的坏账准备的信息,可以作为调整的依据。另外,企业在不同会计年度选择的坏账提取比例不同,或对所估计的坏账提取比例发生了变更,则实际使用应收账款周转率指标时,应当剔除坏账核算方法变更的影响,否则会高估或低估企业的营运能力。

2. 应收账款周转天数

应收账款周转天数,也称为应收账款的回收期,表明从销售开始到回收现金平均需要的天数,其计算公式如下:

$$应收账款周转天数 = \frac{365}{应收账款周转率}$$

【例5-11】根据WHYT 20××年年报资料,计算的应收账款周转速度指标。

表 5-11　　　　　　　WHYT 年报资料（20××年）

期初应收账款（元）	2 174 431 082
期末应收账款（元）	3 245 767 982
应收账款平均余额（元）	2 710 099 532
营业收入净额（元）	13 662 307 339
应收账款周转率（次）	5.04
应收账款周转天数（天）	72.40

三、固定资产营运能力分析

固定资产营运能力分析主要是判断企业管理固定资产的能力，其通常运用的指标是固定资产周转率和固定资产周转天数。

销售量反映了企业资产的利用效果。通过销售量的价值指标——营业收入净额与固定资产的对比，可以反映出企业固定资产的利用效率。

1. 固定资产周转率

固定资产周转率是指一定时期企业实现的营业收入净额与固定资产平均余额的比率。具体计算公式如下：

$$固定资产周转率 = \frac{营业收入净额}{固定资产平均余额}$$

其中：

$$固定资产平均余额 = \frac{期初固定资产净值 + 期末固定资产净值}{2}$$

$$固定资产净值 = 固定资产原值 - 累计折旧$$

一般而言，固定资产周转率越高，实现的周转额也就越多，也就实现了固定资产的相对节约，并提高了固定资产的质量与使用效率，从而实现更多的营业收入。固定资产周转率越高，说明固定资产的利用效率越高；固定资产周转率越低，说明固定资产存量过多或设备闲置。该指标也并非越高越好，分析时要注意该指标的两面性：固定资产周转率较高，一方面可能是由于企业设备较好地利用引起的；另一方面也可能是由于设备老化即将折旧完毕造成的。分析固定资产周转率时应注意的问题：（1）在对固定资产营运能力进行分析时，必须充分结合流动资产的投资规模、周转额、周转速度才更有价值。（2）在进行固定资产周转率分析时，应以企业历史水平和同行业平均水平作为标准，从中找出差距，努力提高固定资产周转速度。（3）固定资产折旧年限、折旧方法以及通货膨胀等

第五章 财务能力分析

因素都可能影响该指标分析的有效性。

2. 固定资产周转天数

$$固定资产周转天数 = \frac{365}{固定资产周转率}$$

固定资产周转天数与固定资产周转了呈反方向变动,固定资产周转率越高则固定资产的周转天数就越低,反之亦反。

【例 5 – 12】根据 WHYT 20××年年报资料,计算的固定资产周转速度指标。

表 5 – 12　　　　　　　　WHYT 年报资料（20××年）

期初固定资产（元）	6 930 473 426
期末固定资产（元）	6 904 926 389
固定资产平均余额（元）	6 917 699 907
营业收入净额（元）	13 662 307 339
固定资产周转率（次）	1.97
固定资产周转天数（天）	185

四、总资产营运能力分析

总资产是企业所拥有或控制的能用货币计量的经济资源,反映总资产营运能力的主要指标是总资产周转率和总资产周转天数。

（一）总资产周转率

总资产周转率是企业一定时期营业收入净额与平均资产总额的比值,可以用来反映企业全部资产的利用效率。其计算公式如下:

$$总资产周转率 = \frac{营业收入净额}{总资产平均余额}$$

其中:

$$总资产平均余额 = \frac{(期初总资产余额 + 期末总资产余额)}{2}$$

总资产周转次数表明企业总资产在一年中周转的次数,也可以说是每 1 元投资所产生的销售额。总资产周转率是反映企业全部资产综合使用效率的指标,从总资产周转次数来说,该指标值越高越好。在销售利润率不变的条件下,该指标越高,说明同样的资产取得的收益越多,因而资产的管理水平越高,经营风险相对较小，相应地，企业的偿债能力也就越强。反之，如果该指标较低，则说明企业利用全部资产进行经营的效率较差，说明企业在资产运用方面存在问题，经营风险相对较大，最终会影响企业的盈利能力。

对总资产周转率的分析评价要考虑企业的行业特征和经营战略，对于同行业企业总资产周转率的分析，要结合企业的销售净利率和权益乘数、净资产收益率来综合衡量。总资产周转率是一个包容性很强的综合指标，从分析评价的角度来说，它受到流动资产周转率、应收账款周转率和存货周转率等指标的影响。

（二）总资产周转天数

总资产周转天数表示企业完成一次总资产周转所需要的时间，其计算公式如下：

$$总资产周转天数 = \frac{365}{总资产周转率}$$

总资产周转天数则表明企业总资产周转一次所需的天数，该指标与总资产周转率呈反方向变动。

【例5-13】根据WHYT 20××年年报资料，计算的总资产周转速度指标。

表5-13　　　　　　　　WHYT年报资料（20××年）

期初总资产（元）	12 942 922 112
期末总资产款（元）	17 418 683 319
总资产平均余额（元）	15 180 802 716
营业收入净额（元）	13 662 307 339
总资产周转率（次）	0.90
总资产周转天数（天）	406

第三节　盈利能力分析

一、盈利能力分析的含义和目的

（一）盈利能力分析的含义

盈利是企业全部收入和利得扣除全部成本费用和损失后的盈余差额，是企业生产经营活动和非生产经营获得共同实现取得的财务成果，其中收入扣除成本费

第五章 财务能力分析

用后的那一部分属于经营活动实现的利润，利得扣除损失后的那一部分属于经营活动实现的利润。实现盈利是企业从事生产经营活动的根本目的，是企业赖以生存和发展的物质基础。盈利能力是指企业在过去、现在和将来获取利润的能力。因此，分析盈利能力既要分析公司过去以及实现的利润也要预测公司将来获取的利润。盈利能力分析，是通过一定的分析方法，剖析、鉴别、判断企业能够获取多大利润数额的能力，它包括企业在一定会计期间内从事生产经营活动的盈利能力的分析和企业在较长时期内稳定地获取较高利润能力的分析。也是对企业各环节经营结果的分析。盈利能力分析是营运能力、偿债能力和发展能力分析的基础，所以盈利能力分析是财务报告分析的核心内容。

盈利能力分析是财务分析的重点，从不同的分析角度采用的分析指标也是存在较大差别的。在本教材中，将盈利能力分析的内容分为三个方面，具体包括营业盈利能力分析、资产盈利能力分析和资本盈利能力分析。

（二）盈利能力分析的目的

无论是企业的经营者、债权人还是投资人都非常关心企业的盈利能力，并重视对利润率及其变动趋势的分析与预测。但是，不同报表使用者对企业盈利能力分析的侧重点也是有差异的。明确企业盈利能力分析目的，有助于确定盈利能力分析方法和分析指标。

1. 债权人的目的：分析企业对其债务偿还的保证程度

对于债权人来讲，利润是企业偿债的重要来源，特别是对长期债务而言，盈利能力的强弱直接影响企业的偿债能力。企业举债时，债权人势必审查企业的偿债能力，而偿债能力的强弱最终取决于企业的盈利能力。因此，分析企业的盈利能力对债权人也是非常重要的。企业短期债权人进行盈利能力分析的目的主要是当期盈利水平，短期债权人的利益就比较有保证，而较少关心未来盈利水平的稳定性和持久性。企业长期债权人的分析目的在于分析判断企业长期的获利水平的高低、获利的稳定性和持久性，并以此预计长期贷款能否在债务到期后，及时足额收回本金和利息。

2. 所有者的目的：分析企业获得利润的数量和质量

对于投资人而言，企业盈利能力的强弱更是至关重要的，投资者往往会认为企业的盈利能力比财务状况、营运能力更重要。他们的直接利益是其所投资的企业的资产或净资产的增值程度及其投资的报酬高低。对于信用相同或相近的几个企业，人们总是将资金投向盈利能力强的企业，股东们关心企业赚取利润的多少并重视对利润率的分析；此外，企业盈利能力增强还会使股票价格上升，从而使股东们获得资本收益。所有者对企业盈利能力分析的目的是分析判断企业获利力的大小、获利能力的稳定性和持久性以及预测企业盈利能力的变化趋势。

3. 经营者的目的：改善公司经营获取更多的利润

对于企业经营者而言，盈利能力是其一切生产经营活动和管理工作的出发点和归宿点，通过对盈利能力的分析，来判定企业盈利水平的高低、盈利能力的稳定性和持久性以及盈利潜力，发现存在的问题以便作出正确的经营决策。盈利能力是企业各环节经营活动的具体表现，企业经营的好坏都会通过盈利能力表现出来。通过对盈利能力的深入分析，可以发现经营管理中的重大问题，进而采取措施解决问题，提高企业收益水平。

4. 政府的目的：判断企业对社会作出的贡献

对于政府管理部门而言，他们分析的目的在于查明企业获利多少、盈利水平高低以及盈利对社会的贡献等。

虽然以上四个主体在分析目标上有所差别，但是也存在很多的共性，他们的共同目标可以表述为：正确评价企业一定时期的经营业绩；揭示企业经营管理中可能存在的问题；为相关决策提供决策依据。

二、营业盈利能力分析

营业盈利能力是指企业在生产经营过程中通过取得销售收入获取利润的能力，具体来说就是每1元营业收入中所实现利润的多少。企业的净利润归根结底来源于企业的营业利润，企业营业利润归根到底来自于企业自身的营业收入或者被投资企业的营业收入，因此，营业利润是企业实现净利润大小的关键。因此，企业报表使用者在进行盈利能力分析时都非常重视营业盈利能力的分析，营业盈利能力分析主要研究利润与收入或者成本之间的比率关系，其主要指标有营业毛利率、销售净利率、成本费用利润率。

企业营业盈利能力通常需要计算以下指标并进一步展开深入分析。其主要指标如下。

（一）营业毛利率

营业毛利率又称为销售毛利率，是指企业实现的毛利与营业收入的对比关系，表示营业收入扣除营业成本后，有多少利润可以用在支付各项期间费用和抵偿各种损失后形成盈利。其计算公式如下：

$$营业毛利率 = \frac{毛利}{营业收入净额} \times 100\%$$

第五章 财务能力分析

其中，毛利是指企业的营业收入扣除营业成本后的差额，它可以在一定程度上反映企业生产环节效率的高低。营业收入净额是指企业主营业务收入和其他业务收入扣除销售折扣、销售折让及销售退回后的余额，反映了销售实际取得的收入，其结果通常就等于，利润表中的营业收入。如果营业毛利率连续不断提升，就说明企业产品市场需求强烈，产品竞争力不断增加；反之，营业毛利率连续下跌则说明企业在走下坡路。如果营业毛利率发生较大的变化，应该引起管理者的警觉。

销售毛利率是一个重要指标，该指标的作用在于可以对企业某一主要产品或主要业务的盈利状况进行分析以判断企业核心竞争力的变化趋势及其企业成长性；根据计算公司营业毛利率，观察其波动是否在正常范围内，可以推测公司是否有通过虚报销售收入和隐瞒销售成本来虚增利润的嫌疑；营业毛利率可以作为衡量经理人员经营业绩的指标之一，并据以制定相应的薪酬激励计划，以便充分发挥经理人员的工作积极性。

营业毛利率具有明显的行业特点。一般而言，营业周期短、固定费用低的行业，营业毛利率比较低，如商业零售企业；反之，营业周期长、固定费用高的行业则具有较高的营业毛利率，以弥补巨大的固定成本，如大型机械、设备生产企业。一般情况下，企业的营业毛利率相对比较合理稳定，是一个比较可信的指标，营业毛利率随着行业的不同而有所不同，但是同一行业的营业毛利率通常差别不会太大。在分析营业毛利率的时候，需要结合企业以前年度营业毛利率、同行业的营业毛利率来进行分析和评价，以确定差距形成的原因，以找出提高盈利能力的途径。

【例 5–14】 根据 WHYT 20××年年报资料，计算的营业毛利率如表 5–14 所示。

表 5–14　　　　　　　　　营业毛利率计算表

项　目	本期金额	上期金额
营业收入（元）	13 662 307 339	9 429 776 860
营业成本（元）	9 488 664 821	7 041 509 864
毛利额（元）	4 173 642 518	2 388 266 996
营业毛利率（%）	30.55	25.33

由表 5–14 计算可知，该公司 20××年营业毛利率为 30.55%，上期的营业毛利率为 25.33%，营业毛利率整体水平比较高，并且保持较好的增长，这是公司 20××年净利润得以增长的主要原因。营业毛利率较高幅度的增长，说明企业市场需求及销售情况良好，营业获利能力较强。在同一时期，根据重庆百货的年度报告计算的营业毛利率分别只有 14.55% 和 14.90%，但是由于行业不同，

所以不能简单地说重庆百货的盈利能力比 WHYT 的盈利能力差。

（二）营业净利率

营业净利率也称为销售净利率，是指企业实现的净利润与营业收入净额的比率，表示企业净营业收入在经过非日常经营活动调整后，为企业实现了利润率，反映企业一定时期销售收入最终的获利能力，其计算公式如下：

$$营业净利率 = \frac{净利润}{营业收入净额} \times 100\%$$

营业净利率表明企业每 1 元销售收入最终可以带来的盈利，该指标是反映企业营业获利能力的最终指标，该指标越高，说明企业的获利能力越强。营业净利率的大小主要受营业收入和净利润的影响，该比率越高，企业最终获利能力越高，企业要想提高销售净利率，一方面要扩大营业收入；另一方面要降低成本费用。如果销售净利率低，表明企业经营管理者的经营业绩差，未能很好控制成本费用。从利润的源泉到最终的净利润，中间扣除营业成本、营业税金及附加、三项期间费用、资产减值损失、营业外支出及所得税费用等损类项目，再加上公允价值变动损益、投资收益、营业外收入等损益类项目。因此，这些项目的增减变化都会影响到营业净利率的大小。

分析营业净利率指标，应注意以下问题：（1）净利润中包括资产减值损失、公允价值变动损益、投资收益以及营业外收支，这些指标多属于非经常性损益，可能在不同年度大幅波动，从而影响该指标的稳定性。（2）不同行业的营业净利率不具有可比性，因为不同行业的竞争状况、经济状况、行业经营特征不同，所以不同行业的营业净利率平均水平不同。一般来说，资本密集程度高的企业，营业净利率较高；反之，资本密集程度低的企业，营业净利率较低。

【例 5 – 15】根据 WHYT 20××年年报资料，计算的营业净利率如表 5 – 15 所示。

表 5 – 15　　　　　　　　　　营业净利率计算表

项　目	本期数	上期数
营业收入（元）	13 662 307 339	9 429 776 860
净利润（元）	1 853 900 339	1 530 208 251
营业净利率（%）	13.57	16.23

WHYT 20××年在营业毛利率上升的同时，营业净利率却出现了小幅度的下降，如果简单下结论，可以说：公司的成本控制存在一定的问题。但是结合该公司利润表构成分析发现，公司的营业净利率下降的主要原因是投资收益的减少和营业外收入的下降所致。

（三）成本费用利润率

成本费用利润率是指企业的利润总额与成本费用总额之间的比率，它是反映企业在经营过程中发生正常耗费与获得的税前利润之间关系的指标。其计算公式如下：

$$成本费用利润率 = \frac{利润总额}{成本费用总额} \times 100\%$$

其中：

$$成本费用总额 = 营业成本 + 营业税金及附加 + 期间费用$$

其中：

$$期间费用 = 管理费用 + 销售费用 + 财务费用$$

一般来说，该指标越高，表明企业为取得利润而付出的代价越小，成本费用控制得越好，盈利能力越强。该项指标越高，表明企业成本费用取得的利润越多，费用的效益越高；反之，则表明企业成本费用实现的利润越少，费用的效益越低。成本费用利润率既可以评价企业盈利能力的强弱，也可以直接评价企业成本费用控制和管理水平的高低。也有观点认为，该指标计算公司可以表述如下：

$$成本费用利润率 = \frac{净利润}{成本费用总额} \times 100\%$$

其中：

$$成本费用总额 = 营业成本 + 营业税金及附加 + 期间费用 + 所得税费用$$

其中：

$$期间费用 = 管理费用 + 销售费用 + 财务费用$$

【例 5-16】根据 WHYT 20××年年报资料，计算的成本费用利润率如表 5-16 所示。

表 5-16　　　　　　　　　成本费用利润率计算表

项目	本期数	上期数
营业成本（元）	9 488 664 821	7 041 509 864
营业税金及附加（元）	60 570 135	27 279 924
销售费用（元）	386 726 441	273 624 351
管理费用（元）	851 728 952	535 734 805
财务费用（元）	149 543 408	35 125 959
成本费用合计（元）	10 937 233 757	7 913 274 903
利润总额（元）	2 814 947 696	1 937 665 880
成本费用利润率（%）	25.74	24.49

分析发现，该公司的成本费用利润率较上期出现小幅增加，说明公司的成本发挥的效益有所提升。但是该指标也可能因为其他因素导致分析失真，如大量的公允价值变动收益、投资收益和营业外收入的存在可能是该指标被虚高；相反，大量的资产减值损失、公允价值变动损失、投资损失和营业外支出的存在可能是该指标被虚低。

三、资产盈利能力分析

资产盈利能力是指企业运用资产所产生利润的能力，是指企业通过对资产的优化配置，对企业的各种资产进行有效运营来获取利润的能力，具体地说是每1元资产获取利润的能力。资产盈利能力分析主要研究公司实现的各种形式的利润与公司占用资产之间的比率关系，其分析指标主要包括流动资产利润率、固定资产利润率、总资产利润率以及总资产报酬率等。为了评价企业的资产盈利能力，通常还需要计算以下指标：

（一）流动资产利润率

流动资产利润率是指企业的利润总额与流动资产平均额之间的比率。它反映了企业生产经营中流动资产所实现的利润，即流动资产在一定时期内带来的利润总额。流动资产是企业资产中流动性最强的部分，在企业的生产经营中发挥着重要的作用。因此，流动资产利润率是企业分析资产盈利能力的一个重要指标。其计算公式如下：

$$流动资产利润率 = \frac{利润总额}{流动资产平均额} \times 100\%$$

其中：

$$流动资产平均额 = (期初流动资产总额 + 期末流动资产总额) \div 2$$

流动资产利润率受利润总额和流动资产平均额两个因素的影响。在流动资产不变的情况下，利润额越多，流动资产利润率就越高，说明其盈利能力越强；相反，在利润额不变的情况下，流动资产平均额越少，流动资产利润率越高，盈利能力也越强。

【例5-17】根据WHYT 20××年年报资料，计算的流动资产利润率如表5-17所示。

第五章 财务能力分析

表 5-17 流动资产利润率计算表

期初流动资产净值（元）	4 800 665 031
期末流动资产净值（元）	7 637 946 523
平均流动资产净值（元）	6 219 305 777
利润总额（元）	2 814 947 696
流动资产利润率（%）	45.26

应该说该企业的流动资产获利能力是相当强的，为企业总资产盈利能力的提高奠定了基础，当然，该指标分析还应结合行业水平进行。

（二）固定资产利润率

固定资产利润率是指利润总额与固定资产平均净额之间的对比关系。它反映了固定资产实现的效益，即固定资产净值在一定时期内带来的利润额。其计算公式如下：

$$固定资产利润率 = \frac{利润总额}{固定资产平均净额} \times 100\%$$

其中，固定资产平均净额是指年初、年末固定资产原值减去累计折旧和固定资产减值准备后的净值的平均值。这样，一方面体现了固定资产的实际价值；另一方面与企业的利润额在计算时期上保持一致。

固定资产利润率受利润总额和固定资产平均净额两个因素的影响。在固定资产平均净额不变的条件下，利润总额越大，固定资产利润率越高，说明企业的盈利能力越强；在利润总额不变的条件下，企业占用的固定资产平均净额越低，固定资产利润率越高，说明企业盈利能力越强。所以，要想提高企业固定资产利润率，在生产经营过程中既要努力开拓市场，促进销售，提高利润额，又要提高固定资产使用效率，尽可能减少固定资产占用额。

【例 5-18】根据 WHYT 20××年年报资料，计算的固定资产利润率如表 5-18 所示。

表 5-18 固定资产利润率计算表

期初固定资产净值（元）	6 930 473 426
期末固定资产净值（元）	6 904 926 389
平均固定资产净值（元）	6 917 699 907
利润总额（元）	2 814 947 696
固定资产利润率（%）	40.69

该指标越高越好，说明企业固定资产盈利能力越强。从计算结果看，WHYT 20××年的固定资产盈利能力非常强，说明公司以较少的固定资产实现了很高的利润总额，当然，如此高的固定资产利润率一定与公司的经营特点存在一定的关系。该公司属于低固定资产投入型的企业，为了作准确评价，还应该将该指标与企业历史标准和行业标准对比起来分析。

（三）总资产利润率

总资产利润率是指企业的利润总额与总资产平均额之间的比率。总资产是指企业拥有并支配的全部经济资源，数据来源于资产负债表中的资产总额。总资产利润率反映了企业运用全部经济资源所实现的利润率，是一个综合性的效益指标，其计算公式如下：

$$总资产利润率 = \frac{利润总额}{总资产平均额} \times 100\%$$

显然，企业的总资产利润率与企业的利润总额成正比，与总资产平均额成反比。即在利润总额不变时，占用的总资产越少，总资产利润率就越高；在占用的总资产不变时，实现的利润总额越多，总资产利润率越高。

【例5-19】根据WHYT 20××年年报资料，计算的总资产利润率如表5-19所示。

表5-19　　　　　　　　　总资产利润率计算表

期初总资产（元）	12 942 922 112
期末总资产（元）	17 418 683 319
平均总资产（元）	15 180 802 716
利润总额（元）	2 814 947 696
总资产利润率（%）	18.54

该指标越高说明企业资产的运用效率越好。在评价总资产利润率时，需要与企业历史标准和行业标准进行比较，并进一步对该指标进行因素分析，找出有利因素和不利因素。

（四）总资产净利率计算与分析

总资产净利率是指企业的净利润与总资产平均额之间的比率。净利润是指在支付了利息和所得税后企业实际获得的利润额，总资产的内涵与"总资产利润率"中总资产一致。其计算公式如下：

第五章 财务能力分析

$$总资产净利率 = \frac{净利润}{总资产平均额} \times 100\%$$

$$= \frac{净利润}{营业收入净额} \times \frac{营业收入净额}{总资产平均额}$$

$$= 营业净利率 \times 总资产周转率$$

总资产净利率是反映企业经营效率和盈利能力的综合指标,将其分解可以看出该指标由总资产周转率和营业净利率构成。总资产周转率是反映企业资产营运能力的指标,用来说明资产的运用效率,该指标越高说明企业资产运用越有效,可以直接体现出企业资产的经营效果;营业净利率是反映营业盈利能力的指标,营业净利率越高说明企业营业盈利能力越强。将总资产净利率指标分解为营业净利率和总资产周转率相乘是为了进一步分析公司的盈利模式,如果较高的总资产净利率可能是因为较低的营业净利率和很高的总资产周转率,则说明公司的盈利模式属于薄利多销型。

对于总资产净利率的分析,应注意以下问题:(1)加强企业的资产结构分析,企业应调整生产经营用资产、非生产经营用资产、不良资产、闲置资产、优良核心资产的结构,以加强资产管理,提高资产利用效率,从而提高总资产周转率。(2)加强企业利润形成结构的分析,企业应加强销售管理,增加营业收入,节约成本费用,提高企业的盈利能力,从而提高总资产净利率。

【例 5-20】根据 WHYT 20××年年报资料,计算的总资产净利率如表 5-20 所示。

表 5-20 总资产净利率计算表

期初总资产(元)	12 942 922 112
期末总资产(元)	17 418 683 319
平均总资产(元)	15 180 802 716
净利润(元)	1 853 900 339
总资产净利率(%)	12.21
营业收入净额(元)	13 662 307 339
营业净利率(%)	13.57
总资产周转率(次)	0.90

分析可以发现,该公司营业净利率为 13.57%,固定资产周转率为 0.9 次,总资产净利率为 12.21%,如果要提高公司的总资产净利率,必须一方面提高营业净利率,另一方面提高总资产周转率。

(五) 总资产报酬率计算与分析

总资产报酬率是指企业息税前利润与全部资产平均额之间的比率。它反映了企业全部资产在支付利息和所得税费用之前实现的全部收益率，是评价企业资产综合利用效果和企业总资产获利能力的核心指标。其计算公式如下：

$$总资产报酬率 = \frac{营业利润 + 利息支出}{总资产平均额} \times 100\%$$

其中：

$$总资产平均额 = (期初资产总额 + 期末资产总额) \div 2$$

该公式的分子包含了可分配给股东的净利润、可上缴给国家的所得税，也包含了可支付给债权人的利息，所以体现了企业通过资产运营为主要利益相关人带来的收益。从计算公式可以看出，总资产报酬率主要受企业总资产规模和实现的息税前利润的影响。在平均总资产规模不变的情况下，实现的息税前利润越多，说明总资产使用效率越高，总资产报酬率就越高；在实现的息税前利润不变的情况下，占用的总资产平均额越少，说明总资产使用效率越高，总资产报酬率就越高。同样，利用该指标评价企业盈利能力时，还需要结合企业历史标准、预期计划或同行业其他企业的标准进行比较。

提高总资产报酬率的途径如下：(1) 优化资产结构，如减少流动资产的资金占用、对闲置或由于技术进步使用价值较小的固定资产及时进行处置或更新换代；提高资产管理水平，加强对资产的日常管理等。(2) 提高利润总额，通过有效的产品销售策略，扩大产品的市场份额，增加营业收入，控制成本费用的支出，不断提高企业的营业利润。

【例 5-21】根据 WHYT 20××年年报资料，计算的总资产报酬率如表 5-21 所示。

表 5-21　　　　　　　　　　　　总资产报酬率计算表

期初总资产（元）	12 942 922 112
期末总资产（元）	17 418 683 319
平均总资产（元）	15 180 802 716
营业利润（元）	2 730 518 082
利息支出（元）	255 782 508
总资产报酬率（％）	19.67

该公司利润表中的财务费用虽然是 149 543 408 元，但与该公式中利息支出

第五章 财务能力分析

并非同一概念,表 5-22 是公司年度报告中的财务费用的附注。

表 5-22　　　　　　　　　　　财务费用构成表

项　目	本期发生额
利息支出(元)	255 782 508
减:已资本化的利息费用(元)	-12 156 666
减:利息收入(元)	-26 423 222
汇兑差额(元)	-97 156 398
减:已资本化的汇兑差额(元)	
其他(元)	29 497 186
合　计	149 543 408

四、资本盈利能力分析

资本盈利能力是指企业的投资者通过资本经营获取利润的能力,具体地说是每 1 元权益资本获取利润的能力。企业的投资者都想通过较少的资本投入,取得尽可能多的资本收益。资本盈利能力分析的主要指标包括净资产收益率和资本保值增值率等。资本盈利能力是指企业的所有者通过投入资本经营所取得利润的能力。反映企业资本盈利能力的主要指标如下。

(一) 净资产收益率

净资产收益率是指企业一定时期内的净利润与平均净资产的比率,该指标充分体现了投资者投入企业的自有资本获取净收益的能力,突出反映了投资与报酬的关系。净资产收益率是判断企业资本盈利能力的综合性指标,也是所有财务指标中最为核心的指标。一般来说,该指标越高,说明企业的权益资本的盈利能力越强,也就是说,为投资者带来了更高的回报。其计算公式如下:

$$净资产收益率 = \frac{净利润}{净资产平均额} \times 100\%$$

其中:

$$净资产平均额 = (期初净资产总额 + 期末净资产总额) \div 2$$

净资产收益率是评价企业权益资本及其累积获取报酬水平的最具综合性与代表性的指标,它反映了企业资本运营的综合效益。该指标通用性强,适用范围广，不受行业局限。通过对该指标的综合对比分析，可以看出企业的获利能力在同行业中所处的地位，以及与同类企业的差异水平。一般认为，净资产收益率越高，企业权益资本获取收益的能力越强，运营效益越好，对企业投资者、债权人的保证程度越高。

【例5-22】根据WHYT 20××年年报资料，计算的净资产收益率如表5-23所示。

表5-23 净资产收益率计算表

期初净资产（元）	6 146 481 575
期末净资产（元）	7 267 479 375
平均净资产（元）	6 706 980 475
净利润（元）	1 853 900 339
净资产收益率（%）	27.64

该指标的分析应该将其进一步分解为三个指标相乘：营业净利率、总资产周转率和权益乘数，该分析将在本书第六章综合分析中讲解。

（二）资本保值增值率计算与分析

企业通过资本的投入和周转，收回资产的消耗后可能会产生净利润。如果企业在资本经营过程中产生盈利，资本就会增值；如果经过一定运营周期后发生亏损，企业的资本就会流失。

资本保值增值率反映了企业资本增值的程度，该指标大于100%，表明资本实现了增值；该指标等于100%，表明资本得到了保值；该指标小于100%，表明资本贬值。其计算公式如下：

$$资本保值增值率 = \frac{期末所有者权益总额}{期初所有者权益总额} \times 100\%$$

当企业利润为零时，企业实现了资本保值；当企业利润为正时，所有者权益中未分配利润增加，企业实现了资本增值；当利润为负时，企业亏损，所有者权益减少，企业资本减少。值得注意的是，有时企业资本有较大的增长，并不是企业自身生产经营的结果，而是投资者注入了新的资金或者接受捐赠等非经营事项导致的，在分析时应该剔除这些因素的影响。

【例5-23】根据WHYT 20××年年报资料，计算的资本保值增值率如表5-24所示。

第五章　财务能力分析

表 5-24　　　　　　　　　　　　资本保值增值率计算表

期初净资产（元）	6 146 481 575
期末净资产（元）	7 267 479 375
资本保值增值率（%）	118.24

由表 5-24 可见，资本保值增值率大于 1，因此，该公司本年比上年实现了资本增值，而且该增值是在生产经营过程中实现的，因为结合利润表可以发现，该公司本年比上年净利润出现较大幅度增长。

五、上市公司其他常用指标分析

（一）每股收益和市盈率

1. 每股收益

$$每股收益 = \frac{归属于母公司股东的净利润}{流通在外的普通股的加权平均数}$$

【例 5-24】根据 WHYT 20××年年报资料，计算的每股收益如表 5-25 所示。

表 5-25　　　　　　　　　　　WHYT 年报资料（20××年）

项　目	本年发生额	上年发生额
归属于普通股股东的当期净利润（元）	1 853 900 339	1 530 208 251
年初发行在外的普通股股数	1 663 334 400	1 663 334 400
加：本年发行的普通股加权数	499 000 320	—
减：本年回购的普通股加权数	—	—
年末发行在外的普通股股数	2 162 334 720	1 663 334 400
每股收益（元）	0.86	0.71

本年发行的普通股加权数 499 000 320 股为 20××年 5 月 12 日公司实施 10 送 3 股的股票股利。

分析时应注意：每股收益不反映股票所含有的风险，高风险的行业往往有高收益；每股收益的多少，并不能决定股利的多少，还取决于股利支付率，而股利支付率取决于公司的股利分红政策，收益多的年份，可能分红少，收益少的年份，反而有可能分红多。

2. 市盈率

市盈率是指普通股每股市价与每股收益的比值。它反映了投资人相对于每股收益所愿意支付的股票价格，可以用来估计股票的投资报酬和风险。其计算公式如下：

$$市盈率 = \frac{每股市价}{每股收益}$$

每股市价可以采用分析时的市场价格，如果20××年以后在分析时WHYT的股价为20元，则该公司当时的市盈率约为23.26倍。市盈率可以用来估计股票的投资报酬和风险，它是市场对企业的共同期望指标。一般来说，市盈率越高，表明市场对企业的未来越看好，企业价值就越大，同时风险也越大，因此不能说市盈率越高越好，正常的市盈率为5~20。市盈率的高低受每股收益和股票市价的直接影响，但同时还会受到宏观经济形势和经济环境等多种因素的间接影响。

（二）每股净资产与市净率

1. 每股净资产

每股净资产即公司股权的账面价值，其计算公式为：

$$每股净资产 = \frac{归属于母公司所有者权益总额}{发行在外的普通股流通股数} \times 100\%$$

根据WHYT 20××年年报资料计算该公司的每股净资产为3.36元。每股净资产通常被认为是股价下跌的底线，如果股价低于每股净资产，那么企业的发展前景一般极度堪忧。每股净资产越高，表明企业内部积累越雄厚，在经济不景气时期拥有较强的抵御能力。

2. 市净率

市净率是指企业普通股每股市价与普通股每股净资产之间的对比关系，其计算公式如下：

$$市净率 = \frac{普通股每股市价}{普通股每股净资产} \times 100\%$$

如果20××年以后在分析时WHYT的股价为20元，则该公司当时的市净率约为5.95倍。每股净资产是股票的账面价值，它主要是以历史成本计量的；而每股市价是这些资产的现行市值，它是证券市场上交易的结果。市净率通常高于1，一般而言，市价高于账面价值时往往说明企业资产的质量较好；反之，则资产质量差，没有发展前景。但是在股市极度低迷时，该结论则可能与实际不符。

(三) 每股现金股利和股票获利率

1. 每股现金股利

普通股每股现金股利是指企业普通股现金股利总额与普通股流通股数之比。其计算公式如下：

$$普通股每股现金股利 = \frac{普通股现金股利总额}{普通股流通股数}$$

每股股利的高低一方面取决于企业获利能力的强弱和现金流量的充裕性，另一方面还受到企业股利发放政策与利润分配需要的影响。盈利能力强、现金含量高、未来投资需求少的企业通常会采用高股利政策，从而提升每股股利。

2. 股票获利率

股票获利率是指企业普通股每股现金股利与普通股每股市价之比。其计算公式如下：

$$股票获利率 = \frac{普通股每股现金股利}{普通股每股市价} \times 100\%$$

股票获利率是衡量普通股股东获取收益情况的指标，其实质是股东不考虑股票价差（资本利得）时的实际投资收益率。其高低取决于市盈率和股利收益率指标的大小。通常长期投资者比较注重市盈率，短期投资者比较注重股利收益率。

第四节　发展能力分析

一、发展能力分析的含义与目的

(一) 发展能力分析的含义

企业发展能力又叫增长能力，是指企业通过自身的生产经营活动，不断扩大积累而形成的发展潜能，包括收入、利润、资产以及权益的增长能力。企业的发展能力主要是通过自身的生产经营活动，不断扩大积累而形成的，主要依托于不断增长的销售收入、不断增加的资金投入和不断创造的利润，进而增加股东财富，提升企业价值。发展能力分析就是对企业的收入、利润、资产以及权益的增长原因、幅度和趋势所做的分析。发展能力分析的具体内容包括收入增长能力分析、利润增长能力分析、权益增长能力分析和资产增长能力分析。

(二) 发展能力分析的目的

企业能否持续增长对股东、潜在投资者、经营者及其他相关利益团体至关重要，因此有必要对企业的发展能力进行深入分析。发展能力分析的意义主要体现在以下4个方面。

1. 企业投资者及潜在投资者的目的

对于投资者而言，可以通过发展能力分析衡量企业创造股东价值的程度，从而为采取下一步战略行动提供依据。对于潜在的投资者而言，可以通过发展能力分析评价企业的成长性，从而选择合适的目标企业作出正确的投资决策。

2. 企业经营者的目的

对于经营者而言，可以通过发展能力分析发现影响企业未来发展的关键因素，从而采取正确的经营策略和财务策略促进企业可持续增长。

3. 企业债权人的目的

对于债权人而言，可以通过发展能力分析判断企业未来盈利能力，从而作出正确的信贷决策。

二、收入增长能力分析

(一) 销售增长率的计算

销售增长是企业利润、权益和资产增长的源泉，一个企业的销售情况越好，说明其在市场所占份额越多，企业生存和发展的市场空间也越大，因此可以用销售增长率来反映企业在销售方面的发展能力。销售增长率就是本期营业收入增加额与上期营业收入之比，其计算公式如下：

$$销售增长率 = \frac{本期营业收入增加额}{上期营业收入净额} \times 100\%$$

根据 WHYT 20××年年度报告资料，本期营业收入和上期营业收入分别为 13 662 307 339 元和 9 429 776 860 元，实现销售增长 44.88%。该公式反映的是企业某期整体销售增长情况。销售增长率为正数，则说明企业本期销售规模增加，销售增长率越大，则说明企业销售收入增长得越快，销售情况越好；销售增长率为负数，则说明企业销售规模减小，销售出现负增长，销售情况较差。但从长远来看，不能说增长越快越好，对于企业来说，可持续增长才是最好的增长。

第五章 财务能力分析

(二) 销售增长率的分析

在利用销售增长率来分析企业在销售方面的发展能力时,应该注意以下几个方面。

1. 判断企业的销售增长的成长性和效益性

如果销售收入的增加主要依赖于资产的相应增加,也就是销售增长率低于资产增长率,说明这种销售增长不具有效益性,同时也反映企业在销售方面可持续发展能力不强。正常的情况下,一个企业的销售增长率应高于其资产增长率,只有在这种情况下,才说明企业在销售方面具有良好的成长性。

2. 判断企业的销售增长的水平和趋势

要全面、正确地分析和判断一个企业销售收入的增长水平和增长趋势,必须将一个企业若干期的销售增长率加以比较和分析。因为销售增长率仅仅指某个时期的销售情况而言,某个时期的销售增长率可能会受到一些偶然的和非正常的因素影响,而无法反映出企业实际的销售发展能力。

三、利润增长能力分析

(一) 利润增长率的计算

有效的收入增长通常会带来公司的利润增长,而一个企业的价值则主要取决于利润的增长能力,所以企业的利润增长是反映企业发展能力的重要方面。由于利润可表现为营业利润、利润总额、净利润等多种指标,因此相应的收益增长率也具有不同的表现形式。在实际应用中,通常使用的是净利润增长率、营业利润增长率这两种比率。

1. 净利润增长率

由于净利润是企业经营业绩的结果,因此净利润的增长是企业成长性的基本表现。净利润增长率是本期净利润增加额与上期净利润之比,其计算公式如下:

$$净利润增长率 = \frac{本期净利润增加额}{上期净利润} \times 100\%$$

根据 WHYT 20×× 年年度报告资料,本期净利润和上期净利润分别为 1 853 900 339 元和 1 530 208 251 元,实现净利润增长 21.15%。需要说明的是,如果上期净利润为负值,则应取其绝对值代入公式进行计算。该公式反映的是企业净利润增长情况。净利润增长率为正数,则说明企业本期净利润增加,净利润增长率越大,则说明企业收益增长得越多;净利润增长率为负数,则说明企业本期净利润减少，收益降低。如果一个企业销售收入增长，但利润并未增长，说明企业的成本控制不佳或资产质量不佳。同样，一个企业如果营业利润增长，但营业收入并未增长，也就是说，其利润的增长并不是来自于营业收入，而是来自于营业外收入、公允价值变动损益等项目的增长，那么这样的增长也是不能持续的，随着时间的推移也将会消失。因此，利用营业利润增长率这一比率也可以较好地考察企业的成长性。

2. 营业利润增长率

营业利润增长率是本期营业利润增加额与上期营业利润之比，其计算公式如下：

$$营业利润增长率 = \frac{本期营业利润增加额}{上期营业利润} \times 100\%$$

根据 WHYT 20××年年度报告资料，本期营业利润和上期营业利润分别为 2 730 518 082 元和 1 672 661 652 元，实现营业利润增长 63.24%。同样，如果上期营业利润为负值，则应取其绝对值代入公式进行计算。该公式反映的是企业营业利润增长情况。营业利润增长率为正数，则说明企业本期营业利润增加，营业利润增长率越大，则说明企业收益增长得越多；营业利润增长率为负数，则说明企业本期营业利润减少，收益降低。

上述增长率均属于简单增长率，如果要计算公司的复合增长率，则可以通过计算三年利润平均增长率这一指标分析企业利润的发展能力，其计算公式如下：

$$三年利润平均增长率 = \left(\sqrt[3]{\frac{年末利润总额}{三年前年末利润总额}} - 1 \right) \times 100\%$$

计算三年利润平均增长率是为了均衡计算企业的三年平均利润增长水平，从而客观地评价企业的收益发展能力状况。显然该项指标的计算结果只与两个因素有关，即与本年度年末利润总额和三年前年度年末利润总额相关，而中间两年的年末实现利润总额则不影响该指标的高低。这样，只要两个企业的本年度年末利润总额和三年前年度年末利润总额相同，就能够得出相同的三年利润平均增长率，但是这两个企业的实际利润增长可能并非如此。

（二）利润增长率的分析

要全面认识企业净利润的发展能力，还需要结合企业的营业利润增长情况共同分析。由于营业外收支的影响，企业的净利润增长与营业利润增长可能出现较大的不一致。如果企业的净利润主要来源于营业利润，则二者会比较一致，同时也表明企业产品获利能力较强，具有良好的发展能力；相反如果企业的净利润不

第五章　财务能力分析

是主要来源于正常业务，而是来自于营业外收入或者其他项目，二者就会相差较大，甚至可能出现营业利润大幅下降但净利润却大幅增长，这同时也说明企业的持续发展能力并不强。

要分析营业利润增长情况，应结合企业的营业收入增长情况一起分析。如果企业的营业利润增长率高于企业的销售增长率即营业收入增长率，则说明企业正处于成长期，业务不断拓展，企业的盈利能力不断增强；反之如果企业的营业利润增长率低于营业收入增长率，则反映企业营业成本、营业税费、期间费用等成本上升超过了营业收入的增长，说明企业的营业盈利能力并不强，企业发展潜力值得怀疑。

为了更正确地反映企业净利润和营业利润的增长趋势，应将企业连续多期的净利润增长率和营业利润增长率指标进行对比分析，这样可以排除个别时期偶然性或特殊性因素的影响，从而更加全面真实地揭示企业净利润和营业利润的增长情况。

四、股东权益增长能力分析

（一）股东权益增长率

1. 资本积累率

资本积累是指股东权益通过经营活动和非经营活动实现的增长额。股东权益的增加就是期初余额到期末余额的变化，利用股东权益增长率能够解释这种变化。资本积累率是本期股东权益增加额与股东权益期初余额之比，也叫做股东权益增长率，其计算公式如下：

$$资本积累率 = \frac{本期股东权益增加额}{股东权益期初余额} \times 100\%$$

根据 WHYT 20××年年度报告资料，本期股东权益和上期股东权益分别为 7 267 479 375 元和 6 146 481 575 元，实现股东权益增长 18.24%。股东权益增加表示企业可能不断有新的资本加入或者不断地在产生利润，这说明了股东对企业前景充分看好或者企业经营状况良好。在资本结构不变的情况下，同时也会增加企业的负债筹资能力，为企业获取债务资本打开了空间，提高企业的可持续发展能力。股东权益增长率越高，表明企业本期股东权益增加得越多，但是增长来源分析也是非常重要的：如果是由于股东投资导致的增加应属于外延式增长，不一定说明公司发展良好；只有来自于公司留存收益的积累才是最佳的积累。

2. 三年资本平均增长率

有时为了计算公司的复合增长率，还可以通过计算三年资本平均增长率这一比率来分析公司的资本增长。三年资本平均增长率的计算公式如下：

$$三年资本平均增长率 = \left(\sqrt[3]{\frac{年末股东权益}{三年前年末股东权益}} - 1 \right) \times 100\%$$

该指标表示企业连续三期的资本积累增长情况，体现企业的发展趋势和水平，资本增长是企业发展壮大的标志，也是企业扩大再生产的源泉，没有新的所有者资本投入的情况下，本指标反映了投资者投入资本的保全和增长情况，该指标越高，说明资本保值增值能力越强，企业可以长期使用的资金越充裕，应付风险和持续发展的能力越强。

对该指标的分析还应该注意所有者权益不同类别的变化情况，一般来说，资本的扩张大都来源于外部资金的注入，反映企业获得了新的资本，具备了进一步发展的基础；如果资本的扩张主要来源于留存收益的增长，可以反映出企业在自身的经营过程中不断积累发展后备资金，既表明企业在过去经营过程的发展业绩，也说明企业具有进一步的发展后劲。

该指标在计算评价资本增长率时，存在与三年利润平均增长率相同的缺陷。

（二）股东权益增长率的分析

股东权益的增长主要来源于经营活动与投资活动产生的净利润和筹资活动产生的股东净支付。所谓筹资活动产生的股东净支付就是股东对企业当年的新增投资扣除当年发放股利后的差额。这样股东权益增长率还可以表示如下：

$$\begin{aligned}股东权益增长率 &= \frac{本期股东权益增加额}{股东权益期初余额} \times 100\% \\ &= \frac{净利润 + (股东新增投资 - 支付股东股利)}{股东权益期初余额} \times 100\% \\ &= \frac{净利润 + 股东的净支付}{股东权益期初余额} \times 100\% \\ &= 净资产收益率 + 股东净投资率\end{aligned}$$

公式中的净资产收益率和股东净投资率都是以股东权益期初余额作为分母计算的。从公式中可以看出股东权益增长率是受净资产收益率和股东净投资率这两个因素驱动的。其中，净资产收益率反映了企业运用股东投入资本创造收益的能力，而股东净投资率反映了企业利用股东新投资的程度，这两个比率的高低都反映了对股东权益增长的贡献程度。从根本上看，一个企业的股东权益增长应该主

第五章 财务能力分析

要依赖于企业运用股东投入资本所创造的收益。尽管一个企业的价值在短期内可以通过筹集和投入尽可能多的资本来获得增加，并且这种行为在扩大企业规模的同时也有利于经营者，但是这种策略通常不符合股东的最佳利益，因为它忽视了权益资本具有机会成本，并应获得合理投资报酬的事实。

为正确判断和预测企业股东权益规模的发展趋势和发展水平，应将企业不同时期的股东权益增长率加以比较。因为一个持续增长型企业，其股东权益应该是不断增长的，如果时增时减，则反映出企业发展不稳定，同时也说明企业并不具备良好的发展能力，因此仅仅计算和分析某个时期的股东权益增长率是不全面的，应利用趋势分析法将一个企业不同时期的股东权益增长率加以比较，才能正确评价企业发展能力。

五、资产增长能力分析

（一）资产增长率的计算

资产是企业拥有或者控制的用于经营并取得收入的资源，同时也是企业进行筹资和运营的物质保证。资产的规模和增长情况表明企业的实力和发展速度，也是体现企业价值和实现企业价值增加的重要手段。在实践中凡是表现为不断发展的企业，都表现为企业的资产规模稳定并不断的增长，因此把资产增长率作为衡量企业发展能力的重要指标。

企业要增加销售收入，就需要增加资产投入。资产增长率就是本期资产增加额与资产期初余额之比，其计算公式如下：

$$资产增长率 = \frac{本期资产增加额}{资产期初余额} \times 100\%$$

资产增长率是用来考核企业资产投入增长幅度的财务指标。资产增长率为正数，则说明企业本期资产规模增加，资产增长率越大，则说明资产规模增加幅度越大；资产增长率为负数，则说明企业本期资产规模缩减，资产出现负增长。

（二）资产增长率分析

在对资产增长率进行具体分析时，应该注意以下几点。

1. 企业资产增长率高并不意味着企业的资产规模增长就一定适当

评价一个企业的资产规模增长是否适当，必须与销售增长、利润增长等情况结合起来分析。如果资产增加，而销售和利润没有增长或减少，说明企业的资产没有得到充分的利用，可能存在盲目扩张而形成的资产浪费、营运不良等。所以只有在一个企业的销售增长、利润增长超过资产规模增长的情况下,这种资产规模增长才属于效益型增长,才是适当的、正常的。

2. 需要正确分析企业资产增长的来源

因为企业的资产来源一般来自于负债和所有者权益,在其他条件不变的情况下,无论是增加负债规模还是增加所有者权益规模,都会提高资产增长率。如果一个企业的资产增长完全依赖于负债的增长,而所有者权益项目在年度里没有发生变动或者变动不大,这说明企业可能潜藏着经营风险或财务风险,因此不具备良好的发展潜力。从企业自身的角度来看,企业资产的增加应该主要取决于企业盈利的增加。当然,盈利的增加能带来多大程度的资产增加还要视企业实行的股利政策而定。

3. 为全面认识企业资产规模的增长趋势和增长水平,应将企业不同时期的资产增长率加以比较

因为一个健康的处于成长期的企业,其资产规模应该是不断增长的,如果时增时减,则反映出企业的经营业务并不稳定,同时也说明企业并不具备良好的发展能力。所以只有将一个企业不同时期的资产增长率加以比较,才能正确地评价企业资产规模的发展能力。

第六章 财务综合分析

第一节 财务综合分析概述

前面有关章节从资产负债表、利润表及股东权益变动表、现金流量表分析入手,对企业的偿债能力、盈利能力、营运能力和发展能力等方面,分别对企业的财务状况和经营成果进行了具体的分析。但是要全面评价企业的经济效益,仅仅满足于某些局部的分析是不够的,而应将相互关联的各种报表、各项指标联系在一起,从全局出发,进行全面、系统、综合的分析。

一、财务综合分析的含义

(一) 财务总分析的定义

所谓财务综合分析,就是以企业的财务报告等资料为基础,将各项财务分析指标作为一个整体,系统、全面、综合地对企业财务状况、经营成果及现金流量的变动进行分析、解释和评价,并在此基础上对公司未来的财务能力展开预警分析。

(二) 财务综合分析的内容

基于上述定义,本书认为财务综合分析包括两个方面的内容:一是财务比率综合分析;二是财务预警分析。财务比率综合分析就是在前述四大类基本指标分析的基础上,基于不同的原理而展开的分析,由于分析的原理不同又分为不同的方法,比较有代表性的包括杜邦财务比率综合分析和沃尔财务比率综合分析。财务预警分析是指借助企业提供的财务报表及其他相关会计资料,利用一些特别指标来建立财务预警模型并对企业的财务状况进行的分析。财务预警分析的目的是通过分析发现企业在经营管理活动中存在的经营风险和财务风险,并在危机发生之前向企业经营者发出警告,督促企业管理当局采取有效措施,避免潜在的风险演变成损失，起到风险防范的作用。

二、财务综合分析的特点

（一）联系性

财务报告综合分析的对象是企业所有的财务报告，包括对外公开发布的财务报表及其他财务报告，还包括企业内部管理报告。各种财务报告之间是互相联系的，是有因果关系和勾稽关系的，只有将所有的财务报告进行相互联系，互相验证，才能判断事实的真相，才能真正揭示企业真实的财务状况和经营成果。

（二）完整性

财务报告综合分析不同于单一财务分析或单项财务分析的最主要的特点就是其完整性。综合分析不仅要分析其财务状况，包括偿债能力分析、现金流量分析，还要分析其经营状况，包括营运能力、获利能力，更要分析其未来的发展能力或可持续发展能力，并能对其经济效益如财务绩效、管理绩效和企业价值作出适当的评价和估计。因此，财务报告综合分析构成了对一个企业整体状况的完整分析和评价，使报告使用者形成对企业的整体判断和评价。

（三）相关性

财务报告综合分析是建立在单项分析的基础上的，但不是单向分析的简单相加。某一单个财务指标并不能作出准确的判断，而且各指标之间都具有相关性。综合分析就是要将各个财务分析对象之间的相关性结合起来，采用特殊的分析方法，借以揭示分析对象之间的联系，并共同为报表使用者提供决策的有用信息。

（四）发展性

财务报告综合分析的发展性是指财务报告综合分析是一个不断发展和完善的过程。这不仅指财务报告综合分析的内容会随着报告使用者需求的增加而不断完善和增加，还指财务报告综合分析的方法会随着财务分析技术及计算机技术的不断发展而逐步丰富其内容和手段。现行的财务分析方法，无论是比较分析法、比率分析法还是因素分析法，包括杜邦分析体系及沃尔评分法等方法，基本用简单的数学运算就能完成。高等数学尤其是统计学的方法用得还比较少。随着财务分析电算化的进一步发展和完善，财务综合分析的方法体系将会更加科学和完善。

三、财务综合分析的意义

财务综合分析在管理上是十分必要的，具有重要的意义。

（一）财务综合能够全面、准确、客观地评价企业财务状况

局部不能代替整体，某项指标的好坏不能说明整个企业经济效益的高低。因此，要达到对公司整体状况的分析，仅仅测算几个简单的、孤立的财务比率，或者将一些孤立的财务分析指标堆垒一起，彼此毫无联系地考察，是不可能得出合理、正确的综合性结论的，有时甚至会得出错误的结论。因此，只有将企业偿债能力、营运能力、盈利能力及发展能力等各项分析指标有机地联系起来，作为一套完整的体系，相互配合使用，才能对系统作出综合评价，才能从总体上把握企业财务状况和经营情况。

（二）财务综合分析便于不同横向比较分析和同一企业的纵向分析

财务报表综合分析的结果在进行同一企业不同时期比较分析和不同企业之间比较分析时消除了时间上和空间上的差异，使之更具有可比性，有利于总结经验、吸取教训、发现差距、赶超先进，进而从整体上、本质上反映和把握企业生产经营的财务状况和经营成果。

（三）财务综合分析可以对企业面临的风险起到预警的作用

当可能危害企业财务状况的关键因素出现时，财务预警系统能预先发出警告，提醒企业经营者早做准备或采取对策以减少财务损失。有效的财务失败预警系统不仅能预知并预告，还能及时寻找导致企业财务状况进一步恶化的原因，使经营者知其然，更知其所以然，制定有效措施，阻止财务状况进一步恶化，避免严重的财务危机真正发生。有效的财务预警系统不仅能及时回避现存的财务危机，而且能通过系统详细地记录其发生缘由、解决措施、处理结果，并及时提出建议，弥补企业现有财务管理及经营中的缺陷，更能从根本上消除隐患。

第二节 财务比率综合分析

财务比率综合分析的方法主要有两种：杜邦财务分析法和沃尔比重评分法。

财务报告分析

一、杜邦财务分析法

(一) 杜邦财务分析的含义

杜邦分析法又称杜邦财务分析体系,是利用各主要财务比率之间的内在联系,对企业财务状况和经营成果进行综合系统评价的方法。该体系是以净资产收益率为龙头,以资产净利率和权益乘数为核心,重点揭示企业获利能力及权益乘数对净资产收益率的影响,以及各相关指标间的相互作用关系。这种分析方法首先由美国杜邦公司的经理创立并首先在杜邦公司成功运用,它是利用财务指标间的内在联系,对企业综合经营理财能力及经济效益进行系统的分析评价的方法,其基本思想是将企业净资产收益率逐级分解为多项财务比率乘积,这样有助于深入分析比较企业经营业绩。如前所述,有关章节用比率分析法分析企业的偿债能力、营运能力、盈利能力和发展能力,以评价企业的财务状况和经营业绩。但上述分析都是从某一特定的角度就企业经营的某一方面进行分析,因此,都不能全面评价企业的总体财务状况和经营业绩,杜邦财务比率分析模型弥补了这一不足。

杜邦财务分析模型的特点在于:它通过几种主要的财务比率之间的相互关系,全面、系统、深入、直观地反映出企业的财务状况。

(二) 杜邦分析体系的核心比率

净资产收益率是分析体系的核心比率,具有很好的可比性,可用于不同企业之间的比较。由于资本具有逐利性,总是流向投资报酬率高的行业和企业,因此各企业的净资产收益率会比较接近。如果一个企业的净资产收益率经常高于其他企业,就会引来竞争者,迫使该企业的净资产收益率回到平均水平。如果一个企业的净资产收益率经常低于其他企业,就得不到资金,会被市场驱逐,使得幸存企业的净资产收益率提升到平均水平。

净资产收益率不仅有很好的可比性,而且有很强的综合性。为了提高净资产收益率,管理者有三种途径:

$$净资产收益率 = \frac{净利润}{营业收入} \times \frac{营业收入}{平均总资产} \times \frac{平均总资产}{平均净资产}$$

$$= 营业净利率 \times 总资产周转率 \times 权益乘数$$

无论提高其中的哪个比率,净资产收益率都会提高。其中,"营业净利率"是利润表的概括,"营业收入"在利润表的第一行,"净利润"在利润表的最后一行,两者相除可以概括全部经营成果;"权益乘数"是资产负债表的概括,表

第六章 财务综合分析

明资产、负债和股东权益的比例关系，可以反映最基本的财务状况；"总资产周转率"把利润表和资产负债表联系起来，使净资产收益率可以综合整个企业经营活动和财务活动业绩。

1. 净资产收益率

该指标是所有比率中综合性最强、最具代表性的一个指标。决定净资产收益率的因素是营业净利率、总资产周转率和权益乘数。所以，净资产收益率的分析又必须具体落实到对营业净利率、总资产周转率和权益乘数的分析上。

2. 营业净利率

该指标反映的是企业的营业收入对净利润的贡献程度。营业净利率取决于企业实现的营业收入和企业净利润的关系，而企业的净利润是其营业收入扣除了有关成本费用后的部分。它的高低取决于营业收入与成本总额的高低。要想提高营业净利率，有两条途径：一是要扩大营业收入，二是要降低成本费用。这两方面分析可以参见有关盈利能力指标的分析。

3. 总资产周转率

总资产周转率，是企业总资产的周转次数，它反映运用资产产生营业收入能力的指标。对资产周转率的分析，需对影响资产周转的各因素进行分析。影响总资产周转率的一个重要因素是资产总额，它由流动资产与长期资产组成。它们的结构合理与否将直接影响资产的周转速度。一般来说，流动资产直接体现企业的偿债能力和变现能力，而长期资产则体现该企业的经营规模、发展潜力，两者之间应保持一种合理的比率关系。除了对资产的各构成部分从占用量上是否合理进行分析外，还可以通过对流动资产周转率、存货周转率、应收账款周转率等有关各资产组成部分使用效率的分析，判明影响资产周转的主要问题出在哪里。

4. 权益乘数

权益乘数是企业全年平均负债总额与全年平均资产总额的百分比，从量上看等于 $\frac{1}{1-资产负债率}$，公式中的资产负债率是指全年平均资产负债率权益乘数表示企业的负债程度，权益乘数越大，企业的负债程度越高，能给企业带来较大的杠杆利益，同时也给企业带来较大的风险。权益乘数取决于企业的全部资产中负债（或股东权益）的份额，它反映了企业理财的开放程度和财务风险。当市场上的资金成本率低于企业的投资收益率的时候，企业应负债经营，利用财务杠杆原理提高企业的投资收益率。但企业也因此承担了较大的财务风险，因为如果市场条件一旦恶化，即当市场上的资金成本率高于企业的投资收益率的时候，企业将会负担沉重的利息和面临不能按期还债的危机。企业的负债又可以分为长期负债和流动负债，要得出正确的结论，必须进一步分析企业的负债结构，做到在资产总额不变的条件下，开展合理的负债经营，以减少所有者权益所占的份额，从而达到提高所有者权益报酬率的目的。

（三）杜邦分析体系的基本框架

杜邦分析体系的基本框架可用图6-1表示。

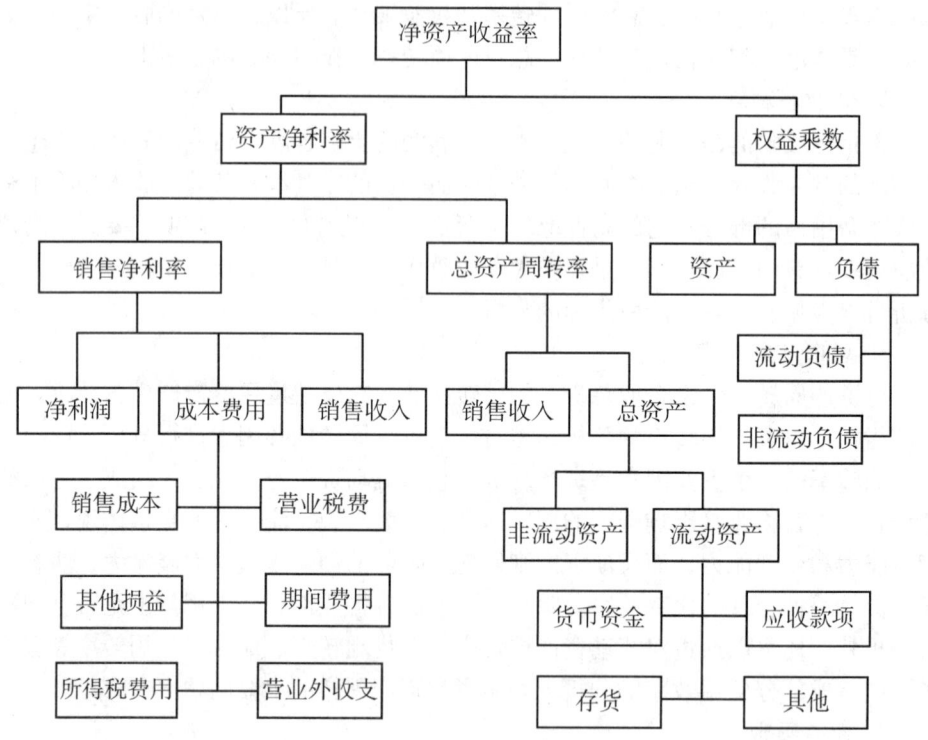

图6-1 杜邦分析体系

该体系是一个多层次的财务比率分解体系。各项财务比率，可在每个层次上与本企业历史或同业财务比率比较，比较之后向下一级分解。逐级向下分解，逐步覆盖企业经营活动的每个环节，以实现系统、全面评价企业经营成果和财务状况的目的。

第一层次的分解，是把净资产收益率分解为营业净利率、总资产周转率和权益乘数。这三个比率在各企业之间可能存在显著差异。通过对差异的比较，可以观察本企业与其他企业的经营战略和财务政策有什么不同。

分解出来的营业净利率和总资产周转率，可以反映企业的经营战略。一些企业营业净利率较高，而总资产周转率较低；另一些企业与之相反，总资产周转次数较高而营业净利率较低。两者经常呈反方向变化。这种现象不是偶然的。为了

第六章 财务综合分析

提高营业净利率，就是要增加产品的附加值，往往需要增加投资，引起周转率的下降。与此相反，为了加快周转，就要降低价格，引起营业净利率下降。通常，营业净利率较高的制造业，其周转率都较低；周转率很高的零售业，营业净利率很低。采取"高盈利、低周转"还是"低盈利、高周转"的方针，是企业根据外部环境和自身资源作出的战略选择。正因如此，仅从营业净利率的高低并不能看出业绩好坏，应把它与总资产周转率联系起来考察企业经营战略。真正重要的是两者共同作用得到的资产净利率。资产净利率可以反映管理者运用受托资产赚取盈利的业绩，是最重要的盈利能力。

分解出来的财务杠杆可以反映企业的财务政策。在资产净利率不变的情况下，提高财务杠杆可以提高净资产收益率，但同时也会增加财务风险。如何配置财务杠杆是企业最重要的财务政策。一般来说，资产净利率较高的企业，财务杠杆较低，反之亦然。这种现象也不是偶然的。可以设想，为了提高净资产收益率，企业倾向于尽可能提高财务杠杆。但是，贷款提供者不一定会同意这种做法。贷款提供者不分享超过利息的收益，更倾向于为预期未来经营现金流量比较稳定的企业提供贷款。为了稳定现金流量，企业的一种选择是降低价格以减少竞争，另一种选择是增加净营运资本以防止现金流中断，这都会导致资产净利率下降。这就是说，为了提高流动性，只能降低盈利性。因此，我们实际看到的是，经营风险低的企业可以得到较多的贷款，其财务杠杆较高；经营风险高的企业，只能得到较少的贷款，其财务杠杆较低。资产净利率与财务杠杆负相关，共同决定了企业的净资产收益率。企业必须使其经营战略和财务政策相匹配。

（四）净资产收益率的驱动因素分析

该分析体系要求，在每一个层次上进行财务比率的比较和分解。通过与上年比较可以识别变动的趋势，通过与同业比较可以识别存在的差距。分解的目的是识别引起变动（或产生差距）的原因，并衡量其重要性，为后续分析指明方向。

下面以WHYT公司的净资产收益率的比较和分解为例，说明其一般方法。

净资产收益率的比较对象，可以是其他企业的同期数据，也可以是本企业的历史数据，这里仅以本企业的本年与上年的比较为例。由于此前的财务财务报告只提供了该公司20××年及其上年的数据，所以以下分析在计算指标时均未考虑采用平均数，而直接采用期末数来计算分析，这只会带来分析结果上的细微区别，不会带来本质影响。

$$净资产收益率 = 营业净利率 \times 总资产周转率 \times 权益乘数$$

【例6-1】 WHYT的杜邦财务比率分析

财务报告分析

表6-1　　　　　　　　　　WHYT的杜邦财务比率分析

	净资产收益率	营业净利率（%）	总资产周转率	权益乘数
上期指标	24.90	16.23	0.73	2.11
本期指标	25.51	13.57	0.78	2.40

与上年相比，股东的报酬率上升了0.61%，公司的整体业绩超过上年。影响净资产收益率变动的不利因素是营业净利率下降，有利因素是总资产周转率和权益乘数有所提高。

利用因素分析法可以定量分析各指标变动对净资产收益率变动的具体影响程度。

表6-2　　　　　　　　　　　　因素分析法

	净资产收益率（%）	营业净利率（%）	总资产周转率	权益乘数	影响（%）
上期指标	24.90	16.23	0.73	2.11	
第一次替换	20.82	13.57	0.73	2.11	-4.08
第二次替换	22.41	13.57	0.78	2.11	1.59
第三次替换	25.51	13.57	0.78	2.40	3.10

（1）营业净利率变动的影响。

按本年营业净利率计算的上年净资产收益率 = 13.57% ×0.73 ×2.11 = -4.08%

营业净利率变动的影响 = 20.82% - 24.90% = -4.08%

（2）总资产周转率变动的影响。

按本年营业净利率和总资产周转率计算的上年净资产收益率 = 13.57% × 0.78 ×2.11 = 1.59%

总资产周转率变动的影响 = 22.41% - 20.82% = 1.59%

（3）权益乘数变动的影响。

权益乘数变动的影响 = 25.51% - 22.41% = 3.10%

分析发现，公司的净资产收益率上升得益于总资产周转率的加速和较好地发挥了财务杠杆作用，总资产周转率的提高使得净资产收益率上升1.59%，权益乘数提高使得净资产收益率上升了3.1%，显然，权益乘数的提高是在净资产收益率上升的主要因素。但是也可以发现，在净资产收益率上升的同时，公司还是存在不利变化的：营业净利率就比上期下降了2.66%，并由此导致公司的净资产收益率下降了4.08%，在一定程度上抵销了总资产周转率和权益乘数变动带来的有利影响，由此应重点关注营业净利率降低的原因。有利因素超过不利因素，最终净资产收益率上升了0.61%。

第六章 财务综合分析

(五) 传统杜邦分析体系的局限性

传统杜邦分析体系虽然被广泛使用，但也存在某些局限性。

1. 计算资产净利率的"总资产"与"净利润"不匹配

总资产为全部资产提供者享有，而净利润则专属于股东，两者不匹配。由于总资产利润率的"投入与产出"不匹配，该指标不能反映实际的报酬率。为了改善该比率，要重新调整分子和分母。

为公司提供资产的人包括无息负债的债权人、有息负债的债权人和股东，无息负债的债权人不要求分享收益，要求分享收益的是股东和有息负债的债权人。因此，需要计量股东和有息负债债权人投入的资本，并且计量这些资本产生的收益，两者相除才是合乎逻辑的资产净利率，才能准确地反映企业的基本盈利能力。

2. 没有区分经营活动损益和金融活动损益

传统杜邦分析体系没有区分经营活动和金融活动。对于大多数企业来说金融活动是净筹资，它们在金融市场上主要是筹资，而不是投资。筹资活动不产生净利润，而是支出净费用。这种筹资费用是否属于经营活动费用，在会计准则制定中存在很大争议，各国会计准则对此的处理不尽相同。从财务管理角度看，企业的金融资产是投资活动的剩余，是尚未投入实际经营活动的资产，应将其与经营资产相区别。与此相应，金融损益也应与经营损益相区别，才能使经营资产和经营损益匹配。因此，正确计量基本盈利能力的前提是区分经营资产和金融资产，区分经营损益和金融损益。

3. 没有区分金融负债与经营负债

既然要把金融活动分离出来单独考察，就需要单独计量筹资活动成本。负债的成本（利息支出）仅仅是金融负债的成本。因此，必须区分金融负债与经营负债，利息与金融负债相除，才是真正的平均利息率。此外，区分金融负债与经营负债后，金融负债与股东权益相除，可以得到更符合实际的财务杠杆。经营负债没有固定成本，本来就没有杠杆作用，将其计入财务杠杆，会歪曲杠杆的实际效应。

针对上述问题，为了更加准确地分析净资产收益率变动原因，有必要将传统的财务报表和财务分析体系作一定的改进。

二、沃尔比重评分法

(一) 沃尔比重评分法的定义

财务状况综合评价的先驱者之一是美国的亚历山大·沃尔教授。他在20世纪初出版的《信用晴雨表研究》和《财务报表比率分析》中提出了信用能力指数的概念，把若干个财务比率用线性关系结合起来，来评价企业的信用水平。在对企业进行综合的财务分析时，他选择了7种财务比率，按其重要程度给定一个分值，即重要性权数，其总和为100分，然后将实际比率与标准比率比较，评出每项指标的得分，最后求出综合分数。这种方法也称为沃尔比重评分法。

（二）沃尔比重评分法的程序

1. 选定评价并分配权重

沃尔在他最初的评价指标体系中选择了流动比率、产权比率、固定资产比率、存货周转率、应收账款周转率、固定资产周转率和主权资本周转率等7项财务比率。但是当今社会与沃尔所处的时代相比发生了很大的变化，现在通常认为，所选取的指标应该包含四个大类指标，即偿债能力、营运能力、盈利能力和发展能力三类指标，在每一类指标中，通常应选择能说明问题的重要指标，还应选择有代表性的重要比率。根据各项指标的重要程度分配权重，各项指标的权重之和应等于100，对其重要程度的判断，可根据企业的经营状况、管理要求、发展趋势及分析的目的等具体情况而定。表6-3是修正后的沃尔比重评价指标体系，不同研究主体、研究目的和分析对象也会选择不同的指标，所分配的权重也会有所不同，以下只是本书标准。

表6-3　　　　　　　　　　选定评价并分配权重

选择的指标	分配的权重
一、偿债能力指标	20
1. 资产负债率	12
2. 已获利息倍数	8
二、获利能力指标	38
1. 净资产收益率	25
2. 总资产报酬率	13
三、营运能力指标	18
1. 总资产周转率	9
2. 流动资产周转率	9
四、发展能力指标	24
1. 营业收入增长率	12
2. 资本积累率	12
合　计	100

第六章 财务综合分析

2. 确定各项财务评价指标的标准值

进行采用沃尔比重评分法进行分析时,必须确定各财务指标的标准值。财务指标标准值是指特定的国家、特定的行业、特定的时期的财务指标体系及其标准值,可以用来作为标准财务指标的通常是行业平均水平的比率,也可以是企业历史先进水平、国家有关评价标准值或国际公认的评价标准值。表 6-4 所列标准值视为举例而假设的,不具有广泛的权威性。

表 6-4   确定标准值

选择的指标	指标的标准值
一、偿债能力指标	
1. 资产负债率	60%
2. 已获利息倍数	3
二、获利能力指标	
1. 净资产收益率	25%
2. 总资产报酬率	16%
三、营运能力指标	
1. 总资产周转率	2
2. 流动资产周转率	5
四、发展能力指标	
1. 营业收入增长率	10%
2. 资本积累率	15%

3. 对各项评价指标计分并计算综合分数

$$某项评价指标得分 = 该指标的权重股 \times \frac{该指标的实际值}{该指标的标准值}$$

$$综合实际得分 = \sum (重要性权数 \times 单项指数)$$

4. 形成评价结果

通常,按 100 分制对某一企业进行沃尔比重分析法综合评分,综合评价结果按 A、B、C、D、E(或优、良、中、低、差)五档划分如下:

优(A):综合评价得分达到 85 分以上(含 85 分);

良(B):综合评价得分达到 70~85 分(含 70 分);

中(C):综合评价得分达到 50~70 分(含 50 分);

低(D):综合评价得分达到 40~50 分(含 40 分);

差（E）：综合评价得分为40分以下。

【例6-2】WHYT的沃尔比重分析

表6-5　　　　　　　　　　　WHYT的沃尔比重分析

选择的指标	分配的权重 ①	指标的标准值 ②	指标的实际值 ③	关系比率 ④=③÷②	实际得分 ⑤=①×④
1. 资产负债率	12	60%	52.83%	0.8805	10.57
2. 已获利息倍数	8	3	11.68	3.8933	31.15
3. 净资产收益率	25	25%	27.64%	1.1056	27.64
4. 总资产报酬率	13	16%	19.67%	1.2294	15.98
5. 总资产周转率	9	2	0.9	0.4500	4.05
6. 流动资产周转率	9	5	2.2	0.4400	3.96
7. 营业收入增长率	12	10%	44.88%	4.4880	53.86
8. 资本积累率	12	15%	18.25%	1.2163	14.60
合计					161.80

表6-5计算结果显示，该公司的综合评分远远超过85分，说明该公司的财务状况非常优秀。

（三）沃尔比重评分法的缺陷及注意的问题

1. 沃尔比重评分法的缺陷

（1）指标选用及权重设计的合理性缺陷。

沃尔比重评分法存在的一个缺陷是，未能证明为什么选择这7个指标，而不是更多或更少，或者选择别的财务比率，以及未能证明每个指标所占比重的合理性。因此有关指标的权数确定只有结合具体企业的情况以及该行业长期实践进行不断的修正，才能设置出较为合理的权数比重。

（2）指标严重异常时对分析结果会产生不合逻辑的影响。

沃尔比重评分法存在的另一个缺陷是，某一个指标严重异常时，会对总评分产生不合逻辑的重大影响。这个缺陷是由相对比率与比重相"乘"所引起的。财务比率提高1倍，其评分增加100%；而财务比率缩小1倍，其评分只减少50%。

尽管沃尔的方法在理论上还有待证明，在技术上也不完善，但它还是在实践中被应用。耐人寻味的是很多理论上相当完善的经济计量模型在实践中往往很难应用，而企业实际使用并行之有效的模型却又在理论上无法证明。这可能是人类

第六章 财务综合分析

对经济变量之间数量关系的认识还相当肤浅造成的。

2. 应用沃尔比重评分法应注意的问题

采用沃尔财务状况综合评价法可以综合评价企业的财务状况,但应注意这一方法的有效性,它依赖于重要性权数和标准比率的正确确定。而这两项因素在确定时,往往带有一定的主观性,因此,这两项因素应根据历史经验和现实情况合理地判断确定,只有这样才能得出正确的结果。因此,运用比率评价法时,有几点应引起分析者注意:

(1)在财务比率的选择及重要性确定方面,任何分析都带有一定的偏向性,如投资者偏向盈利能力,债权人偏好于偿债能力的分析等。因此,应根据分析的不同要求,有针对性地选择那些能说明问题的相关比率。与此相适应,在指标的重要性安排上也应体现分析目标的差异,例如,流动比率的重要性在债权人分析时定得比较高,而在投资分析时可能定得比较低。可见,分析者的意向及偏好在指标选择及定性上起重要作用。

(2)在标准比率的制定方面,一定时期的标准比率是以该企业所属行业的平均值为基础,并根据本企业具体情况经修正得出的。该标准既要先进,又要符合实际,在利用标准对某指标评分时,要注意规范个别指标的异常差异可能对总分造成的不合理影响,即要合理确定其个别指标得分的上限和下限,如浮动幅度不超过50%,使相关比率在(0.5,1.5)之间变动,从而减少个别指标异常变动对总分造成的不合理影响。

(3)在实际使用该方法时,遇有下列情况应按下列原则进行调整:①亏损企业的营业净利率、总资产报酬率、资本收益率和资本保值增值率,如果实际财务比率是负数,在这种情况下,这些比率的关系比率值取0,该项指标得分为0。这样处理,可避免亏损时财务综合评分过低。②资产负债率、流动比率、应收账款周转率和存货周转率,对最高得分进行限定。这样处理,可避免个别企业财务比率或行业平均财务比率异常时,引起综合评分的过度异常浮动。③行业标准值一般是根据行业中部分企业抽样调查得来,如果其中有一个极端的样本,则行业平均指标就难以反映整个行业的实际情况。而且,行业内每个企业采用的会计政策不一定相同,每个企业的经营状况也可能存在较大差异。把这些各不相同的企业的指标加在一起平均,也将影响标准比率的权威性。因此,采用标准比率进行比较分析时,应根据实际情况对行业平均财务比率进行一定的修正,尽可能建立一个可比的标准比率值。

必须指出,上述各种分析方法均采用定量分析法。在实际工作中,只有将定量分析与定性分析结合起来,才能获得正确的结论。

第三节 财务预警分析

一、财务预警分析

所谓财务预警分析，就是以会计核算和报表资料及其他相关经营资料为依据建立模型，采用专门的分析方法将企业所面临的危机情况预先告知经营者和其他相关利益者，并分析企业发生财务危机的具体原因，采取有效措施防患于未然，记载和反馈危机处理的全过程，避免财务危机再次发生的财务分析系统。

企业建立财务预警机制，科学有效地进行财务预警分析，不仅会帮助企业经营者预防财务失败风险，而且也是企业各利益关系者关注的焦点。具体来说，利用财务预警分析的结果，经营者能够在财务危机出现的萌芽阶段采取有效措施改善企业经营，阻止企业财务状况的进一步恶化；投资者在发现企业的财务危机萌芽后能够及时处理现有投资，减少更大损失；银行等金融机构可以利用这种预测，正确作出贷款决策并进行贷款控制，降低信贷风险；相关企业可以在预警信号的帮助下作出信用决策并对应收账款进行有效管理；审计机构和注册会计师可以利用这种预警信号合理确定其审计程序，准确判断企业的前景，发表恰当的审计意见，规避审计风险。总之，企业财务预警分析应该是企业财务综合分析的一部分，它除了能够预先告知经营者、投资者企业组织内财务营运体系隐藏的问题外，还能清晰地告知企业经营者应朝什么方向努力，以便有效地解决问题，让该企业把有限的财务资源用于最需要或最能产生经营成果的地方。

二、财务预警分析的程序

（一）建立分析模型

分析模型有单变量模式和多变量模式之分，国外企业财务预警单变量分析模式即财务比率分析法，通过财务比率走势预测财务危机，主要指标有：债务保障率、资产收益率、资产负债率和资金安全率；多变量模式有"Z分数模型"和"F分数模型"等，运用多种财务指标加权汇总产生的总判别分来预测财务危机。我们在进行财务预警分析时，可以采用已经建立并使用的模型，也可以从本国企业的实际情况出发，选择财务指标或建立判别函数，探求财务比率的实际含义和判别函数的数量变化驱动因素，获取有效决策的经验数据。由于不同国家、地

第六章 财务综合分析

区、行业和企业有着不同的会计政策和制度，企业财务数据的计算口径并不完全一致，标准财务指标也不相同。因此，良好的财务预警分析模型的建立应因地制宜，经过实践的检验。

（二）根据财务数据和资料计算财务比率和判别值

根据企业的财务报告和相关资料来计算财务比率和判别值。运用单变量模式的，应根据公式计算出个别财务比率，如债务保障率、资产收益率、资产负债率和资金安全率等，它们分别反映了企业的现金流量、净收益和债务状况等；运用多变量模式的，应首先计算判别函数中用到的财务指标，然后根据公式计算判别值。

（三）根据指标、函数的标准值和计算值来判别财务危机的可能性

不管单变量模式还是多变量模式，财务指标或判别函数都有其判别财务危机发生的数值，即财务指标或判别函数值在某一范围内，财务状况良好，在另一范围内可能发生财务危机甚至于财务失败或经营失败。这表明财务状况好与坏的临界值即为财务危机的警戒线。临界值的确定必须要有科学的依据和实践的检验。比较计算值与临界值的大小，来判别财务危机的可能性。

（四）分析财务危机的具体原因并采取相关措施

单变量模式中，根据对个别财务指标的标准值和计算值的比较，可以直接发现企业财务危机发生的原因到底出自哪一方面，是现金流量不足，净利润太少，还是资本结构出现问题，或者企业经营环境恶化。然后把企业财务活动的总体分解为每个具体部分，然后逐一从盈利能力、营运能力和偿债能力加以考察分析，查出企业财务危机的根源，对症下药，找出解决措施。多变量模式中，应根据计算判别函数值中的财务比率值的实际值与该财务指标的标准值相比较，来分析财务危机的具体原因。因此，在多变量模式中，分析财务危机的具体原因应首先找出判别函数中财务比率运动变化的"度"，不同的指标有不同的量的规定，分析每个指标时应掌握度的原则，把握标准值。

（五）记载和反馈危机处理的全过程以避免财务危机再次发生

完善的财务预警分析系统应包括记录和反馈步骤，即系统而详细地记载企业财务危机发生的原因、发展和处理过程，解除危机采取的措施和改进意见，将这一全过程记载和反馈给分析者，避免类似的财务危机再次发生。

三、财务失败预警分析的方法

根据财务失败预警分析的判别方式，可以分为单变量模式和多变量模式。

（一）单变量模式

单变量模式是运用某一单一变量、单个财务比率来判别财务危机发生的可能性的模型，也叫财务比率分析法。单变量模式是威廉·比弗（William Beaver）在比较研究了 79 个失败企业和相同数量、相同资产规模的成功企业提出来的。按照这一模式，当模式中所涉及的几个财务比率趋势恶化时，通常是企业财务危机发生的先兆。单变量模式所运用的判别财务危机的可能性的指标主要有：

1. 债务保障率 = 现金流量 ÷ 负债总额
2. 资产收益率 = 净收益 ÷ 资产总额
3. 资产负债率 = 负债总额 ÷ 资产总额
4. 资金安全率 = 资产变现率 − 资产负债率
   　　　　　　 =（资产变现金额 − 负债总额）÷ 资产总额

根据实证考察，在采用单变量模式判别财务危机可能性的财务比率中，债务保障率的误判率最低，资产收益率次之，在失败前 5 年可达 70% 以上的预测能力，失败前 1 年更可达 87% 的正确判断率，并且按照单变量模式的解释，上述财务比率所反映的企业的现金流量、净收益和负债状况表现为企业长期的状况，而非短期的因素。根据这一模式，在追踪考察企业时，应特别注意上述财务指标的变化趋势。

威廉·比弗在计算各企业的财务报表项目的平均值以后，对流动资产项目中的某些项目作出了以下说明：

（1）失败企业一般有较少的现金和存货，而有较多的应收账款。

（2）当把现金和应收账款一起列入速动资产和流动资产之中，在计算速动比率和流动比率时，失败企业和成功企业之间的不同就被掩盖了。现金和应收账款是向着相反的方向起作用的。

威廉·比弗的这些研究结果说明，在判别企业财务危机的可能性时，应给予现金、应收账款和存货三个流动资产项目特别的注意，对于现金和存货较少而应收账款较多的企业，分析时应特别注意，并且应特别关注财务状况表现极不稳定的企业和变化比较大的企业。例如，企业大规模跨行业并购、过度依赖金融机构的贷款和关联企业的非正常购销以及企业的内部控制和管理层的巨大变革等。

第六章 财务综合分析

（二）多变量模式

多变量模式是指运用多种财务比率（通常包含偿债能力、盈利能力和营运能力）来进行加权汇总计算的总判别值来预测财务危机的模式。主要有以下几种方法：

1. Z 分数模型

最初的 Z 分数模型是由美国的爱德华·阿尔曼在 20 世纪 60 年代中期发明的，利用 5 个财务指标加权汇总计算 Z 值，用于计量企业破产的可能性。后来 Z 分数模型也被大量地作为一种方便的综合的评价企业经营业绩的方法。

其判别函数为：

$$Z = 1.2X_1 + 1.4X_2 + 3.3X_3 + 0.6X_4 + 0.999X_5$$

其中，Z 值为判别分：

X_1 = 营运资金÷资产总额，用于衡量企业流动资产净额相对于资产总额的比率；

X_2 = 留存收益÷资产总额，用于企业一段时间内的累计盈利能力，留存收益数来自于资产负债表；

X_3 = 息税前利润÷资产总额，用于衡量企业资产的增值能力，扣除了税收和杠杆的因素的影响；

X_4 = 普通股和优先股的市价之和÷债务总额，用于衡量企业的偿债能力；

X_5 = 销售收入÷资产总额，用于衡量企业资产取得销售收入的能力。

当 Z > 2.675 时，企业财务状况良好；当 Z < 1.81 时，企业要发生财务危机；当 1.81 < Z < 2.675 时，企业财务状况处于灰色地带，既可能发生财务危机，也可能不发生财务危机。

【例 6 – 3】WHYT 的 "Z 分数模型" 预警分析

X_1 = 营运资金÷资产总额 = (7 637 946 523 – 6 756 975 373) ÷ 17 418 683 319 = 0.0506

X_2 = 留存收益÷资产总额 = 5 060 246 522 ÷ 17 418 683 319 = 0.2905

X_3 = 息税前利润÷资产总额 = 2 986 300 590 ÷ 17 418 683 319 = 0.1714

X_4 = 普通股和优先股的市价之和÷债务总额 = 27 894 057 000 ÷ 9 203 059 195 = 3.3010

X_5 = 销售收入÷资产总额 = 13 662 307 339 ÷ 17 418 683 319 = 0.7843

表6-6　　　　　　　　　　Z分数值计算

序号	变量	变量值	系数	乘积
1	X_1	0.0506	1.2	0.0607
2	X_2	0.2905	1.4	0.4067
3	X_3	0.1714	3.3	0.5656
4	X_4	3.301	0.6	1.9806
5	X_5	0.7843	0.999	0.7835
合计				3.7972

分析结果显示，WHYT 20××年的Z分数值处于财务状况良好的状态，该结论与该公司的实际情况是一致的，说明"Z分数模型"在判断财务风险方面还是存在很强的实用性。但是，该模型在应用中也存在很多限制。经济生活中的企业破产往往与某一特定地区的宏观经济环境有关，而Z分模型则较少考虑或没有体现反映宏观经济环境的变量如通货膨胀率、汇率波动、利息率、失业率等；除第4个指标外，其余4个指标均用总资产作为分母，然而总资产的价值较多地取决于企业的会计政策，由于财务报告及会计准则方面的差异，很难对不同市场上的公司进行比较；Z分模型是根据生产性企业进行预测的，在对其他类型的公司运用该模型时，应特别注意；预测出的数据仅反映于某一时点的公司情形，是一个瞬间的迹象，并不能确定是否改善或恶化，需要进行深入的分析，才能全面了解公司的情形；预测所得的数据仅对于短期情况的预测比较准确。Z分模型对于公司破产之前两年的策略及财务失败的预测非常精确，但是对于超过两年的期间，精确度会下降。

尽管"Z分数模型"最初只是根据制造业企业的资料提出的，但检验结果证明，它对其他类型的企业同样适用。该模型说明，低分值的企业比高分值的企业更容易走向破产，在预测企业的财务危机时，应特别警觉。

2. F分数模型

由于"Z分数模型"在建立时并没有充分考虑到现金流量的变动等方面的情况，因而具有一定的局限性。为此，有的学者拟对"Z分数模型"加以改造，并建立财务失败预警分析的新模式——F分数模式。

F分数模型的主要特点是：

(1) F分数模型加入现金流量这一预测自变量，使财务分析更具有全面性。许多学者研究证实现金流量比率是分析企业财务状况和经营业绩的重要指标，也是预测企业破产的有效变量，因而它弥补了其他模式的不足。

(2) 本模型考虑到了企业随着财务状况的发展，其有关指标的演变和改进，

第六章 财务综合分析

富有动态性。例如，企业在知识经济时代，随着网络和和电子商务的发展，分析企业的财务比率的标准发生了很大的变化。

（3）本模型验证所使用的样本更加广泛，具有权威性。它对 Compustat PC Plus 会计数据库中自 1990 年以来的 4 160 家公司的数据进行了检查；而单变量模式选用了 79 个失败企业和相同数量、相同资产规模的成功企业，"Z 分数模型"的样本仅为 66 家。检验结果表明，F 分数模型对破产公司预测的准确率为 68.18%。

F 分数模型判别式如下：

$F = -0.1774 + 1.10911X_1 + 0.1074X_2 + 1.9271X_3 + 0.0302X_4 + 0.4961X_5$

其中：X_1、X_2 及 X_4 与"Z 分数模型"中的 X_1、X_2 及 X_4 相同，这里不再多加介绍。

X_1 = 营运资金 ÷ 资产总额

X_2 = 留存收益 ÷ 资产总额

X_4 = 普通股和优先股的市价之和 ÷ 债务总额

F 分数模型与"Z 分数模型"中选择指标不同就在于其 X_3、X_5 与"Z 分数模型"中 X_3、X_5 不同。

F 分数模型中，X_3 =（税后利润 + 折旧）÷ 平均总负债

X_5 =（税后利润 + 利息 + 折旧）÷ 平均总资产

X_3 是一个现金流量指标，它是衡量企业产生的现金流量用于偿还企业债务的重要指标。因为企业提取的折旧费用也是企业的现金流入，必要时可将这部分资金暂时用来偿还债务，缓解财务危机。

X_5 则衡量企业总资产在创造现金流量方面的能力。相对于"Z 分数模型"，它可以更准确地预测出企业是否存在财务危机，其中的利息是指企业利息收入减去利息支出后的余额。

F 分数模式中 F 判别值的临界值为 0.0274，即若 F < 0.0274，则预测很有可能发生破产；反之，若 F > 0.0274，则公司破产可能性较小。

【例 6 - 4】WHYT 的"F 分数模型"预警分析

X_1 = 营运资金 ÷ 资产总额 =（7 637 946 523 - 6 756 975 373）÷ 17 418 683 319 = 0.0506

X_2 = 留存收益 ÷ 资产总额 = 5 060 246 522 ÷ 17 418 683 319 = 0.2905

X_3 =（税后利润 + 折旧）÷ 平均总负债 =（2 395 407 360 + 662 030 069）÷ 7 495 381 010 = 0.4079

X_4 = 普通股和优先股的市价之和 ÷ 债务总额 = 27 894 057 000 ÷ 9 203 059 195 = 3.3010

$X_5 =$（税后利润＋利息＋折旧）÷平均总资产＝（2 395 407 360＋229 359 285＋662 030 069）÷15 180 802 715＝0.6344

表6-7　　　　　　　　　　　F分数值计算

序号	变量	变量值	系数	乘积
1			-0.1774	-0.1774
2	X_1	0.0506	1.10911	0.0561
3	X_2	0.2905	0.1074	0.0312
4	X_3	0.4079	1.9271	0.7861
5	X_4	3.301	0.0302	0.0997
6	X_5	0.6344	0.4961	0.3147
合计				1.1104

计算显示，WHYT 20××年的F值远远大于0.0274，说明公司破产的可能性极小，该结论与"Z分数模型"的预警结果完全一致。

3. 两种模型的比较

Z计分模型的变量是从资产流动性、获利能力、偿债能力和营运能力等指标中各选择一两个最具代表性的指标组合而成的，模型中的系数则是根据统计结果得到的各指标相对重要性的量度。实证表明，该模型对企业财务危机有很好的预警功能。但其预测效果也因时间的长短而不一样，预测期越短，预测能力越强，因此该模型较适合企业短期风险的判断，尤其是对企业破产前一年的财务风险判别准确率很高，可达95%，因而被广泛应用。不足之处主要有：利用这种方法进行横向比较的效果较差；在企业破产前两年内利用这种模型的判别准确率较高，超出两年则准确率较低；选择的样本空间以及财务指标变量要求服从正态分布。同时它采用的是按权责发生制原则编制的报表资料，没有考虑较为客观的现金流量指标，往往不能准确地反映企业现实的财务状况。

F分数模型增加了现金流量这一预测公司破产的有效变量，可以使预测更具可靠性，是企业建立财务预警体系的一个比较理想的选择。但也存在缺陷，F模型没有考虑到不同行业之间的财务指标差异。虽然F分数模型是建立在较大样本基础上的，但是具体到某行业来说，财务模型的具体运用上还需要做一定的改进。

（三）单变量模式与多变量模式的区别

当然，单变量模式与多变量模式有一定的区别，主要表现在以下方面：

第六章　财务综合分析

1. 预测方法不同

单变量模式以单个财务指标来分析评价企业的财务危机可能性，财务指标的选择具有多样性，当然每个财务指标的预测能力也有所不同；多变量模式则以几个财务比率的加权平均值为分析考察的基础，综合各方面来判别企业的财务危机的可能性。

2. 预测的内容不同

单变量模式不仅可以分析企业的破产危机的可能性，还可以分析预测拖欠账款、资不抵债、无力支付股利等危机，这可从不同的财务指标中得出；多变量模式所预测的财务危机仅指企业的破产危机，因而多变量模式也被称为公司破产预测模型。

3. 适用的范围不同

单变量模式适用于任何类型的企业，而多变量模式中涉及确定股价的财务比率的计算时，仅适用于上市公司，上市公司才可以获得股票市价的资料，模型才具有实际意义。

参考文献

[1] 郭泽光:《财务报告分析》,高等教育出版社 2007 年版。

[2] 池国华,王玉红,徐晶:《财务报表分析》,清华大学出版社,北京交通大学出版社 2008 年版。

[3] 崔也光:《财务报表分析》,南开大学出版社 2003 年版。

[4] 张新民,钱爱民:《财务报表分析》,中国人民大学出版社 2008 年版。

[5] 中国注册会计师协会:《财务成本管理》,中国财政经济出版社 2012 年版。

[6] 中华人民共和国财政部:《企业会计准则》,中国财政经济出版社 2006 年版。

[7] 中华人民共和国财政部:《企业会计准则应用指南》,中国财政经济出版社 2006 年版。

[8] 陆正飞:《财务报表分析》,中信出版社 2006 年版。

[9] 樊行健:《财务分析》,清华大学出版社 2007 年版。

[10] 黄世忠:《财务报表分析:理论·框架·方法与案例》,中国财政经济出版社 2007 年版。

[11] 张先治:《财务分析》,东北财经大学出版社 2007 年版。

[12] 赵国忠:《财务报告分析》,北京大学出版社 2004 年版。

[13] 张新民,钱爱民:《财务报表分析案例评析》,北京大学出版社 2007 年版。

[14] 张惠忠:《财务报告分析》,科学出版社 2011 年版。

[15] 王秀丽,张新民:《上市公司财务状况的综合分析方法》,对外经济贸易大学学报 2003 年版。

[16] 王淑萍,史建梁,王志永:《财务报告分析》,科学出版社 2008 年版。

[17] 张梅,曾韶华:《财务报告分析》,立信会计出版社 2008 年版。

[18] 张学功:《财务报告分析》,经济科学出版社 2007 年版。

参 考 文 献

[19] 程隆云：《财务报表分析》，经济科学出版社2007年版。
[20] 李桂荣：《财务报告分析》，清华大学出版社2007年版。
[21] 张新民，王秀丽：《企业财务报告分析》，高等教育出版社2005年版。
[22] 张利：《财务报告分析》，上海财经大学出版社2009年版。